AF724120

# *Re-heredando la Tierra: Despertando a Soluciones Sostenibles y a Verdades Mayores*

Brian O'Leary

www.brianoleary.com

Copyright © 2006

All rights reserved. Printed in the United States of America. No part of this book, either in part or in whole, may be reproduced, transmitted or utilized in any form or by any means, electronic, photographic or mechanical, including photocopying, recording, or by any information storage and retrieval system, without permission in writing from the Publisher, except for brief quotations embodied in literary articles and reviews.

For permissions, or serializations, condensations, adaptations, or for our catalog of other publications, write the Publisher at the address below.

Covert art by Meredith Miller

ISBN:
10 digit: 1-893157-17-2
13 digit: 978-1-893157-17-0

Published by
Bridger House Publishers
P.O. Box 2208, Carson City, NV 89702, USA
1-800-729-4131

Printed in the United States of America
10 9 8 7 6 5 4 3 2 1

# PRÓLOGO A LA VERSIÓN EN ESPAÑOL

Ya es el año 2006. Han pasado tres años desde la publicación de la versión inglesa y cuatro años desde la publicación de la versión portuguesa de este libro. La mayoría de la gente del mundo (y yo, de reflejo) hemos superado de alguna manera la turbulencia de los dos últimos años, aun quedándonos sin aliento. Algunos hemos hecho transiciones importantes (por ejemplo nosotros nos hemos mudado de Estados Unidos a Ecuador). Nos sentimos bien situados para preparar la siguiente fase de experimentar y expresar una nueva y práctica visión del futuro, libre de de las fuerzas polarizantes que nos distraen en el Norte. Los cambios necesarios serán tan vastos que traspasarán nuestras más salvajes imaginaciones, representando una verdadera liberación del miedo, la violencia, la represión, la mala salud, y el ambiente sucio.

Como científico, puedo dar testimonio de los experimentos que representan significativos adelantos y que producen enormes agujeros en nuestro pensamiento convencional sobre la energía, que la energía puede ser limpia, barata y abundante si se la desarrolla adecuadamente. Es difícil para mí ser humilde o indeciso sobre lo que he visto o puedo esperar ver con solo que le diéramos la oportunidad. Como resultado de ello, podríamos terminar con el uso indebido de recursos y podríamos tener un futuro realmente sostenible. Muchos están de acuerdo y muchos están en desacuerdo con estas demandas. Por tanto, en mi opinión, el debate debe comenzar. Permitamos que la investigación y el desarrollo empiecen, sin importar nuestras diferentes valoraciones de credibilidad. En tiempos tan desesperados como estos, ¿no deberíamos darle una oportunidad? ¿No deberíamos, de manera transparente, buscar respuestas a las preguntas más elementales sobre energía y ambiente, antes de rendirnos y, lo que es aún peor, rendirnos para siempre a nuestra adicción al petróleo?

La democracia en Estados Unidos da cada vez más campo al imperio, al militarismo y a la negación de la realidad física de la crisis del petróleo y a las posibles soluciones de largo plazo. Si seguimos en la ruta que llevamos podríamos ver el colapso de la civilización. Parece que estamos aún más lejos de abrazar las soluciones, aunque estemos curiosamente más cerca de nuestras metas. Las fuerzas polarizantes dibujan sus líneas de manera más clara para nosotros, de tal manera que veamos por nosotros mismos y lleguemos a saber lo que no es bueno para nosotros. Esto hará que gente inteligente y evolucionada se pregunte cómo podemos tomar decisiones más sabias e implementarlas en la comunidad global. Algunas de estas soluciones se presentan en este libro, con la nueva energía a la cabeza de la lista. La tarea de implementarlas es aún más urgente en la presencia de la oscuridad concurrente, pero todavía nos sentimos curiosamente congelados para movernos dentro del esfuerzo de investigación y de desarrollo que ha sido suprimido por tanto tiempo por los poderes-que-son. La paradoja parece ser que estamos tanto cada vez más cerca como cada vez más lejos de nuestras metas. Muchos de nosotros tenemos una enorme duda entre movernos hacia lo que sabemos que es lo correcto, debido a los enormes cambios que tendremos que adoptar en la transición hacia un mundo prístino, de abundancia. Nuestro mantra debe ser. Podemos encontrar las soluciones con solo tratar de comprender e investigar muchos conceptos, aun aquellos que están fuera de la caja de la ciencia occidental.

Los medios de comunicación de Estados Unidos, los científicos del *establishment*, los gobiernos y la corporacioncracia virtualmente han silenciado los mensajes de la nueva energía (fusión en frío, energía del vacío y otros avances potenciales), al igual que la nueva ciencia, curación y conciencia. Como resultado, mi acceso al público ha sido cerrado, excepto, tal vez, por apariciones ocasionales en el programa Costa a Costa AM de George Noory y presentaciones, entrevistas, artículos y seminarios en territorio extranjero, desde África del Sur a Costa Rica y Europa, Sur América, India, Japón, Canadá, Australia y Nueva Zelanda. La gente en estos países me ha mostrado una mucho mayor receptividad al gran potencial de estas ideas. Como nuevo miembro de la Fundación para la Innovación del Mundo, tendré la oportunidad de aconsejar a algunos de estos gobiernos.

En ocasiones me siento como un fantasma que regresa a su plano sin darse cuenta de que no se encuentra en su forma física. En vano grito lo obvio, pero no recibo respuesta, como en el caso del "emperador que anda sin vestido". La ortodoxia científica, económica, política y de los medios de comunicación masiva establecen las reglas para esta bestia consumidora con cabeza de Hidra, permitiendo a la bestia avanzar de manera rampante con agresión, ambición, carrerismo y obsequiosidad, mientras la mayoría del resto de nosotros trastabillamos de manera distraída. De tal manera que necesitamos conseguir maneras de hilar conscientemente a través de esta ortodoxia dentro de una verdadera innovación y transformación. Con un mínimo de esfuerzo intelectual debería ser obvio para todas las personas que el tiempo es muy corto para hacer la necesaria transición hacia la paz y la sostenibilidad. La no participación de Estados Unidos en los acuerdos de Kyoto sobre calentamiento global es una clara señal de negativa y avaricia en la innovación del bloqueo de Estados Unidos.

Muchos de nosotros podemos palpablemente sentir el dolor de nuestras pérdidas. Para algunos de nosotros, el dolor es la pérdida de la Madre Tierra. Tristemente, la mayoría de nosotros tiene miedo al cambio. "Más vale diablo conocido que nuevo por conocer". Entonces amplificamos nuestros temores para preservar las ganancias de corto plazo de perpetuar un *statu-quo* insostenible, a un costo enorme para la Tierra. Esta soberbia nos distrae de aprender las verdaderas respuestas. Pero en la medida en que aprendemos sobre este desbalance, más rápidamente podemos cambiar. Esa es mi esperanza.

Nuestros temores se alimentan directamente de la política miope de que debemos luchar por todo el petróleo que podamos conseguir para sobrevivir, que debemos atropellar a otras naciones económica, política o militarmente. La agenda oculta es que debemos asegurar ese petróleo aún cuando estemos perdiendo nuestra muy aclamada libertad, aún cuando resulte tan claro que quemar combustibles fósiles destruye nuestro ambiente a través del cambio climático global y la contaminación atmosférica y aún cuando estemos agotando rápidamente un recurso del cual dependemos en tan gran medida. Estoy seguro de que muchos de ustedes ya son conscientes de que somos adictos al petróleo, que lo usamos para lubricar cada cosa que hacemos y que su sobreuso por supuesto nos vendrá a atormentar cuando caigamos por la resbalosa pendiente de la escasez.

Muchos científicos, eruditos y autores han predicho que la producción global de petróleo está alcanzando su punto alto esta década, llevando inevitablemente a alzas permanentes de precio que probablemente destruirán la economía como la conocemos, y mucho más.

Expertos y prominentes portavoces del espectro entero de la política y de la religión están de acuerdo en esto. Pero no están al tanto de las posibilidades de soluciones diferentes de guerras, ganancias y contaminación – o una inevitable era oscura. Algunos autores y analistas reconocidos han avanzado hacia una definición elocuente del problema sin ver el amplio rango de posibilidades que pueden surgir de la investigación y el desarrollo. Incluidos en este grupo están Richard Heinberg, Dale Alan Pfeiffer, Michael Ruppert, Matt Saviner, el ex – asesor de Reagan Paul Craig Roberts y el banquero inversionista Matthew Simmons, quien es asesor de la administración Bush. El consenso es que mucho antes de que el petróleo se acabe, más tarde dentro de este siglo, es muy probable que la economía (particularmente la economía de Estados Unidos) colapse como resultado de las fuerzas inevitables de la física y del sistema de mercado – a menos que reemplacemos el apetito de la corporacioncracia por el poder con soluciones sensibles. La mitad del petróleo de la corteza terrestre se ha ido y la demanda sobrepasa en mucho la oferta. En muy poco tiempo empezaremos la estrepitosa caída, como ratones dentro del océano, sin siquiera un sollozo de comprensión. Dada esta escasez de conciencia, el futuro solo puede deparar más guerras, más contaminación y más catástrofes.

Desafortunadamente la ignorancia corre rampante. Es fácil criticar las políticas de Estados Unidos y de sus corporaciones desde un punto de vista progresista, ambiental y científico tradicional. Es más difícil convencer a estos intelectuales de que es posible que la entropía tenga sus límites. Ellos creen fervientemente que no hay almuerzo gratis en la generación de energía. Debido a que las musas políticas, económicas y científicas no tienen buenas respuestas, ellos permiten que nuestros guías de turno saqueen el planeta en busca de sus escasos recursos sobrantes (petróleo es el tema de actualidad, agua es el próximo) mientras suprimen las alternativas de manera que puedan mantener en marcha su reino de las ganancias. Este libro ofrece una amplia prueba documental sobre todo esto.

Lo irónico es, entonces, que la gente que tiene una plataforma para presionar por los cambios – los progresistas – son los mismos que se inclinan ante el altar de una ciencia incompleta, traicionando el verdadero futuro que ellos quisieran para ellos mismos y para las futuras generaciones. Los políticos y los economistas se llenan la boca hablando de sostenibilidad, paro no tienen un plan específico para alcanzarla técnicamente. Es como no tener una estrategia de salida de una guerra extranjera, tal como la de Iraq. Los políticos hablan sobre eso pero no pueden delinearla o comprometerse con ella. Los políticos y los economistas no tienen una pista sobre los fundamentos científicos y miran hacia los científicos convencionales que tampoco tienen una pista al respecto. Es una cámara de eco ciega que nos lleva a ninguna parte, al igual que la cámara de eco del ala derechista de la prensa que también sofoca el cambio.

En el corazón de todo este asunto está la ciencia. Soy un científico. Desde los años 60 he enseñado en varias universidades política energética, astronomía y física. También he aconsejado a candidatos presidenciales y a comités del congreso sobre lo que se debe hacer para tratar de resolver la crisis energética. Parece que el debate emergente en los reflectores del público es entre los intereses invertidos en el petróleo, cuya solución es tómelo mientras esté ahí y corra para alcanzar las colinas y los refugios con sus trillones de dólares de utilidad, por un lado, y la preocupación de los intereses académicos, progresistas y ambientales que afirman que la era del petróleo ya se acabó, dejando muy poca esperanza, y sus demandas exageradas por la utilización de energía solar, o eólica, o de hidrógeno o de biocombustibles, por el otro. Ambos grupos están asustados de que aparentemente no existe, por ahora, una solución viable diferente de la guerra, el éxtasis de una era oscura que se aproxima. En mi opinión ambos intereses están equivocados al impedir la puesta en práctica de nuevas posibilidades. Ambos se fundamentan en la ciencia tradicional existente, la cual dicta que no podemos encontrar un combustible más denso en términos de energía, y más conveniente, que el petróleo. Ambos creen religiosamente en las así llamadas leyes de la termodinámica (entropía), las cuales prohíben cualquier nueva ciencia de energía. Basado en mi experiencia y en mis observaciones de muchas "pruebas de concepto", en muchos laboratorios de los cinco continentes, pienso que están equivocados. Este tipo de distracción a menudo sucede en las revoluciones científicas: las ideas de un debate se dejan conocer de maneras limitadas entre los dos bandos, pero el verdadero debate debe abrazar soluciones que trasciendan la sabiduría convencional. Sería como discutir sobre máquinas de vapor, ferrocarriles, automóviles y dirigibles mientras los hermanos Wright estaban volando aviones por la primera vez. Los debates debieron incluir el potencial de la aviación, el cual fue negado por los más connotados científicos de su tiempo. El debate nunca ocurrió por los límites del razonamiento de los portavoces de aquel tiempo.

Les daré un ejemplo de chauvinismo en la entropía. En el verano del 2003 yo testifiqué en la Comisión de Energía de California, en un foro público titulado "Reduciendo la dependencia del California del petróleo importado". Nosotros los californianos debemos saber, como consumidores de electricidad, que se nos robaron miles de millones de dólares por Enron y otros. A pesar de eso, mi testimonio encontró oídos escépticos.

Alan Rosenthal, profesor de física en la Universidad de California en Berkeley, de casi 90 años, era el presidente de la comisión para las audiencias. El había sido uno de mis profesores cuando yo era estudiante en la escuela de post-grado de la Universidad de California en Berkeley durante los años 60. Rosenthal se me acercó después del testimonio, diciéndome: "Bueno, tal vez podamos mejorar la eficiencia termodinámica de nuestros sistemas de energía por unas pocas décimas de un uno por ciento por año y podríamos mejorar gradualmente nuestros sistemas de energía."

Él era lo que yo llamaría un adicto de la entropía. Él tomó tan seriamente las leyes de la termodinámica que no podía creer que las violaciones fueran posibles. Y yo sé que eran posibles, basándome en una extensa evidencia experimental y teórica en contrario. Estas "leyes" de la termodinámica son solo teorías que se aplican a un limitado rango de circunstancias. Hay muchas excepciones, ahora experimentalmente probadas, que contradicen la teoría existente (por ejemplo la teoría del caos que le valió un premio Nobel a Ilya Prigogine). La tragedia de todo esto es que muchos científicos, políticos y autores se han perdido el santo grial de la nueva energía por su limitado pensamiento. Han formado una alianza desafortunada con la plutocracia del petróleo al negar las soluciones reales. Ambos grupos han suprimido las soluciones.

Mi intención al escribir este libro es describir algunas respuestas fundamentadas en las ciencias básicas y en el sentido común. Mi propia evaluación actual de las opciones es que hay muchas, pero tendremos las mejores posibilidades si exploramos nuevas fuentes de energía cuyo potencial económico y ecológico es mayor. Una dependencia total de energías convencionales renovables tales como la solar, la eólica, el hidrógeno o los biocombustibles no será suficiente para reemplazar las demandas globales actuales de energía, aún cuando se alcanzaran mejorías sustanciales en eficiencia y conservación. Cada una de ellas requiere enormes inversiones, materiales y uso de energía para alinear al planeta entero. La energía nuclear también tiene sus limitaciones y peligros, como se discute en el capítulo 2 de este libro. ¿Por qué, entonces, se suprimen las alternativas más limpias y más económicas, si no tenemos tantas opciones?

La respuesta es nuestra. Debemos recuperar nuestro poder. Esto lo incluye a usted, amable lector: todos debemos educarnos con respecto a las respuestas. Debemos propagar estas ideas con nuestra familia y nuestros amigos si queremos participar en el gran ejercicio de democracia global si deseamos contrarrestar la tiranía que alimenta nuestros temores. La expropiación de recursos no renovables y la guerra hacen a nuestros gobernantes más ricos y al resto del mundo más pobre. El desarrollo de una nueva energía revolucionaria y de otras opciones que salvarían la Tierra y la civilización, arruinaría su fiesta. Las elecciones presidenciales fraudulentas en Estados Unidos en el 2000 y en el 2004 parecen condenar a este país a ser un estado fascista opuesto a la innovación cuando esta se lleva a cabo afuera de su aparato de secretos. La nueva energía, las armas espaciales y otras tecnologías avanzadas son celosamente guardadas y negadas al público.

Parece que las soluciones deben salir de fuera del sistema imperial y de sus críticos progresivos, al menos hasta que ellos se eduquen. Hacia ese fin y para tratar de alcanzar un retiro pacífico y costeable, Meredith y yo hemos encontrado un nuevo hogar en los Andes ecuatorianos. Estamos fundando Montesuenos, un centro para la paz y la sostenibilidad para nutrir las soluciones globales en nuestro uso de energía, agua, alimento y bosques - para poder poner en práctica los conceptos y planes descritos en este libro. Ofrezco disculpas por no haber aprendido todavía suficiente español, pero prometo que lo haré. Mientras tanto, he confiado la traducción de esta obra a mi amigo el Profesor Manuel Santos, Ph.D., de la Universidad de La Salle de Costa Rica. Aprender español es una promesa para Manuel y para ustedes, amables lectores.

Nuestro aterrizaje aquí ha tenido las dificultades que tienen las águilas y los cóndores al aterrizar: estas hermosas aves, hechas para volar, aterrizan torpemente, aunque con convicción. El aterrizaje de las águilas me trae muchos recuerdos. Yo estuve en el programa de astronautas de 1967-1968, asignado para ir a Marte en algún momento durante los años 80. La misión había estado en los planes y programas de la NASA antes de que fuera cancelada por la guerra en Vietnam. Vívidamente recuerdo las primeras palabras que Neil Armstrong dijo después de descender sobre la superficie lunar en 1969: "El águila ha aterrizado".

Contemplando mi pasaporte norteamericano veo el águila sosteniendo las lanzas en una garra y los ramitos de oliva en la otra, los símbolos de la guerra y la paz. Esto trae a mi memoria las ancestrales profecías del águila y el cóndor. El águila de Norteamérica representa lo racional, lo tecnológico, lo innovador, lo agresivo; el cóndor de Suramérica simboliza lo místico, lo artístico, lo creativo, lo amable. Hace quinientos años los españoles conquistaron Centro y Suramérica, un asalto brutal del águila sobre la tierra del cóndor. De acuerdo con la profecía, tenemos una nueva oportunidad para que las dos grandes aves se reúnan, ya sea para lograr una paz duradera o para entrar en una guerra en la cual todos pereceremos. Nosotros debemos hacer colectivamente una escogencia.

En ocasiones me siento como un águila fatigada con ramitos de oliva que torpemente se posa en la tierra del cóndor buscando hacer las paces con el amable pueblo de Ecuador, buscando maneras de educar a las gentes del mundo en lo que parece ser nuestra última oportunidad de lograr la paz y la sostenibilidad. Veo otras águilas aterrizando aquí, provenientes del Norte explotador, con lanzas en sus garras, demandando pagos de deudas, perforando pozos petroleros, creando una mayor pobreza y miseria, una moderna versión norteamericana de los conquistadores españoles (vea, por ejemplo, el libro "Confessions of an economic Hit-Man" escrito en el 2004 por John Perkins). Se me ocurrió entonces que los pueblos indígenas y latinos de las américas pueden tener una opción sobre la clase de águila que quieren personificar en su futuro y que todos podemos jugar un papel importante en ello. Podemos globalizar nuestro futuro a través de la innovación y de la cooperación, en lugar de la competencia y la explotación. Con ese propósito estamos construyendo un centro, Montesuenos, donde planeamos reunir a algunos de los líderes mundiales de pensamiento y de receptividad.

Estamos muy contentos de estar entre amigos y nuevos colegas en América Latina y nos sentimos acogidos por la amistad de esta gente. Un ejemplo de proyecto que tenemos en mente sería una plantación de cáñamo como sustituto para la madera, el petróleo y el algodón, para una variedad de productos y usos sostenibles (explorados en el capítulo 3). Otro, por supuesto, es el apoyo de la investigación y el desarrollo de nueva energía segura (capítulo 2). Y, más que nunca, necesitaremos planear y poner en práctica las estructuras sociales que puedan nutrir estas visiones (Parte II).

Durante 2003-2004 fundé el Movimiento de la Nueva Energía (www.newenergymovement.org), una organización sin fines de lucro dedicada a la investigación y a la educación en opciones de energía limpia, barata y segura. Este movimiento público de gran base apoya el desarrollo de una variedad de opciones de energía que van más allá de las (todavía caras) fuentes convencionales de energía renovable, tales como el sol, el viento y los biocombustibles. Deseamos lanzar una revolución de la nueva energía que dé respuesta a las necesidades de toda la naturaleza y de la gente, en lugar de al apetito insaciable del imperio y de sus enormes corporaciones.

Con miras a satisfacer la visión de un futuro pacífico y sostenible, necesitaremos financiar y conseguir el respaldo para el desarrollo y la educación de la nueva energía de una manera transparente, a la vez que nos sintamos protegidos de las supresiones del imperio. La investigación sobre la nueva energía, la consciencia y la búsqueda de formas de vida extraterrestre se combinan para expandir nuestro potencial hacia nuevos y vastos horizontes del ser, con la esperanza de que estemos a tiempo de prevenir los estragos de la destrucción a través de la guerra y el ecocidio. Ojalá nuestros esfuerzos mutuos aquí en América Latina y a lo largo y ancho del mundo se conviertan en los crisoles para un cambio tan urgentemente necesario para dar vida al cambio de paradigma venidero.

Espero que este libro le ofrezca ideas con las cuales usted pueda trabajar para lograr un mejor futuro. Con la fuerza que nos da la gran cantidad de gente que se une a nuestras filas, seremos capaces de revertir la oscuridad y dar paso a la luz.

# PRÓLOGO

## Después de la Tragedia del 11 de Setiembre

EL TERRORISMO, LA GUERRA Y nuestros estilos de vida no sostenibles se confabulan para producir una situación desesperada que nos afecta a todos. Una estructura de gobierno global será necesaria para superar el sistema que ahora tenemos. Nosotros, la gente, necesitamos tener jurisdicción sobre la supervivencia de la civilización, mientras preservamos las libertades de los individuos. Como nunca antes, los ciudadanos globales necesitaremos poder debatir una nueva constitución, basada en las leyes naturales, que pueda eliminar de la ecuación el ecocidio humano, la competencia excesiva y la violencia. La Tierra se encuentra en la sala de emergencias y requiere con urgencia soluciones alopáticas, tales como una economía de nueva energía hidrógeno – solar que reemplace los combustibles fósiles. También necesitamos prohibir el uso de armas en el espacio y limitar su uso a la Tierra – antes de que tanto la amenaza terrorista como la oportunista económico-militar nos aplasten a todos.

En el último siglo 200 millones de personas murieron por asaltos a mano armada y cientos de miles de millones más fueron muertas por un ambiente incrementalmente tóxico. Estos números con seguridad aumentarán este siglo si no hay una participación pública masiva en el ámbito global en la discusión del problema. La guerra y la tiranía han sido siempre modos de vida. Pero lo que no tiene precedentes en la historia es que las acciones de guerra y de tiranía ecológica pueden eliminarnos a todos. Debemos ser llamados a emprender una acción civil como una comunidad mundial.

Las últimas noticias en asuntos ambientales no son buenas. Aun el reciente reporte Environmental Outlook de la Organización para la Cooperación Económica (www.oecd.org/env y www.rachel.org) da un escalofriante conjunto de señales de alerta y de nuevas estadísticas, consistentes con lo que voy a presentarles en este libro. Ellos describen cuán desolado puede lucir el año 2020 si seguimos usando nuestros combustibles fósiles, si seguimos liberando grandes cantidades de productos químicos tóxicos en la atmósfera y en los cauces de los ríos, si continuamos ignorando los acuerdos de Kyoto sobre calentamiento global y si continuamos deforestando, pescando sin control, sobre–apacentando el ganado, agotando la capa superficial del suelo, agotando el agua, etc. Ojalá esta "mirada retrospectiva" al año 2020 empiece a permear nuestras resoluciones, de tal manera que podamos evitar la catástrofe ahora, antes de que sea demasiado tarde.

La democracia norteamericana está en un problema extraordinario. En un momento en el que podríamos estarnos uniendo para ofrecer ayuda humanitaria a refugiados desvalidos en Afganistán y en Iraq, en lugar de bombardearlos, en un momento en el que urgentemente debemos comenzar la impresionante tarea de restaurar el ambiente, aquellos que controlan nuestro destino se han movido en la dirección opuesta. Mientras algunos de nosotros estamos agitando banderas y cerrando filas contra la administración Bush, las voces de disidencias razonadas y de apertura a soluciones se han silenciado cada vez más, producto de una visión de túnel de los medios de comunicación masiva de Estados Unidos y de un angostamiento del rango del debate que podría abrir el interés sobre otras posibilidades. La trágica ironía de todo es que esto no tiene que ser así, que los terroristas eventualmente podrían ser presentados ante la justicia con solo que nosotros, también, actuáramos justamente con nosotros mismos. Estamos creando una pesadilla al aumentar el militarismo, el temor, la codicia, el secreto a todos los niveles, las negativas, la furia, la crueldad, la contaminación y el torcimiento de la libertad de expresión de los individuos. También estamos arriesgando una Tercera Guerra Mundial que podría acabar con todo.

Hay excepciones a la línea del partido, pero tiene que fijarse detenidamente para encontrarlas. El clásico clandestino de mayor venta de Michael Moore, *Stupid White Men* (Harper Collins, 2002) y los claros discursos del representante demócrata por Ohio, Dennis Kucinich, son ejemplos de esfuerzos no reportados, aunque populares, de detener la máquina de guerra y de re–humanizar nuestra cultura.

Las políticas oficiales del gobierno de Estados Unidos no solo nos polarizan de los extremistas islámicos sino también del resto del mundo. Descubrí este hecho alucinante a partir de los extensos diálogos con colegas y audiencias en Europa y a través de la diaria exposición internacional a los medios de comunicación masiva. Como lo dijo un anciano británico, "los norteamericanos parecen haber perdido su sentido de identidad". Quizás la implosión de sesenta mil millones de dólares de Enron, el gigante texano de la energía que hace unos pocos años era la sétima corporación más grande de Estados Unidos, a la cual critico en este libro por sus cuestionables prácticas en California y sus cercanas conexiones con la Casa Blanca, simboliza lo que puede suceder cuando al capitalismo de ganador–toma–todo y a la explotación de los recursos naturales no sostenibles se les permite avanzar con un sentido de libertinaje.

Durante el otoño de 2001 estaba dando un ciclo de conferencias en Austria, Alemania, Escocia, Inglaterra, Francia y California sobre asuntos relacionados con este libro. Meredith y yo habíamos aterrizado en París el 11 de setiembre, pocos minutos después del horripilante ataque de los terroristas al Centro Mundial de Comercio. Ni uno solo de los europeos que encontramos a lo largo de cientos de interacciones respaldaba el frecuente bombardeo norteamericano sobre civiles inocentes en países pobres, los tribunales militares a terroristas acusados, la ignorancia de los acuerdos internacionales, como el protocolo de Kyoto sobre calentamiento global y el Tratado de Misiles Antibalísticos, la toxicidad acelerante de nuestro ambiente, la siempre creciente hegemonía de las gigantescas corporaciones, el comercio de armas, los planes para desplegar armas espaciales, la pena capital, la supresión de nuevas ideas, la confusión de la prensa, las desigualdades de los ricos y los pobres y el poder desenfrenado de la globalización económica, del camino corto en las negociaciones sin cheques ni balances viniendo de un público informado.

El aplastante consenso entre los europeos es que los carteles globales, liderados por Estados Unidos, que involucran el abuso de un disminuido capital natural, de energía, dinero, alimento, medicina, gobierno, aparato militar y aparato de inteligencia, deben renunciar a su poder o el experimento humano habrá fallado.

El denominador común de la polarización actual es el dinero del petróleo. Nuestra adicción colectiva al petróleo del Oriente Medio creó las fuerzas que están a cargo de ambos lados del conflicto. Ahora debemos actuar directamente para desarrollar y poner en práctica soluciones que puedan terminar con esta dependencia. Como nunca antes, debemos encender una nueva luz en el escenario del mundo, una democracia / república cuyos poderes excedan a los de los que están actualmente a cargo de la situación, con relación al monumental asunto de la sostenibilidad. Necesitaremos hacer esto mientras hacemos respetar los derechos y las libertades de los más débiles – en lugar de los intereses de las grandes corporaciones que en el presente controlan nuestros destinos.

Hace unos días derramé lágrimas de tristeza sobre mi propia versión de patriotismo durante una velada en la que salimos a escuchar jazz en París. Esta música se compuso por primera vez en Estados Unidos a mediados del siglo veinte. El espíritu del jazz me había inspirado profundamente en mi juventud. Yo había sido un orgulloso Eagle Scout * y había sido seleccionado como Astronauta del programa Apolo. Me preguntaba, ¿cómo podemos encontrar la esencia que representa lo mejor de nosotros? ¿Cómo podemos combinar nuestra extraordinaria creatividad y las bendiciones que nos ha dado la naturaleza, y de las que todavía podemos disfrutar, para lograr un plan sostenible? ¿Podemos trascender nuestros temores, nuestro frenesí laboral, nuestras congojas, aunque sea por un momento, para abrazar nuestra propia grandeza y dejarla que nos impulse hacia adelante? Solo si tomamos una firme resolución para movernos al campo de las soluciones, y las pruebas del tiempo, nos lo dirán. Todo lo que tenemos que hacer es evaluar y escoger cuáles soluciones nos podrían llevar hacia un futuro sostenible con el menor sufrimiento en la transición. Como dice un colega, “Tengamos juntos un positivo ataque *terraista* y un planeta”.

Hay muchas cosas desconocidas en nuestra cultura. Hay muchos negocios sin terminar y muchas cosas por explorar y hacer crecer. ¿Por qué tenemos que cometer homicidios, suicidios, biocidios y ecocidios para llevar a cabo nuestros negocios? Debemos reconocer la severidad de las acciones humanas, pero también tenemos que perdonar las transgresiones y aceptar las situaciones, de tal manera que terminemos nuestros sufrimientos y nos movamos al terreno de las soluciones.

Necesitamos desarrollar una nueva comunidad global, tanto en el espacio real como en el virtual. Scott Peck nos recuerda, en su

---

* Eagle Scout: El más alto honor que otorga la organización de Boy Scouts de Estados Unidos (N. del T.)

libro clásico *The Different Drum*, que la construcción comunitaria incluye una fase caótica que, a menudo, desmotiva a los fundadores. Este período de auto–afirmación usualmente precede la rendición a una sensación de vacío, que es la siguiente etapa. Solo entonces es posible entrar en el espíritu de cooperación y mismidad que comprende la verdadera comunidad.

Es, quizás, en esos momentos de inspiración cuando podemos convertir la crisis en oportunidad. Tal vez podemos expresar primero nuestros dolores y luego movernos dentro de los roles de compasión y responsabilidad. Espero que este libro ayude a derramar alguna luz sobre las soluciones mismas. Ellas están esperando en las alas para su oportunidad. Además, algunos de nosotros estamos formando una coalición que pretende facilitar una nueva ciudadanía mundial que pueda asegurar una civilización duradera a través de las acciones humanas adecuadas.

Después de sufrir una muerte en la familia y de un año de gran inestabilidad, Meredith y yo hemos puesto nuestros pies en un lugar de gran belleza natural en el Río Yuba, cerca de la villa de Washington en California. Ojalá este nuevo Washington represente la visión para un espíritu renovado para un futuro global pacífico, sostenible y justo, en agudo contraste con la corrupción masiva y la violencia que viene ahora del viejo Washington de mi pasado.

# INTRODUCCIÓN

## El Nuevo Programa Apolo

CON LOS ALBORES del nuevo milenio veo esperanza para la humanidad y para revertir la contaminación causada por el ser humano sobre la Tierra. Los cambios y la aventura serán excitantes y nos impondrán severos retos, pero el tiempo se nos está acabando. Pienso que las soluciones están ahí y pueden ser alcanzadas si trascendemos nuestra negación de las verdades emergentes que están sustentadas en experimentos en nueva ciencia, nueva energía, curación, conciencia, producción de cáñamo, agricultura y manejo de bosques sostenibles, y la evidencia de contactos con inteligencias no humanas y por nuestro ser eterno. Pienso que tenemos el potencial para llevar a cabo los cambios necesarios, pero debemos alejarnos de muchos trasnochados intereses de inversión y empezar a empoderarnos a nosotros mismos hacia las soluciones.

El nacimiento de este proceso, como casi siempre, viene de la "necesidad como madre de la invención". A mí me resulta claro que nosotros, como especie, debemos empezar a devolvernos hacia un balance con la biosfera. Debemos crear un futuro sostenible, de tal manera que, otra vez, podamos heredar la Tierra. También debemos trascender los rechazos culturales de nuestra gran verdad cuyas implicaciones están aún más impregnadas que las que existieron durante la gran Revolución de Copérnico. Como veremos en este libro, no embarcarnos en un nuevo viaje hacia la sostenibilidad y la verdad resultará, en el mejor de los casos, en un deterioro de la calidad de vida de nuestros niños y, en el peor de los casos, en la extinción global.

De muchacho siempre quise ir al espacio. Para ese tiempo no había un programa espacial. Muchos de mis maestros pensaban que yo era solamente un soñador. En 1957, cuando ingresaba a la universidad, se lanzó el Sputnik. Diez cortos años después me convertí en un científico astronauta destinado a ir a Marte dentro del programa Apolo. Poco después la NASA canceló la parte del programa que incluía la exploración a Marte. Yo me dediqué a otros asuntos, pero había experimentado la sensación de anticipar cómo sería viajar al planeta rojo. En estos tiempos tormentosos, estoy agradecido de no haber completado ese sueño en el papel de un portavoz comprimido por el gobierno. En lugar de ello, estoy enfocándome en un nuevo sueño que no solo podría asegurar nuestra supervivencia sino que podría abrir nuevas oportunidades que hacen titubear a la imaginación.

El programa lunar Apolo me enseñó muchas lecciones valiosas. Lo vi como un logro señero de la humanidad, un ejemplo de lo que podríamos hacer como cultura cuando ponemos nuestra mente en eso. Este fue un logro extraordinario, histórico – "un pequeño paso para un hombre, un salto enorme para la humanidad". Para mí, el programa Apolo fue el epítome de lo mejor de nuestro potencial humano colectivo. Irónicamente, ahora me encuentro inmerso en el centro de una controversia sobre si Apolo sucedió en realidad o si fue un gran engaño. El Canal Fox de Televisión me entrevistó sobre este tema y me citó fuera de contexto. Yo di la impresión de que Apolo pudo no haber ocurrido y, como resultado de esto, me encontré recibiendo docenas de correos electrónicos de gente que respaldaba lo que yo decía y de otros escépticos por el estilo. ¡Qué identidad con el proyecto! Para establecer la situación correctamente, no tengo ninguna duda en mi mente de que las cápsulas entraron en órbita alrededor de la Luna, esto debido a las fotografías, a las señales recibidas en la Tierra y a las capacidades del enorme cohete acelerador Saturno V. Es concebible, pero altamente dudoso, que el alunizaje no se hubiera llevado a cabo. ¿Cómo puedo asegurar que sucedió de una manera o de otra, si no estuve ahí? Sin embargo, el programa Apolo fue un gran éxito. A mí me dio un punto de referencia valiosísimo para saber qué es lo que tenemos que hacer ahora.

Algunos años más tarde, como miembro de la facultad del departamento de Física de la Universidad de Princeton, empecé a tener algunas experiencias personales que no podía explicar aplicando los principios de la ciencia tradicional que estaba enseñando. Era capaz de sintonizarme físicamente dentro de un extraño, tuve una experiencia cercana a la muerte y curé una rodilla herida solamente con mi intención de hacerlo. Todo esto me resultó muy emocionante. Empecé a soñar otra vez, como el pequeño muchacho que buscaba Marte con su telescopio, queriendo estar ahí. Cuestioné la creencia de que el materialismo y el reduccionismo eran el caso más general de nuestra realidad. A medida que salía cada vez más de la caja cultural en que me encontraba, empecé a comprender algunas verdades mayores acerca de la realidad. El precio que pagué por esto fue la pérdida de credibilidad y de visibilidad entre mis colegas.

Pregunté: "¿Cómo puede aplicarse el método científico al estudio de experiencias tales como la sanación psíquica, la consciencia trascendental, la vida después de la muerte, la comunicación con inteligencias no humanas, los círculos de los cultivos y muchos otros descubrimientos negados que demandan exámenes no sesgados?" Al principio estaba sorprendido de descubrir que estos campos se encontraban más desarrollados científicamente de lo que yo podía imaginar, pero ninguno de ellos había sido integrado a la corriente principal del conocimiento. De hecho, algunos de ellos habían sido negados y desacreditados. Yo no me podía esconder nunca más en una especialidad científica. Mi insaciable búsqueda de la verdad, la belleza y la sostenibilidad me llevó a una aventura inesperada y no celebrada por nuestras normas culturales.

Empecé a aprender que muchos principios básicos de consciencia y nuestro ser multidimensional están siendo confirmados por experimentos en mecánica cuántica, psicokinesis, sanamiento alternativo, clarividencia y generación de energía de punto cero. Viajé por todo el mundo visitando laboratorios de inventores no célebres y de investigadores cuyos descubrimientos ciertamente establecerán los cimientos de una nueva ciencia. El resultado de esta búsqueda me llevó a la publicación de mis tres libros anteriores, *Exploring Inner and Outer Space, The Second Coming of Science* y *Miracle in the Void.*

Me hace sentir estimulado que más y más científicos están rompiendo filas con sus sesgos materialistas para adoptar la valiente posición de que nuestra consciencia es la base de todo lo que existe. El materialismo no es más que un caso limitado de la realidad y estamos en los umbrales de un nuevo paradigma, el cual proveerá los medios para un nuevo renacimiento en asuntos humanos. Podemos aprender mucho de lo que muchos líderes espirituales y místicos han estado hablando por mucho tiempo.

Mi pasión actual es liberar nuestro enorme potencial humano para balancear el ambiente de la Tierra. Esta enorme tarea no nos exige adoptar inmediatamente tecnologías radicalmente nuevas antes de que sean exhaustivamente investigadas y debatidas. La energía libre (o nueva) es un ejemplo dramático de lo que puede hacerse para trascender nuestras costumbres contaminantes, pero necesitamos aprender a usar este recurso inteligentemente. Previendo la posibilidad de que la nueva energía sea utilizada de manera abusiva por intereses militares, yo sugeriría ampliar los desarrollos de soluciones de baja tecnología, tales como energía solar, eólica o energía del hidrógeno, para usarlos como respaldo.

He presenciado y he investigado una deslumbrante colección de soluciones a nuestros retos globales. Ellos requerirán un conocimiento aún mayor de las tecnologías limpias, probar mucho más nuestros potenciales como seres multisensoriales e inventar socialmente esas estructuras y procedimientos con los cuales llevar a cabo los cambios necesarios. No tenemos otra opción.

De los libros que he escrito, este es el que me ha resultado más difícil. El ritmo acelerante de los actuales eventos ominosos a menudo se adelanta a mis expresiones de la situación. Resulta, entonces, fácil que los asuntos específicos se tornen obsoletos. Pero la esencia de lo que se debe hacer se torna más intensa cada día. En el corto período de unos pocos meses de escritura hemos visto en Estados Unidos la selección de un gobierno firmemente dedicado a los intereses de los grandes negocios, en detrimento de todas las especies vivientes sobre el planeta. Y hemos visto a los consumidores de electricidad de California sufriendo apagones y altísimos precios por sus suplidores de energía que se vuelven cada día más ricos y toman más control de nuestro destino colectivo, enmascarados por una estructura de utilidades bizantina y distrayente. La única solución que perciben los políticos y los medios de comunicación masiva es más energía contaminante.

Prefiero usar la ciencia como una herramienta para la comprensión de los hechos físicos de la materia sin recurrir a viejas teorías políticas y económicas que sirven de base a nuestra adicción al crecimiento, la consolidación del poder y las decisiones resultantes que favorecen a unos pocos e impiden cualquier sentido de implementación de soluciones. En el proceso yo no hubiera esperado adoptar una nueva identidad cuya expresión no calzara con el paradigma actual de becas, periodismo y comercio. En su lugar me he convertido en un profesor viajero, independiente y en un estudiante de las maneras en que se puede llegar a un balance con nuestro precioso ambiente.

En algunos lugares puede parecer que este libro cubre terrenos obvios ampliamente conocidos para la gente. Esto se aplicaría especialmente a mis nuevos colegas cercanos para los cuales es conocida la profundidad del reto. Lo que espero es poder atraer lectores que no estén familiarizados con la gravedad del problema que estamos enfrentando o que no estén al tanto de la variedad de soluciones suprimidas que nos esperan. En Estados Unidos este grupo podría incluir a la mayoría de los Demócratas, a algunos Republicanos desilusionados, a gente joven y a aquellos que se abstuvieron de votar por convencimiento. Esos somos la mayoría de nosotros. En otros países puede haber una gran resonancia con los temas de este libro. Algunos de ustedes que son capitalistas confirmados o rebeldes armados pueden caer por el borde del camino. No he hecho ningún intento de manipular mis conclusiones para caerle bien a ningún sector inversionista interesado o a ninguna estrategia de mercado.

Mi perspectiva es la de un norteamericano disidente y, por lo tanto, puede parecer un tanto parroquial para el lector internacional. Mi razón para esto es que somos la única superpotencia económica y militar, el país más contaminante del mundo entero y, a la vez, el crisol de la inventiva y del cambio social. Estoy familiarizado con la intensa actividad del cambio potencial que tengo a mi alrededor aquí. Nuestras acciones pronto podrían construirnos o destruirnos. Comentando la tardía pero decisiva entrada de nuestro país en la Segunda Guerra Mundial, Winston Churchill dijo que Estados Unidos son como un hervidero gigante: toma tiempo para que caliente, pero cuando arranca no se le puede detener. Este patrón se podría repetir.

Estados Unidos es el líder indisputado en innovación y en desarrollo de nuevas tecnologías que han cambiado el mundo, para bien o para mal. En el corto plazo de un siglo empezamos el uso de la electricidad, el automóvil, los aviones, la radio, el teléfono, la televisión, los misiles, las bombas, los cohetes espaciales, el rayo laser y las computadoras que han sido agresiva y penetrantemente aplicadas en todo el mundo. Ya sea el primer vuelo sobre las dunas de arena del Kitty Hawk o a través del Océano Atlántico o a la Luna, los norteamericanos hemos sido creadores y realizadores. Estados

Unidos es también el primer lugar por el invento y la investigación de la nueva energía. Pero, ¿pueden los Estados Unidos encender el faro de la inventiva y llevar a la práctica las soluciones o será la resistencia interna tan grande que nuestros amigos en el extranjero deberán tomar la delantera? Mi respuesta es que ambos lo deben hacer. Al final todos deberemos ser socios globales para crear las nuevas instituciones que supervisen los cambios requeridos.

Los estadounidenses heredamos una tradición revolucionaria de libertad, la cual está amenazada por la negligencia ambiental. Muchos de nuestros pueblos disfrutan abundancia sin precedentes. Por tal razón, tenemos una oportunidad como nunca antes de empoderarnos a nosotros mismos dentro de resoluciones intrépidas. ¿Tenemos la voluntad de unirnos en comunidad y atrevernos a soñar en un mega proyecto Apolo para la Tierra? Yo pienso que sí. Pero necesitamos examinar las maneras en las cuales podemos unirnos para discutir y debatir nuestras soluciones milenarias. Esto demandará de cada uno de nosotros una gran fuerza interior, libre de trampas egoístas, de codicia, de negativismo, de intereses personales y de presiones culturales.

Los gobiernos deberán cambiar radicalmente y aprender cómo, a fin de cuentas, convertir las espadas en arados. La industria privada tendrá que cambiar, también, de tal manera que la ecología y toda la humanidad tengan utilidades de cada aventura de negocios exitosa. Debemos re – inventar lo que queremos decir con interés global colectivo y seguir refinando el concepto, de tal manera que nuestra nueva dirección sea adoptada por todos de manera entusiasta. Podríamos conformar un consejo de ancianos para que forme una república verde global, basada en una inspirada Declaración de Interdependencia, para supervisar el proceso de cambio.

Este nuevo proyecto podría impulsar muchos otros, tales como un mundo en paz, alimento nutritivo abundante y la oportunidad para evolucionar hacia estados más elevados de ser como ciudadanos de un universo eterno. Muchos más de nosotros podríamos pronto descubrir que no estamos solos en el cosmos como seres sensibles y que nuestro conocimiento nunca morirá.

Usted puede no estar de acuerdo con algunos de los conceptos más radicales que yo exploro, algunos de los cuales pueden violar su sistema de creencias. Eso está bien para mí. Todos tenemos nuestras creencias, no importa cuánto sofisticado sea nuestro intelecto. Yendo más allá de mi tendencia como científico de ser subestimado y objetivo, a menudo uso las palabras "necesitamos hacer" y "debemos hacer" en vista de la inmensidad de la crisis que tenemos enfrente. Sin embargo, los fundamentos en este libro dependen de verdades físicas, ecológicas y científicas tales que ninguna fuerza económica, política, académica o periodística pueden censurar. De tal manera que a pesar de la aparición de controversias y de perspectivas contraculturales, lo insto a continuar su lectura, porque el rango de soluciones es muy amplio y al final podría estar hecho a la medida de su visión de un mundo en evolución. La situación global llama a acciones sociales decisivas más allá del capitalismo, el comunismo, el modernismo y el fundamentalismo religioso. Es hora de considerar y debatir todas las soluciones razonables. Usted puede tener ideas adicionales que no están incluidas en este libro. Todas son bienvenidas y me gustaría mucho poder escucharlas. Ha llegado el momento de que todos podamos proclamar nuestros sueños.

## Una Actualización al Debate sobre Energía

¡Cuánta diferencia hacen unos pocos meses! Cuando estaba escribiendo este libro, en los últimos meses del año 2000, la gente parecía no estar consciente de nuestros problemas con la energía y entonces hacían los encabezados de cada día. Poco después, alcanzaron su punto más bajo ante la presión del 11 de setiembre, solo para regresar de nuevo en una cada vez mayor explotación de la naturaleza. Sin embargo la prensa omite cualquier mención de la inevitable extinción de la era de los combustibles fósiles, la cual necesariamente llegará debido a la disminución de la oferta y a la contaminación creciente. En el largo plazo el tema estará comprimido entre dos fuerzas opuestas. Una, ahora en el poder, ciertamente llevará a nuestra cultura a un estado de desarreglo tal que podría no haber salida. La otra ofrece soluciones sostenibles.

El problema norteamericano es especialmente agudo. La administración Bush no ha desperdiciado tiempo para ofender al resto del mundo con su insistencia en anular los acuerdos de Kyoto sobre emisiones de calentamiento global, con los entrenamientos en el Refugio Nacional Ártico de Vida Salvaje, con el acaparamiento de la investigación de energía renovable y limpia, con la construcción de nuevas plantas de energía de combustible fósil, con las cuales se contribuye aún más con el liderazgo norteamericano en materia de emisiones de carbón, con la protección de los intereses de las ricas y grandes corporaciones aparentemente sometidas a la guerra y con la promoción de un costoso y desestabilizante sistema de defensa de misiles.

Desafortunadamente, a los ojos de los medios de comunicación masiva la discusión sobre ponerle fin a la contaminación y al cambio climático global ha sido abandonada. El debate se ha concentrado en consideraciones políticas y económicas de corto plazo, en lugar de analizarse los efectos físicos de largo plazo y las direcciones tecnológicas que con seguridad podrían provocar una discusión seria sobre un futuro sostenible, como se describe en este libro. La innovación y hasta las conversaciones sobre innovación son sofocadas de inmediato.

Un ejemplo de lo que estoy diciendo lo podemos encontrar en un artículo de la portada de *USA Today* del número de 16 de julio de 2001 titulado "Six Ways to Combat Global Warming" ("Seis Maneras de Combatir el Calentamiento Global"). No se hace ninguna mención de soluciones reales como energía solar, energía eólica, uso del hidrógeno, mejoramiento de la eficiencia e investigaciones sobre la nueva energía. En su lugar solo se habla de pasos políticos, tales como ratificar los acuerdos de Kyoto (un poquito muy tarde, aunque todavía un paso importante hacia la cooperación internacional) o no – pasos, tales como transacciones de créditos de emisión a cambio del privilegio de contaminar, hacer más estudios o del todo no hacer nada. ¿Cómo pueden considerarse éstas como acciones para *combatir* el calentamiento global?

¿Será esta negativa a considerar las opciones limpias, renovables, un reflejo del atontamiento de Estados Unidos o es codicia o es temor de la pérdida de poder, dinero y secreto? ¿Será que el cartel de la energía ha unido fuerzas ideológicas con los medios de comunicación masiva y el gobierno para reforzar el *statu quo* a cualquier costo? En mi historia de más de cuarenta años como analista mayor en asuntos de energía, nunca he visto un debate angostarse de tal manera que no se puedan encontrar soluciones y todo parezca propaganda. Desde mi niñez aprendí que Estados Unidos era una tierra de invenciones y oportunidades y no un contaminante imperio hambriento de energía que suprime las soluciones y es una vergüenza para el resto del mundo. Esta puede ser una situación muy alarmante para nuestras fachadas y puede invitar a una mayor negación de nuestras responsabilidades.

La única opción global que tenemos es cortar nuestras emisiones tóxicas a casi cero – una medida que no solo previene el suicidio planetario sino que es eficiente en costos en el largo plazo. En las décadas venideras el petróleo y el gas natural serán cada vez más escasos y caros y ciertamente no serán competitivos en costos con las soluciones limpias y renovables. Las únicas beneficiarias serán las gigantescas compañías de energía, la infraestructura relacionada con ellas y los muy ricos. El resto de nosotros sufrirá con más aire tóxico, con el cambio climático global, con la escalada de precios y con más dependencia del petróleo extranjero. Podemos terminar nuestra adicción a los combustibles fósiles en primera instancia si nos damos cuenta de que ellos han dominado nuestra economía internacional y de que ahora debemos encontrar formas de reemplazarlos a través de innovación y de la participación civil activa. Una vez que esto se comience a comprender de una manera más amplia, el carbón, el petróleo y el gas natural seguirán el camino del tabaco, pero esta vez en una escala mucho mayor y con un mayor sacrificio de vidas. Espero que este libro ayude a comprender la profundidad de la situación e inspire soluciones.

Debemos expandir el debate para que se incluyan las verdaderas respuestas. Afortunadamente esas respuestas existen y deben ser presentadas al público. Nuestro silencio en este asunto sugiere un aspecto más insidioso de control en el ejercicio del poder. "La tiranía más exitosa no es la que usa la fuerza para asegurar uniformidad sino la que remueve el conocimiento de otras posibilidades", dijo Allan Bloom en *The Closing of the American Mind.*

Noam Chomsky definió el problema de esta manera: "La manera inteligente de mantener a la gente pasiva y obediente es limitar estrictamente el espectro de la opinión aceptable, pero permitir debates muy vívidos dentro de ese espectro – aun alentando los puntos de vista más críticos y disidentes. Eso le da a la gente la sensación de que hay libre pensamiento, mientras que en todo momento los presupuestos del sistema están siendo reforzados por los límites puestos a los alcances del debate".

Entonces, ¿qué podemos hacer? Este libro propone el establecimiento de una república verde global, la cual puede tener jurisdicción sobre la competencia sin freno y sobre el crecimiento de las gigantescas corporaciones multinacionales y sus amigos en las altas esferas políticas. Estas fuerzas de globalización y "libre comercio" motivan a los más poderosos a entrar dentro de esos países que tienen la mano de obra más barata y los estándares ambientales más relajados en un círculo vicioso de contaminación y de tensiones competitivas. Estas acciones no reguladas hacen un simulacro de auténtico libre comercio que podría entregar los bienes y los servicios necesarios para un futuro verde.

En el Capítulo 4 presentaré el caso para las medidas más urgentes, aquellas sobre las cuales un número preponderante de ciudadanos del mundo estaría de acuerdo. Ahí estarían incluidas el cambio de los subsidios públicos de empresas contaminantes a limpias, el refuerzo a estrictos estándares de emisión, el control de los excesos de la globalización económica, la protección a los trabajadores, y la carga impositiva a la especulación con monedas internacionales para el alivio de la deuda del Tercer Mundo y para la creación de nuevas empresas que preserven, recuperen y sostengan la biosfera. Para poder hacer este trabajo lo más pronto posible me he enterado de la brillante idea propuesta por John Bunzl en Inglaterra. Se llama la Política Simultánea (www.simpol.org).

Bajo este plan, medidas tales como las listadas en el párrafo anterior serían adoptadas en principio por cualquier individuo, organización, ciudad, estado o nación que quiera garantizar el respaldo o el voto para los que la adopten. (Yo ya estoy en cartelera como un adoptador). Mientras tanto, los negocios continuarán llevándose a cabo como hasta la fecha, de tal manera que la adopción no significaría una amenaza inmediata para las políticas existentes. Por la fuerza total de atracción, la Política Simultánea sería adoptada por más y más naciones hasta que cada país lo haya hecho. En ese momento, las nuevas medidas serían puestas en práctica simultáneamente por cada nación que promulgara el necesario cambio de paradigma. Idealmente este sería el primer paso para tener una república verde en acción, sin que fuera necesario establecer las nuevas estructuras gubernativas mismas, las cuales podrían tomar un tiempo mayor del que tenemos disponible para revertir el proceso acelerado de deterioro de la vida en el planeta, según se narra en este libro.

Esta innovativa solución también nos permitiría suficiente tiempo para debatir sobre las medidas apropiadas sobre las cuales una mayoría de la población del mundo estaría de acuerdo. La idea puede ser comparada con la respuesta a un brote de un fuego serio. Mientras que lanzar baldes de agua sobre el fuego nunca lograría apagarlo (nuestra situación actual de legislar soluciones incrementales), llamar al departamento de bomberos y esperar por su llegada con el equipo especial sería lo que haría la Política Simultánea: nos daría la oportunidad de apagar el fuego de una vez por todas, pero en un momento más tarde. Nuestra responsabilidad cívica global es llamar a los bomberos para que vengan lo más rápidamente posible, momento en el cual las acciones decisivas pueden detener el daño. Nos hemos dormido en la rueda de la democracia mientras el fuego ha crecido feroz. Es tiempo de despertar a las soluciones sostenibles y de tener la valentía de aferrarnos a ellas.

El proceso de ratificación de los acuerdos de Kyoto sobre las emisiones de dióxido de carbono proveen un buen ejemplo de lo que se puede hacer con la Política Simultánea. Es por esto que no nos resulta sorpresivo que Estados Unidos fuera el último participante en adoptar la política, pero ¿podría imaginar la presión moral que se montaría contra el gobierno norteamericano por no adoptarla?

Hay una más profunda crisis espiritual que está oculta: las actuales estructuras de poder efectivamente están bloqueando la necesidad de transformar nuestra ética de una competencia sin piedad a cooperación, de egoísmo a mismidad, de separación a unidad, de codicia a generosidad, de quedarse dentro de la caja de falsa seguridad de pan y circo a abrazar grandes verdades de nuestra existencia. El Presidente Abraham Lincoln dijo: "Prácticamente cada hombre puede enfrentar la adversidad, pero si usted quiere probar el carácter de un hombre, dele poder". El poder está invertido en lugares equivocados en estos tiempos y el necesario cambio necesitará ser retornado a la gente por un consenso global que no tiene precedentes. El diseño de una estructura gubernativa mundial será uno de nuestros mayores retos y oportunidades en la historia de la humanidad.

La búsqueda de un nuevo conocimiento de nuestro ser es también un derecho de nacimiento que ha sido pospuesto a la cultura de la masa que ha separado arbitrariamente a la iglesia y al estado, ha confundido la religión dogmática con la transformación espiritual individual y ha minimizado el enorme potencial de una nueva ciencia de la consciencia. Me he dado cuenta de que muchos líderes del movimiento de sostenibilidad no han ido mucho más allá de lo que han ido nuestros líderes políticos, académicos, de negocios y religiosos en la comprensión de este punto, por lo que a veces están dejando escapar el rango total de soluciones y aperturas espirituales – a veces llamadas milagros. Estoy seguro de que algunos ambientalistas tomarán bandera con mis intentos de poner un puente a la separación que existe entre la sostenibilidad y la verdad mayor. Sin embargo mi discusión está bien asentada en la experiencia humana colectiva y en estudios científicos. Estos tópicos, que rompen paradigmas, han sido omitidos del debate por las mismas dinámicas que omiten la búsqueda de la energía limpia.

En el Capítulo 5 yo discuto un reciente ejemplo de este puente entre sostenibilidad y una verdad mayor: la evidencia de la existencia de vida extraterrestre y el fenómeno de los objetos voladores no identificados (OVNIS). Muy recientemente esta búsqueda ha ganado nueva credibilidad bajo lo que se ha llamado el Proyecto de Apertura de Información y Conocimientos, dirigido por el Dr. Steven Greer (www.DisclosureProject.org). Más de 100 testigos del gobierno y del ejército han dado declaraciones sobre OVNIS y sobre experiencias con visitantes extraterrestres, las cuales se agregan con otras narraciones asombrosas pero auto – consistentes, como la siguiente: Después de la Segunda Guerra Mundial, algunos edificios del ejército de Estados Unidos estaban siendo visitados por seres extraterrestres. Fue entonces cuando se dio el alegado accidente de Roswell, Nuevo México, de 1947 y empezó la moderna ola de encuentros con OVNIS. Tal vez las visitas se dispararon con el reciente descubrimiento y uso por parte de Estados Unidos de la destructiva energía nuclear. Comenzó entonces una cobertura masiva con las crecientes operaciones encubiertas que ganaron y protegieron para ellos mismos el conocimiento de la energía libre y de la propulsión avanzada. Un nuevo gobierno secreto se formó, en el cual muy poca gente sabía la verdad, aun cuando fragmentos de la misma eran conocidos por algunos individuos, varios de los cuales se han hecho públicos solo muy recientemente. Aun los presidentes norteamericanos fueron excluidos de este conocimiento, mucho para disgusto del presidente Eisenhower y de algunos de sus sucesores. Este poder naciente de dentro del gobierno obsesionó a Eisenhower, el cual lo advirtió así al público en su último discurso como presidente en 1961.

"En los consejos de Gobierno nos debemos guardar contra la adquisición de influencias sin garantía, buscadas o no, por el complejo militar – industrial. El potencial para un desastroso aumento de poder mal ubicado, existe y persistirá. Nunca debemos permitir que el peso de esta combinación ponga en peligro nuestras libertades o nuestros procesos democráticos. No deberíamos tomar nada por un hecho. Solo una ciudadanía alerta y conocedora puede lograr el adecuado engranaje de la enorme maquinaria industrial y militar de defensa con nuestros métodos y objetivos pacíficos, de tal manera que la seguridad y la libertad puedan prosperar juntas."

Con estas afirmaciones, corroboradas por testigos de gran reputación, los dos tópicos de sostenibilidad y mayor verdad fueron unidos. Tal vez podamos empezar a comprender que la génesis de la dominación de los combustibles fósiles y de la energía nuclear y la supresión de opciones ha sido una política secreta de fuerzas económicas y político / militares cuyo poder Eisenhower se sintió tan compelido a exponer. Tal vez estamos viendo las fases avanzadas de una conspiración masiva para ganar dinero y contaminar el ambiente manteniendo al resto de nosotros ignorantes de las soluciones reales. Ya sea que estemos viendo la consolidación del poder económico o el poder político clandestino como la causa principal de nuestro legado, la democracia necesitará un gran empuje. La siguiente fase del Proyecto de Apertura sería tener audiencias en el Congreso. Pero eso solo puede suceder con un despertar de la fuerza civil. ¿No nos beneficiaríamos todos con una investigación abierta de este misterio? ¿No merecemos saber la verdad?

Tal vez una parte significativa del robusto aparato secreto ha sido suprimir la "energía libre". Este es un concepto que cierra la brecha entre el movimiento de sostenibilidad y la necesidad de abrazar una gran verdad. Como veremos en el Capítulo 2, la posibilidad de la energía libre es inminente, con cientos de reportes respetables de poder "sobre – la – unidad" llegando de laboratorios de todas partes del mundo. Yo mismo he podido presenciar muchas demostraciones de este tipo. La energía libre (o nueva) causaría una de las revoluciones más extraordinarias en la historia de la tecnología (los ejemplos incluyen aparatos electromagnéticos especiales, fusión en frío y celdas de gas hidrógeno). El potencial de la energía libre necesita ser debatido amplia y abiertamente, de tal manera que se puedan conocer sus grandes beneficios tanto como los efectos del posible abuso si cae en las manos equivocadas. Los intentos de traer la energía libre al mundo han sido frustrados cada vez, porque eso significaría el final del cartel de la energía. Tal y como dice el científico inventor, Dr. Tom Bearden, "El costo de una simple gran planta de energía resolvería la crisis energética del mundo entero para siempre".

Pero para comprender la energía libre y la apertura de OVNIS/ET, muchos más de nosotros necesitaremos tener el coraje para despertar a estar grandes verdades, aún si parecen bizarras a primera vista. Desafortunadamente nuestra cultura se ha fragmentado en tantas facciones que no se comunican una con la otra que nuestro conocimiento expandido está artificialmente mantenido fuera de nosotros. Hay demasiados intereses de inversión entre los científicos, los industriales y los oficiales de gobierno para reconocer la energía libre. Sin embargo existe.

Pienso que el despertar demandará que nos movamos aún más allá de las políticas democráticas sensibles de lograr sostenibilidad y doblar el poder de las multinacionales y de los gobiernos que continúan sacando provecho económico mientras devastan el planeta. Necesitaremos examinar quiénes somos, por qué estamos aquí, qué sucede después de nuestra vida en la Tierra y cómo nuestra conciencia nos puede curar, a nosotros y al mundo que nos rodea. Como veremos en los Capítulos 5 y 6, las pistas para responder estas preguntas están en todas partes y solo debemos atrevernos a mirar.

Sé que estas ideas son radicales y que algunos de ustedes podrían pensar que son especulaciones irrelevantes. Eso está bien para mí. De mi experiencia y estudio de más de tres décadas he aprendido que salir de la caja de la ciencia materialista occidental a los reinos de la conciencia hará nuestro cambio de paradigma mucho más fácil. Pero en el corto plazo los remedios alopáticos, tales como energía solar, eólica, de hidrógeno y la nueva energía serán absolutamente necesarios porque la Tierra está en el salón de emergencia. Necesitamos prestar toda la asistencia que podamos, pero solo podemos hacer eso a través de una incansable búsqueda de emisiones cero, la preservación natural, la verdad y la justicia.

Este libro está dividido en dos partes. La Parte I describe las herramientas que tenemos para restaurar los recursos y la belleza de la Tierra. El Capítulo 1 nos urge a cada uno de nosotros a expandir nuestro interés y a gritar nuestros retos y soluciones desde el pico de la montaña más alta, alcanzando a nuestras familias, nuestras comunidades, nuestras iglesias y la Internet, y (donde sea posible) a los medios de comunicación masiva, la academia y las corporaciones. Los Capítulos 2 y 3 describen cómo podemos resolver la crisis de energía y restaurar la biosfera como realidades físicas en lugar de como un instrumento de pensamiento económico y político falaz.

La Parte II mira cómo podemos poner en práctica las soluciones en un sistema global organizado, qué podemos hacer como individuos para enfrentar los retos y la necesidad de expandir nuestra base de conocimientos y establecer una nueva ciencia de consciencia que nos dará los fundamentos necesarios para un nuevo paradigma. Piense que cada capítulo es un tema sobre las acciones que debemos emprender. Los títulos de los capítulos sumarizan apropiadamente estas acciones.

En mi libro anterior, *Miracle in the Void*, dije que necesitamos liberarnos del temor de sentir nuestros sentimientos, afligirnos del pasado y mirar soluciones trascendentes basados en nuestra más grande esencia. El proceso de fracaso y transformación en soluciones es un despertar que toda la humanidad va a compartir. Esta nueva acción requerirá nada menos que nuestra más inspirada compasión auto – dirigida y amor por toda la creación. Estamos en una encrucijada crítica y debemos actuar ahora. Es hora de caminar juntos, a través del vacío, hacia los milagros que están adelante.

# PARTE I

## Pasos de acción física y ecológica

*"La Tierra provee para las necesidades de cada hombre pero no para la codicia de cada hombre"*

**Mahatma Gandhi**

# PRÓLOGO

POCOS DE NOSOTROS podemos dudar de que la tecnología es una gran fuerza motriz que empuja nuestra cultura contemporánea. Las decisiones que tomamos en investigación y desarrollo forman un delgado filo de una cuña que puede crear industrias multitrillonarias por las próximas décadas – y hasta siglos.

Muchas de estas decisiones no han sido inteligentes. Más bien han escalado hacia poderosos intereses en direcciones particulares que pueden reducir la calidad de nuestras vidas y aun destruir la Tierra. En algunos casos esas decisiones pueden llevarnos a una adicción masiva a las utilidades de corto plazo, las cuales pueden traer violencia, guerras, cambios climáticos, y contaminaciones irreversibles.

No hay un mejor ejemplo de este desbalance que nuestro consumo de petróleo, carbón y gas natural. Nuestra obsesión por los combustibles fósiles tiene tal poder sobre nosotros que nos impide la posibilidad de abrirnos a alternativas tales como la fusión en frío y otras formas de energía libre que se están investigando, así como a opciones tradicionales renovables: hidrógeno, celdas solares fotovoltaicas, energía eólica y biomasa. Una excepción al monopolio del petróleo fósil es la energía nuclear, la cual tiene sus propios problemas, tales como el tratamiento de los desechos radioactivos. Pero también estamos viendo el desarrollo de otras catástrofes globales que demandan soluciones innovativas: contaminación del agua, deforestación, agricultura no-sostenible y minería en abandono, para mencionar algunos.

No muchos de nosotros nos damos cuenta de que estos retos se podrían solucionar si simplemente cambiamos la prioridad de nuestras tecnologías. Entonces podríamos empezar a re-heredar la Tierra. Los siguientes tres capítulos describen tanto el dilema actual como el estado del arte de estas nuevas tecnologías, las cuales han avanzado mucho más de lo que podemos imaginar. En estos tiempos de confrontaciones legales, distracción comercial y especialización académica, la verdad está enterrada bajo el simple hecho de que debemos ser educados sobre la gama completa de soluciones que se basan tanto en la baja como en la alta tecnología.

1

# Póngase al tanto de la situación y esté dispuesto a buscar soluciones

*"No es que estemos heredando la Tierra de nuestros padres; la estamos robando a nuestros hijos"*
**David Brower**

UN MUNDO REVOLUCIONARIO está emergiendo. Las observaciones de climatologistas y ecologistas competentes nos dicen que la civilización humana, liderada por los intereses industriales de Occidente, puede ser llevada hacia la catástrofe global si no hacemos algo muy diferente muy pronto sobre nuestro ambiente natural.

El reto es ¿cómo, cuándo y por quién debe ser hecho? Una y otra vez poderosos intereses han triunfado hasta que gente sensible parece conservar un poquito de energía para resistir el violento ataque, para re-pensar las cosas y para guiarnos fuera de nuestro dilema. Como la rana en cuyo estanque la temperatura se eleva lentamente hasta el punto en que ya no puede salir, nos estamos cociendo a fuego lento en un jugo global que está calentando y contaminando nuestra atmósfera. El consenso mundial es que el quemado rutinario de combustibles fósiles nos está llevando a calores récord, a cambios climáticos drásticos, a un aire viciado y a un futuro incierto. Podríamos necesitar una catástrofe mayor para despertarnos. Mientras tanto todos compartimos, espero, un profundo terror inconsciente de lo que podemos esperar de nuestra insensible irresponsabilidad. Debemos trascender esta parálisis de la voluntad para hacer los cambios necesarios.

El sistema de mercado ya no es libre. Más bien ha sido la excusa de las gigantescas corporaciones para controlar los menguantes recursos naturales sin que el público lo note. Este asalto nos está sangrando a todos y terminará finalmente con todo vestigio de vida en el planeta. Las reglas de mercado están amañadas de tal manera que se asegure el éxito de la élite controladora. Ellos están ganando, temporalmente, mientras el resto de nosotros se resbala - a menos que nos unamos a su locura. A fin de cuentas todos podríamos sucumbir a las fuerzas de la codicia.

Este proceso está bien avanzado en el sector de energía. Algunos científicos piensan que no tendremos tiempo de reemplazar nuestras fuentes de energía con ninguna fuente alternativa - limpia o sucia. La política de energía expresada en los medios de comunicación se enfocan hacia continuar nuestro hartazgo de combustibles fósiles como la única medida para escaparnos de la escasez. Esto nos pone en ruta a un suicidio colectivo. Mientras tanto, los aumentos de precio de los suplidores de petróleo y de infraestructura de los consumidores de California han tenido respaldo total de los políticos. Estas acciones no solamente rinden homenaje al poder enorme de los grandes negocios. La supresión de alternativas limpias y renovables es un crimen de lesa humanidad.

Hay por lo menos tres razones por las cuales debemos terminar la era de los combustibles fósiles: (1) las reservas de petróleo y de gas natural se están reduciendo y llegarán a estar medio agotadas en los primeros años de este siglo, (2) quemar cualquier compuesto de carbono (especialmente carbón y aceite) es altamente tóxico para el ambiente, y (3) el calentamiento global y los cambios climáticos son consecuencias inevitables. La energía nuclear también tiene grandes problemas. Cambiar a energía limpia, renovable, es la llave para un futuro sostenible. Solo cuando el público empiece a ejercer su responsabilidad por las políticas de energía seremos capaces de empezar el cambio.

Esta acción de tomar control público sobre nuestras fuentes de energía nos llevará a una nueva responsabilidad colectiva para supervisar otros capitales naturales tales como el alimento, la madera, las medicinas naturales, el agua y los minerales. La creciente concentración de poder de unos pocos sobre la explotación de los recursos naturales, y la infraestructura financiera relacionada que nutre ese poder, nos ha mantenido alejados de lo que necesitamos hacer.

Debemos apartarnos de la ruta de esta tiranía. Debemos despertarnos para reafirmar nuestra libertad de elección. Debemos devolver la democracia al lugar que tiene en el manejo de los asuntos públicos.

Esta situación se intensifica por el hecho de que, a pesar de la aparición de ciudades contaminadas en el Tercer Mundo, Estados Unidos continúa liderando la explotación del ambiente. Con solo el 5% de la población global, los norteamericanos consumimos una cuarta parte de la energía del mundo y una tercera parte de las materias primas[1]. No me siento orgulloso de esto. Mi propio sentido de dolor está especialmente aumentado por el hecho de que soy un ciudadano de una nación líder en la contaminación mundial, así como un miembro individual de una especie supuestamente sensible que está causando la mayor extinción masiva desde la extinción de los dinosaurios, 65 millones de años atrás. La mayoría de nosotros somos complacientes, estamos distraídos o, convenientemente, nos hacemos los ignorantes, en parte por la impresionante profundidad de la situación. Como dijo Pogo, de Walt Kelly, "hemos conocido al enemigo y el enemigo somos nosotros".

La tiranía que hemos creado acerca de nuestras acciones colectivas no tiene precedentes históricos y requerirá soluciones innovativas, algunas de las cuales describo en este libro. Trascender la tiranía no es nuevo para la humanidad. La Declaración de Independencia de Estados Unidos surgió de los esfuerzos de más de una centuria de penosas luchas para librarse de la tiranía de la corona inglesa. De los 56 valientes que firmaron el inspirado documento, casi la mitad encontrarían destinos infortunados, incluyendo muertes violentas y destrucción de sus propiedades. Sin embargo, esta iniciativa formó los cimientos de una nueva nación, basada en los principios de igualdad, vida, libertad y búsqueda de la felicidad.

Ahora encontramos una tiranía mayor que la que enfrentaron nuestros antepasados. En esta oportunidad la necesidad es mayor y la fuente se ha modificado hacia poderosos intereses globales que convenientemente niegan la extensión del problema. Aunque estoy seguro de que la frase ha sido usada antes, necesitamos una Declaración de Interdependencia. Somos viajeros en un planeta

---

[1] Lester R. Brown et al, *State of the World 1999*, Worldwatch Institute, Norton, New York, 1999

global en el cual nuestras acciones individuales y colectivas afectan al resto de los habitantes. Este hecho debe ser reconocido por los ciudadanos de Estados Unidos y del mundo. No hacerlo así sellará nuestra suerte mientras nos movemos más profundamente dentro de la incertidumbre por nuestro futuro.

El abordaje por partes que se ha adoptado para enfrentar el reto muestra que lo que hemos hecho hasta ahora no ha sido suficiente. Virtualmente todas nuestras instituciones existentes están protegiendo sus propios intereses y se han convertido en parte del problema en lugar de ser parte de la solución. Con sus acciones ellos perpetúan el mito de que la economía trasciende la ecología. Pocos parecen darse cuenta de que no se puede tener una economía sin una vida global que dé soporte al sistema.

Estoy convencido de que necesitamos una Declaración de Derechos Ambientales, la cual solo puede gestarse en el pueblo. Cada gran travesía comienza con pasos pequeños. En 1776 solo un pequeño porcentaje de la población respaldaba la Declaración de Independencia, pero esa acción fue suficiente como para expandir la revolución que condujo a la fundación de esta duradera, aunque imperfecta, democracia. Solo podemos esperar que la revolución venidera no sea violenta y que podamos todos trabajar juntos en esto. La tarea será enorme, aunque gratificante: volveremos a esto en los Capítulos 4, 7 y 8.

La literatura sobre el estado del pasado, el presente y el futuro cercano del mundo está bien investigada, es actual y sobria. Ninguna postura económica o política puede mitigar la realidad física. Recientemente he leído unos treinta y tantos libros en los cuales se reflexiona sobre la tempestad del encuentro con extraterrestres. Algunas ideas extraordinarias están aguardando a aquellos que buscan el conocimiento.

## La situación no es nueva, pero se está poniendo mucho peor

Muchos estudiantes de ecología citan el clásico de Rachel Carson de 1964 *Silent Spring*[2] como el principio del período moderno de interés ambiental. Sus advertencias sobre la amenaza del DDT y otros pesticidas en la supervivencia de otras especies y en nuestra propia salud pública fueron una obra maestra en los reportes investigativos. Su trabajo disparó el pensamiento ecológico moderno en una época en la cual éramos más abiertos hacia nuevas ideas. Pienso que nuestra situación presente es mucho más seria. Debemos despertar nuevamente al tipo de apertura que dio la bienvenida al trabajo de Carson.

Remontándonos aún más en el tiempo encontramos el profético libro del conservacionista William Vogt *Road to Survival*[3]. Escrito en 1948, este trabajo se lee más como una pieza contemporánea inspirada sobre el ambiente que como una protesta extemporánea. Citando estadísticas tales como la pérdida de un tercio de la tierra vegetal y de la mitad de los bosques del territorio norteamericano en los últimos 150 años, Vogt se lamentaba:

> "Si vamos a hacer las paces con las fuerzas de la tierra, esa paz debe comenzar en nuestras mentes – y debemos buscar, y aceptar, muchas nuevas ideas. Debemos rechazar muchas de las ideas viejas... una de las más extrañas lagunas en el desarrollo de la cultura humana es la ausencia de comprensión de la relación del hombre con su ambiente natural. Tan antropocéntrico ha sido el hombre que, desde que empezó a alcanzar lo que llamamos civilización, él ha supuesto que vivimos en una suerte de vacío." (p.47)

Vogt descargaba el peso de la culpa por igual entre la industrialización y la urbanización sin límites. "La industrialización...", escribió él, "... (hizo) posible durante unos cien años que el sector más poderoso de la raza humana viviera como si fuera independiente de la tierra... Los métodos de comprar poder se extienden hacia atrás, naturalmente, hasta los recursos naturales – especialmente la tierra – y ninguna cantidad de malabarismo simbólico del capital puede ayudarnos a escapar de este hecho. Hay

---

[2] Rachel Carson, *Silent Spring*, Houghton Mifflin, Boston, MA, 1964

[3] William Vogt, *Road to Survival*, Sloane, New York, 1948

mucha gente en el mundo para que los recursos limitados puedan proveer un alto estándar de vida. Con el uso de la máquina, explotando los recursos del mundo en una base puramente extractiva, hemos pospuesto el encuentro en los sillones del juicio ecológico. Los manuscritos en las paredes de cinco continentes ahora nos dicen que el Día del Juicio está pronto..." (p78)

"Los métodos de libre competencia y la aplicación del motivo de las ganancias han sido desastrosos para la tierra... Los negocios se han descuidado hasta envenenar miles de corrientes y ríos con desechos industriales..." (p34)

Los últimos años de la década de los cuarentas: este fue para mí un tiempo de revelaciones juveniles acerca de la sabiduría y la belleza de la naturaleza. Recuerdo los veranos en el entonces prístino Lago Winnipesaukee, en New Hampshire, los abedules, las montañas, las canoas y el ocasional sonido de un motor fuera de borda rasgando el aire, presagiando un escandaloso futuro. Por otro lado, crecí en el Boston sub-urbano con su calor opresivo de verano, su nieve negra de primavera, el nuevo Pontiac de 1949 brillando en el garaje, los árboles de maple, basketbol, beisbol, tenis, caminatas, piano, una fascinación por los números grandes, los amores secretos con las muchachas, famosos profesores de Harvard como vecinos, la ética de mi padre y mis profesores – y una refrescante valentía de ser intelectualmente creativo, dibujando en una rica imaginación lo que era capaz de expresar, a menudo para el asombro o el disgusto de mis padres y de mis hermanos mayores.

Superando estas impresiones juveniles existía un propósito único en mi vida: quería explorar el espacio. Primero motivado por la admiración y luego, ya adulto, por una beca y por la economía, hice esfuerzos para establecer una nueva cabeza de playa libre del arrebato industrial de la Tierra. Luego de graduarme de PhD en astronomía en la Universidad de California en Berkeley, me convertí en astronauta y en profesor del Ivy League* como científico planetario. Siete años más tarde me uní a la facultad de física de la Universidad de Princeton, donde pude trabajar con el visionario espacial Gerard O´Neill en la industrialización del espacio. Descubrimos que esto se podría hacer con gran eficiencia de costos si usábamos los recursos de la Luna, los asteroides y las lunas de

* Ivy league (Liga de la Hiedra): se refiere a un grupo de las más prestigiosas universidades de Estados Unidos, las cuales tienen o tuvieron hiedra (ivy) en sus paredes y se distinguen de las demás por su excelencia académica. Entre ellas se pueden mencionar Harvard, Yale y Princeton.

Marte. Sus pequeñas fuerzas de gravedad y la disponibilidad de energía solar a tiempo completo en órbitas elevadas permitirían a la economía humana expandirse mucho más allá de sus límites terrestres. Asombrosamente, podríamos hacer todo esto con la tecnología disponible en el momento. Pero, desde mi nueva perspectiva como ecologista, ahora que lo pienso mejor, expandir nuestras empresas contaminadoras más allá de la Tierra es como ensuciar nuestro propio nido. La exploración post-industrial del espacio podrá hacerse muy atractiva una vez que hayamos creado sostenibilidad aquí y hayamos desarrollado tecnologías avanzadas tales como la anti-gravedad. Pero ahora gastamos miles de millones de dólares en un descolorido programa espacial cuyo potencial parece servir solo a una élite. Como lo puso alguna vez la antropóloga Margaret Mead: "La gente de Scarsdale en órbita" (Scarsdale es un suburbio de élite en New York).

Me pregunto qué habría pasado si hubiera leído el libro de Vogt cuando era joven y no ahora. En lugar de eso yo había escogido la trayectoria del espacio a través de mis lecturas de todo lo que cayó en mis manos sobre conceptos de exploración espacial, desde las visiones de Werner von Braun en la revista *Collie´s* hasta los escritos de Arthur C. Clarke sobre satélites espaciales. Casi todos me consideraban loco por dar cabida a tales ideas futurísticas, porque no había programa de exploración espacial en ese tiempo. Por supuesto el tiempo me dio la razón sobre este punto. Y ¿qué hubiera sucedido si hubiera hecho mi carrera en ecología? Porque ahora, en mis sesentas, ciertamente es un cambio tardío de carrera. Pero, como este libro mostrará, confío en la tecnología más de lo que muchos de los ecologistas tradicionales, tales como E.F. Schumacher, Paul Ehrlich y Amory Lovins, los cuales se alejan de la nueva energía y otros conceptos sostenibles de avanzada que pueden ser compatibles con nuestra creciente población. Estas tecnologías están ocultas a la vista, aunque prometen un futuro limpio, renovable y financieramente accesible.

Por todos los años que hemos estado en el espacio, hay muy poco que podamos mostrar en términos de limpieza de nuestros desórdenes. Además de algunos símbolos pasivos, tales como las fotografías de la Tierra tomadas por los astronautas, las cuales revelan la impresionante belleza de nuestra frágil biosfera, también tenemos las fotografías de satélite que nos recuerdan cómo hemos ido enredándolo todo, desde los abanicos de cieno, provocados por la erosión causada por el ser humano, que sale de las desembocaduras de los ríos, a la sistemática destrucción de los cauces, los bosques, las pasturas, las tierras de cultivo y los yacimientos coralinos. Pero ahora necesitamos ir más allá que monitorear lo obvio: debemos *hacer algo* al respecto.

Más de cincuenta años después los hechos muestran que las advertencias de Vogt pueden amplificarse hasta alcanzar el nivel de una alarma estridente. Me pregunto cómo se sentiría ahora su espíritu si tuviera que leer las estadísticas del grado al cual los sistemas de soporte a nuestra vida global se han reducido entre mediados y finales del siglo veinte. En este intervalo, otro tercio de los bosques remanentes del mundo han sido arrasados. Para el año 2000, ochenta por ciento de los dos tercios sobrantes están en peligro de extinción. ¿Por qué? Porque de 1950 a la fecha la demanda de papel ha aumentado siete veces, la de madera se ha duplicado y la de leña se ha triplicado.

Revisemos lo que ha sucedido en el último medio siglo: El consumo de energía mundial, en su mayoría de carácter contaminante, se ha cuadruplicado; los Estados Unidos de hoy consumen tanta energía como el mundo entero consumía en 1950; la flota vehicular mundial del presente tiene 10 veces el tamaño de lo que tenía en aquel tiempo; el uso del agua se ha triplicado, con las tablas de agua cayendo rápidamente; la mayoría del agua de los ríos se ha utilizado para consumo humano, como resultado de un incremento de tres veces en la utilización de la irrigación; la productividad de los pastos se ha estancado, después de haberse triplicado, debido a los desvíos de las aguas; el uso de fertilizantes se ha multiplicado por nueve, en la medida en que el suelo fértil se contamina más químicamente y se erosionan las tierras agrícolas y las pasturas; la cantidad de peces que se extraen de las aguas se ha quintuplicado y los cardúmenes se han reducido rápidamente; la población de la humanidad se ha duplicado y continúa creciendo a una tasa de noventa millones de seres humanos por año; y la capacidad del planeta de alimentar a tanta gente se ve reducida en la medida en que el maletincillo de los trucos mágicos de la agricultura se va quedando vacío.[1]

Vogt especulaba sobre cómo podría ser su futuro, que es nuestro presente, si no cambiábamos la trayectoria que llevábamos. "¿Cuánto valdrá (nuestra seguridad) dentro de cuarenta o cincuenta años", escribió, "cuando millones realmente la necesitan, si nuestros suelos y aguas, bosques y pasturas, la base de nuestra riqueza nacional, han sido destruidos a la misma velocidad que durante los pasados cincuenta años?" (p.150). Por supuesto que no hemos cambiado nuestra trayectoria. Si todavía viviera, Vogt pensaría que en verdad nos estamos engañando al crear una espada de Damocles colgando sobre nosotros en represalia por nuestras acciones. El proceso de destrucción de la biosfera está muy avanzado.

Vogt no conoció el calentamiento global y el cambio climático causado por el hombre, aunque él sí predijo la formación de grandes zonas desérticas, sobre terrenos que habían sido erosionados alrededor del planeta, con la llegada de inestabilidades climáticas venideras. Esto en realidad está sucediendo a una enorme velocidad alrededor del mundo. Lo que él no supo fue que las inestabilidades climáticas globales podrían ser causadas por el hombre, dando al proceso de desertificación una aceleración adicional.

Los dramáticos incrementos en la contaminación del aire y del agua, junto con los desechos tóxicos y radioactivos, ya han causado más muertes de las que el señor Vogt pudo haberse imaginado en la peor de sus pesadillas. En realidad el reto del hambre no se ha diseminado tanto como se pensaba, aunque la inanición y la hambruna continúan en niveles intolerables. Más de mil millones de personas continúan viviendo en una pobreza abyecta, con muy poco alimento disponible. En relación con el hambre mundial, es preciso apuntar que se ha comprado un poco de tiempo en términos de producción agrícola con la Revolución Verde y con varios otros desarrollos en biotecnología. Pero muchos de estos "adelantos" tienen un alto precio, incluyendo reducción en la diversidad de cultivos, reacciones alérgicas, incertidumbres nutricionales y el incremento de la dependencia del sustento de los finqueros de la voluntad de las grandes corporaciones. Estas nuevas semillas producen cultivos que no aumentan la productividad, aunque sí resisten las pestes. Por estas razones algunos países europeos sabiamente han prohibido los alimentos genéticamente modificados, hasta que se comprenda su verdadero impacto sobre el ambiente y sobre el organismo humano.

Los números hablan por ellos mismos, en tanto empezamos a exceder más y más los límites de la sostenibilidad. De alguna manera hemos perdido el sentido común sobre nuestra relación con el ambiente natural y, en consecuencia, con nuestro futuro colectivo. El siglo veinte fue el más violento y desconsiderado y sigue escalando en el siglo actual. La primera mitad del siglo veinte reveló la muerte masiva por las máquinas de guerra de dos guerras mundiales; la segunda mitad validó los perceptivos comentarios de Vogt sobre nuestro el deterioro de nuestro ambiente. Debemos volver a reflexionar sobre esto, y estoy seguro de que el señor Vogt estaría de acuerdo: Algo *debemos* hacer.

## La gran extinción del combustible fósil

A la cabeza de la lista se encuentra la manera en que abusamos de nuestros recursos de energía. Estamos consumiendo petróleo de manera tal que parece que no hubiera un mañana. Nosotros los norteamericanos somos especialmente culpables, particularmente en la medida en que la mitad de los automóviles que se venden en Estados Unidos son del tipo "sports utility" que típicamente consumen un galón de combustible para recorrer diez millas. Los límites de velocidad en las grandes autopistas se han vuelto a establecer en setenta millas por hora y a menudo son aún mayores. "Los estilos de vida de los norteamericanos, intensivos en consumo de energía, y la tendencia de consumo global del último siglo, liderada por Estados Unidos – un incremento de 10 veces y una cuadruplicación desde 1950 – no pueden ser un modelo sostenible para una población de más de nueve mil millones de personas en el siglo XXI", dicen Christopher Flavin y Seth Dunn del Worldwatch Institute[4].

Y para los alrededores del año 2050 habremos agotado la mayoría del petróleo de la Tierra, casi la totalidad de él dentro de un siglo de codicia y de insensibilidad. La mayoría de los expertos está de acuerdo en que pronto la producción de petróleo empezará a declinar, en vista de que la mitad de las reservas habrían sido usadas, con fuertes aumentos de precio. Aquí tenemos un recurso natural, formado dolorosamente por el decaimiento natural de materia orgánica a lo largo de eones, que de pronto está siendo extraído de la biosfera en un intervalo millones de veces más corto. ¿Estamos locos?

La primera y única industria mundial que produce millones de millones de dólares por año se fundó sobre los combustibles fósiles. A través de bien fondeadas campañas de relaciones públicas este poder prácticamente ilimitado minimiza el alto costo de la contaminación del aire, la lluvia ácida, los derramamientos de

[4] Christopher Flavin y Seth Dunn, "Reinventing the Energy System", *State of the World 1999*, Worldwatch Institute, Norton, Sew York, 1999

petróleo, las guerras del petróleo, las rejas invisibles y las plantas de energía y el cambio climático global. Por el contrario, miles de científicos están de acuerdo en que este "humo de segunda mano", producto de la combustión del petróleo, el carbón y el gas natural, está causando más muertes y sufrimiento de las que el tabaco pudo haber producido en toda la historia. Todos estamos juntos en esto.

Igualmente alarmante es el hecho prácticamente comprobado de que los cambios en el clima son el producto del calentamiento global provocado por la rutinaria combustión de los combustibles fósiles. Hoy tenemos más dióxido de carbono en la atmósfera que el que hemos tenido a lo largo de 160.000 años. Las temperaturas globales definitivamente están aumentando, siendo cada año marcadamente más caliente que el año anterior. Los costos de aliviar los desastres climáticos se han incrementado diez veces en los últimos treinta años del siglo veinte, alcanzando la cifra de medio millón de millones de dólares. Estas facturas continúan aumentando un diez por ciento cada año, llevando al mundo cada vez más cerca de la bancarrota. La década de los 1990 ha sido la más caliente en toda la historia de la humanidad. Los resultados ya incluyen la fusión sin precedentes de los hielos del Polo Norte, el rompimiento de las capas de hielo del Antártico, la fusión de capas de hielo, glaciares y escarcha permanentes, el aumento del nivel del mar, la erosión de las playas, la destrucción de los arrecifes coralinos, las olas de calor, los terrenos erosionados, los incendios forestales, las inundaciones, los deslizamientos de barro, los super-huracanes, los super-tornados y la consecuente elevación en el cultivo y expansión de las enfermedades transportadas por el aire.

Con mucho, el año de mayores temperaturas registradas en los últimos 600 años fue 1998. La organización Worldwatch ha estimado que más de 32.000 personas murieron y más de 300 millones fueron sacadas de sus hogares en 1998 como producto de las perturbaciones climáticas. Así de ominosa es la tasa de calentamiento de ese año, una de las más grandes registradas en la historia. Estos eventos sucedidos durante los años de la década de 1990 han hecho que el siglo XX haya sido el más caliente de los últimos 1200 años.

El calentamiento global está exacerbado por la explotación forestal y por las prácticas de desmonte de las tierras de cultivo, todo lo cual está diezmando los bosques tropicales húmedos, en particular. Estas actividades reducen significativamente la efectividad de las plantas para absorber el exceso de dióxido de carbono de la atmósfera y de producir las cantidades necesarias de lluvia refrescante.

Los "escépticos de invernadero", pagados por los intereses del petróleo y del carbón, quisieran que usted crea otra cosa: Que esto puede ser una coincidencia y que el cambio de clima es un proceso natural. No existen pruebas, razonan ellos, por lo que podemos continuar con nuestra contaminación. Pero, con base en los modelos de invernadero y de la inestabilidad climática resultante, 2500 científicos reconocidos, participantes del Panel Intergubernamental de las Naciones Unidas sobre el Cambio Climático (IPCC, por sus siglas en inglés), concluyeron en 1995 que "se puede identificar en los registros climatológicos un patrón de respuesta del clima a las actividades humanas"[5]. Durante el año 2000 los científicos de IPCC revisaron sus modelos y enfatizaron aún con mayor fuerza: "hay una influencia humana discernible" en nuestro clima, dijeron. Ellos estimaron que, para el año 2100, la temperatura promedio en la superficie de la Tierra aumentará entre 2.7 y 11 grados Fahrenheit[6]. Esta proyección es casi el doble de lo que habían proyectado originalmente.

La razón que dieron para aumentar sus estimados de las proyecciones del calentamiento global en las próximas décadas es un interesante estudio de rizos ecológicos de retroalimentación – en esta oportunidad cuando los esfuerzos de limpiar un sub-sistema pueden afectar adversamente otros sistemas. La revisión de IPCC surge de la reducción de las emisiones de sulfatos de las fábricas y de las plantas de energía alimentadas por carbón, cuyas emanaciones bloquean la luz del sol y enfrían la atmósfera. En algún momento este factor compensó de manera significativa el calentamiento global.

Las cosas pueden empeorar. Un número especial de la revista *The Ecologist* apunta hacia unos rizos de retroalimentación insidiosos que podrían disparar una fuga en el efecto invernadero. La destrucción de árboles en la tierra y de fitoplancton en los océanos está reduciendo la capacidad de la Tierra de absorber dióxido de carbono de la atmósfera[7]. Otro factor radica en que el metano está emanando de las escarchas permanentes del Ártico a tasas

---

[5] Ross Gelbspan, The Heat is On: The Climate Crisis, The Cover-up, The Prescription, Perseus Books, Reading, MA, 1998

[6] H. Josef Herbert, "Global Warming Theory Affirmed: Scientific Panel Increases Projection of Rising Temperatures", *Associated Press*, Washington, October 26, 2000

[7] Peter Bunyard, "How Climate Change Could Spiral out of Control", *The Ecologist*, vol.29, no.2, 1999

incrementales, mientras que las temperaturas más altas están fundiendo y vaporizando las escarchas permanentes. El metano es veinte veces más fuerte como gas de invernadero que el dióxido de carbono. La capa de escarcha del pastel de calentamiento consiste en que los hoyos de la capa polar de ozono permiten a los rayos de sol entrar en mayor cantidad en la atmósfera y quedar atrapados en forma de calor[8].

Pero la espiral ascendente de temperatura podría no terminar ahí. Los niveles incrementales de óxidos de nitrógeno (NOX) producidos por los fertilizantes vertidos en las aguas costeras adicionan aún más gas de invernadero a la atmósfera[9]. Mientras las cantidades son pequeñas, los gases de NOX son 200 veces más fuertes calentando el aire que el dióxido de carbono. También son venenosos.

Los investigadores del IPCC no tomaron en cuenta estas cosas en sus modelos, por lo que podemos esperar que el calentamiento global y los cambios climáticos sean más drásticos de los que ellos predijeron. Lo peor de todo es que los científicos atmosféricos han calculado que tomaría décadas bajar los niveles de los gases de invernadero a los valores naturales, aun si mágicamente detuviéramos mañana nuestra borrachera de combustibles fósiles.

"Nuestro clima está cambiando ahora", dijeron James Baker, sub-secretario de la Administración Nacional Oceánica y Atmosférica de Estados Unidos (NOAA, por sus siglas en inglés) y Peter Ewins, director del a Oficina Meteorológica Inglesa (BMO, por sus siglas en inglés), en una declaración conjunta[10]. "Ignorar los cambios de clima será la más costosa de todas las opciones, para nosotros y para nuestros hijos". Es equivocado suponer, establecieron ellos, que las preocupaciones sobre el calentamiento global están siendo exageradas.

Otro equipo de científicos de la NOAA dio un 90 por ciento de probabilidad de que el clima extremo que estamos experimentando alrededor del mundo se debe a actividades humanas. A la cabeza de su lista de causas está el vertedero de dióxido de carbono y de otros gases de invernadero en la atmósfera, prácticamente atribuibles en su totalidad al consumo de derivados del petróleo y de carbón[5] y a la

---

8 Peter Bunyard, "How Ozone Depletion Increases Global Warming, *ibid*

9 "Study Sheds Light on Global Warming", *Reuters*, London, November 17, 2000

10 "Experts: Global Warming Now Critical, Action Needed", *Reuters*, London, December 23, 1999

explotación maderera y al sistema de limpieza de corte-y-queme de la tierra agrícola[11].

Otro grupo de científicos que investigan la Tierra y la atmósfera, organizados en la Unión Geofísica Norteamericana (AGU, por sus siglas en inglés), declararon en enero de 1999 que existe "una base compulsiva para legitimar la preocupación del público" sobre los cambios del clima inducidos por el hombre. La incertidumbre científica no justifica la inacción, dijeron. Ellos también advirtieron que no hay un precedente geológico para el repentino aumento del carbono y de otros gases de invernadero producto de la combustión de los combustibles fósiles. Como ex - secretario de la sección de planetología de la AGU, puedo dar fe del rigor científico y de la diversidad de esta sociedad profesional con respecto a las ciencias terrestres.

De hecho, las cuatro más importantes organizaciones de científicos dentro de la corriente principal sobre este tema (IPCC, NOAA, BMO y AGU), de manera unánime, han manifestado que hemos creado un mundo de cambios climáticos sin precedente en la historia de la humanidad. En octubre de 1998 otro grupo de científicos líderes en el tema declaró en la prestigiosa publicación *Nature* que el cambio de clima global podría convertirse a corto plazo en el "equivalente ambiental de la guerra fría" y que era necesario ponerse a trabajar en estos problemas con la urgencia con que se ha trabajado en el programa Apolo[4]. Y todavía continuamos escuchando negativas de los escépticos del invernadero.

El periodista y autor Ross Gelbspan estableció la situación de la siguiente manera: "La campaña (de los escépticos) ha provocado un efecto narcótico en el pueblo norteamericano. Ha adormecido a la gente en una profunda apatía sobre la crisis por el método de persuadirlos de que el tema del cambio climático está plagado de incertidumbre científica. No lo está"[5].

"Cuando las naciones del mundo se reunieron en Kyoto, Japón, en 1997 para negociar un tratado internacional sobre el clima – con reducción de niveles de emisión y cronogramas – cada una de ellas calculó cuidadosamente el costo de tales reducciones para sus respectivas industrias, las posibles modificaciones en sus relaciones económicas con otros países y los requisitos que los cambios

---

[11] S. Fred Singer, *Hot Talk, Cold Science*, The Independence Institute, San Francisco, 1998; Simon Retallak, "How US Politics is Letting the World Down", *The Ecologist*, vol.29, no.2, 1999

supondrían para sus electores. Mientras tanto, la Antártida se está fracturando. El océano al frente de California se está convirtiendo en tierra de desechos. Las plantas están migrando hacia las partes altas de las montañas, donde encuentran más bajas temperaturas, para conservar el ritmo del calentamiento global. Especies completas están migrando bajo la superficie del agua. El suelo ártico se está calentando. Los océanos se están elevando. Las enfermedades tropicales se están moviendo hacia el norte. En la parte alta de las montañas, los glaciares se están deshaciendo. Los bosques están perdiendo rápidamente su capacidad de desarrollarse. Y los insectos se están preparando para crecer de manera explosiva poniendo en peligro nuestros cultivos, nuestros árboles y nuestra salud". (p.151)

Los escépticos del efecto invernadero también dejaron de lado las enormes implicaciones de aumentar la temperatura de la superficie global por solamente uno o dos grados. "El sistema del clima", de acuerdo con la organización Worldwatch, "es no-lineal y en el pasado ha cambiado abruptamente - aún en el período de unas pocas décadas – a un nuevo equilibrio después de cruzar un umbral de temperatura. Estos cambios tienen el potencial de alterar grandemente tanto el mundo natural como la sociedad humana. De hecho, cambios anteriores han coincidido con el colapso de varias civilizaciones antiguas"[4].

A pesar de todo esto, los escépticos del efecto invernadero todavía continúan con sus prácticas. Uno de los más escuchados es el físico norteamericano Fred Singer[11]. Fuimos colegas cercanos en los años 70´s y 80´s cuando trabajábamos juntos tratando de encontrar medios efectivos para acceder a la superficie de Marte por la vía de sus lunas Fobos y Deimos[12]. Pero ahora estamos tristemente divididos por este tema en el cual él está en fuerte desacuerdo con el aplastante consenso de miles de científicos atmosféricos que afirman que los humanos son la causa de la mayoría del calentamiento global y de los cambios climáticos. Los modelos de emisiones de carbono y de calentamiento del IPCC correlacionan muy bien con los aumentos de temperatura que se han dado en la superficie de la Tierra durante el siglo XX. El hecho es que la industria del petróleo respalda a Singer y sus colegas, los cuales son una minoría en franca reducción. Por treinta años fui un científico planetario y puedo garantizar que el

[12] Brian O´Leary, *Mars 1999*, Stackpole Books, Harrisburg, Pennsylvania, 1987

trabajo profesional del IPCC es significativo. Yo pienso que el trabajo de los escépticos tiene muy graves errores.

Aun en el caso de que los norteamericanos, los europeos y los japoneses quisiéramos reformar nuestras costumbres contaminadoras, la situación en Asia no es reconfortante. Con una población cinco veces mayor que la de Estados Unidos y un ambicioso futuro industrial, China es el segundo país del mundo en producción de gases contaminantes para el efecto invernadero, superada solamente por Estados Unidos. Junto con la India, cuya creciente población ya excede los mil millones de habitantes, los dos gigantes asiáticos están aumentando sus emisiones de gases a la mayor velocidad del mundo entero. Y el calentamiento global es solo parte de la ecuación. Los estimados publicados por la Organización Mundial de la Salud y por el Banco Mundial en 1997 muestran que bastante más de dos millones de personas de China y del resto de Asia mueren cada año como resultado de la contaminación del aire y del agua – más de los que murieron durante todo el conflicto de Vietnam.

Se habla muy poco sobre esto en los medios de comunicación masiva. Por la vía de enfocarse en desastres específicos, ellos solo exploran los efectos y no analizan las posibles causas. Muy rara vez discuten las soluciones y restan importancia a la influencia de la especie humana. Porque nosotros, como cultura, estamos llenos de apatía y denegamos la responsabilidad que tenemos en la creación de un futuro inestable.

## ¿Cuál es nuestro futuro?

El cambio climático inducido por el hombre, el calentamiento global, la contaminación del aire y del agua, el crecimiento de las plagas, las extinciones masivas, la deforestación, la desertificación, el crecimiento poblacional no controlado, el crecimiento urbano y la codicia económica se combinan para formar unos insidiosos rizos de retroalimentación entrelazados que nos están empujando más fuerte que nunca hacia el momento de reconsiderar nuestras acciones. En su reciente y bien documentado libro *The Future in Plain Sight*, Eugene

Linden[13], autor y corresponsal de *Time*, escribe: "La inestabilidad climática, si continúa empeorando, aumentará aún más la posibilidad de una debacle (política o económica) y podría exacerbar la volatilidad del abastecimiento de alimento... ¿Qué puede presagiar la inestabilidad climática para el abastecimiento de comida cuando la población mundial continúa su trayectoria hacia ocho o diez mil millones de almas?" (p.110)

"Cuando los ecosistemas están fuera de balance, los microbios tienden a beneficiarse; en el momento en que las poblaciones de alguna especie dada explotan, las enfermedades pueden restaurar el balance con una eficiencia brutal." (p. 111)

Linden se refería a un informe publicado por un grupo de científicos de la Universidad Stanford, liderados por Peter Vitousek, en la revista *Science* en 1997. "Las cifras que este grupo produce son sorpendentes: la mitad de los mangles, reguladores vitales y viveros de los océanos, alterados o destruidos; 66 por ciento de toda la pesca marina reconocida al límite de su explotación o ya sobre-explotada; la mitad del agua dulce accesible sobre la Tierra reclamada para uso humano; casi una cuarta parte de todas las especies de aves en la Tierra llevadas a la extinción; y así sucesivamente." (p.100)

"Rondando en el futuro", continúa Linden, "están las consecuencias desplegadas por el agotamiento de ozono, las cuales pueden estar debilitando los sistemas inmunológicos de muchas criaturas sobre el planeta y las dislocaciones de los ecosistemas que pueden provenir de los cambios climáticos." La alarmante desaparición del ozono que nos protege en la estratosfera de la letal radiación ultravioleta se origina en la emisión de productos químicos producidos por el hombre y refuerza el calentamiento global mismo.

Uno no tiene que ser un científico espacial o un adivino del futuro para darse cuenta de que si no cambiamos radicalmente la manera en que hacemos las cosas en el nuevo siglo el final de los tiempos podría estar muy cerca – el hundimiento de las ciudades costeras, plagas, mega-tormentas y así sucesivamente. Los autores Peter Russell[14] y Terence McKenna[15] prevén un inevitable *crescendo* durante el siglo veintiuno debido a la acelerada tasa de impacto humano. El análisis de la teoría del caos llama a esta situación un

---

[13] Eugene Linden, The Future in Plain Sight: Nine Clues to the Coming Instability, Simon & Schuster, New York, 1998

[14] Peter Russell, *The White Hole in Time,* Harper, San Francisco, 1992

[15] Terence McKenna, "Time", chapter 8 in *The Evolutionary Mind*, Trialogue Press, Santa Cruz, California, 1998

cambio de fase – el momento cuando un sistema previamente desequilibrado se transforma en algo radicalmente nuevo.

Los estimados de McKenna establecen que este punto se dará alrededor del año 2012, año que, por cierto, marca el final del calendario Maya. Él visualiza este punto como una forma de reversión del big bang, un evento inevitable hacia el cual nos estamos acercando con velocidad creciente y con consecuencias imprevisibles. Como un tren fuera de control, esta carrera hacia el punto omega nos puede dejar a muchos de nosotros sin resuello. Difícilmente nos faculta observar inútilmente cada evento acelerado que tiene un efecto propio de escalada, con una muy pobre esperanza de reversión. Con muy poco que decir al respecto, parecemos acelerar nuestro propio ritmo de vida en un esfuerzo vano por lograr mayores oportunidades, pero las probabilidades de ello más bien parece que se reducen. Con todo y todo, como especie somos responsables del proceso mismo de escalada y estamos, por tanto, obligados a buscar cómo salir del problema. Necesitamos una nueva consciencia y toda la ayuda que podamos conseguir. La famosa frase de Einstein: "Ningún problema puede ser resuelto desde el mismo nivel de consciencia en que fue creado" sugiere que podemos necesitar la ayuda de seres no-humanos. Exploraremos esta pregunta en el Capítulo 5.

En una liga propia, mucho del resto de lo que se ha llamado "futurología" parece ser un juego de salón en escapismo. La mayor parte de esta gente ignora la posibilidad de que nuestro reto ecológico actual es muy real y que los cazadores de paradigmas tales como la investigación en nuevas formas de energía pueden cambiar radicalmente nuestra visión. En estos tiempos de poca visión de futuro, el único futuro que, por ejemplo, la Corporación Disney muestra es un "futuro retrospectivo", en el cual vemos hacia el futuro con una perspectiva nostálgica, bien animada, estilo Julio Verne del siglo XIX. Con fundamento en algunas interacciones recientes con su equipo ejecutivo, he descubierto que los conceptos más radicales a los cuales ellos pueden llegar para el nuevo siglo son los últimos juguetes electrónicos, los cohetes a Marte, la TV por cable y una computadora en cada salón de clase. Esto no tiene ninguna trascendencia a la luz de lo que está sucediendo.

"Los futuristas de hoy", escribió la organización Worldwatch, "ven hacia el futuro con una perspectiva muy angosta – una perspectiva que ignora algunas de las más importantes tendencias que hoy en día le están dando forma a nuestro mundo. Y en su fascinación con la era de la información que es cada vez más prominente en la economía global, muchos observadores parecen olvidar que nuestra moderna civilización, como todas las anteriores, es totalmente dependiente de sus fundamentos ecológicos."[1]

Sea lo que sea que queramos creer sobre el futuro, resulta claro que estamos alterando nuestro ambiente de formas tales que podemos presagiar un destino inestable. Esto no tiene que ser así.

## La profundización de la crisis y la responsabilidad norteamericana

Nuestro excesivo quemado de petróleo y de carbón es solo un aspecto de la escalante crisis ecológica que demanda con extrema urgencia nuestra atención. Es preciso también reversar la destrucción y quema de nuestros bosques, el descenso en las tablas de agua, la reducción de tamaños que obtiene la industria pesquera, la destrucción de las tierras de cultivo y de pastura, las letales e innecesarias acciones de la guerra, la reducción de las concentraciones de ozono en la atmósfera y la más masiva extinción de especies desde la era de los dinosaurios. Hemos caído peligrosamente por debajo del umbral de sostenibilidad para varios sistemas, y el precio de la restauración, que ya es alto, será exponencialmente más alto con cada día que no ejerzamos acciones en este sentido.

No podemos conocer el costo de la restauración de nuestros sistemas ecológicos, pero ciertamente estamos en montos del orden de los millones de millones de dólares por año. Depende de qué pedimos a quién y de cuáles serán nuestros estándares, asuntos estos que conllevan un debate público brillante. De una cosa estoy seguro: este esfuerzo deberá involucrar mayor participación que ninguna otra iniciativa particular en la historia del mundo. Será el primer proyecto público global de la humanidad y debe ser adecuadamente administrado por una robusta y renovada Organización de las Naciones Unidas y luego por nuevas estructuras gubernamentales como las que se sugieren en el Capítulo 4. El capitalismo global no es ni cercanamente adecuado para llevar adelante esta tarea y, de hecho, es un estorbo para lograr soluciones. Necesitamos conformarnos como un nuevo equipo con una nueva mentalidad.

Los norteamericanos, en lugar de reversar nuestro conspicuo consumo de fuentes no renovables, continuamos enganchados a nuestro apetito voraz mientras conservamos decenas de miles de armas de destrucción masiva, aun cuando la guerra fría ya ha terminado. Cuidadosamente vigilamos el status quo mientras que algunas de las ideas más brillantes se barren debajo de la alfombra o se nos mantienen ocultas por grupos desconocidos de control y por agencias secretas. Estados Unidos está a la cabeza en tasas de encarcelamiento doméstico y en desatar su maquinaria de guerra en el extranjero, sin poner a la vista ningún fin a la escalada. ¿Por qué no podemos reasignar nuestros gastos militares a limpiar el ambiente y dejamos que la fuerza de policía de la ONU se encargue de los problemas de Bin Laden o de Saddam Hussein?

La reputación de Estados Unidos en el extranjero no es buena. En noviembre de 2000 las naciones industrializadas se reunieron en La Haya, Holanda, para ratificar los acuerdos de Kyoto de 1997 sobre reducción de emanaciones de gases. La conferencia terminó con un espectacular fracaso porque Estados Unidos rehusó cumplir con los acuerdos de Kyoto. En su lugar nuestros representantes en la conferencia dijeron que preferíamos continuar con la contaminación del ambiente con vehículos y plantas de energía más grandes a cambio de pagar los créditos por la emisión (léase: el derecho de contaminar más y pagar algo a cambio del privilegio) y de plantar espantosos bosques de monocultivo para que absorban una cantidad simbólica de trazas de dióxido de carbono de la atmósfera. No me enorgullece decir que preferimos hacer poco o nada para reducir las emanaciones mismas, como lo solicitan los Protocolos de Kyoto. Desde entonces la administración Bush decidió retirarse por completo de los acuerdos de Kyoto, desdiciéndose de su promesa de refrenar las emisiones de las plantas de energía.

Los recortes de Kyoto serían modestos comparados con lo que se necesita hacer para estabilizar el clima. Mientras los países industrializados fuera de Estados Unidos han prometido cortar para el 2010 la emisión de gases que refuerzan el efecto invernadero por un 5-50 por ciento menos que los niveles de 1990, la reducción debería ser del orden del 80 por ciento[16] para reducir el calentamiento global a niveles aceptables, a la luz de las más recientes proyecciones del IPCC. "Así que todos se fueron a sus casas

[16] Donella H. Meadows, "No Point Waiting Around for Leadership", *The Global Citizen*, Hartland Four Corners, Vermont, November 30, 2000

molestos (con nosotros)", dijo Donella Meadows, profesora adjunta del Dartmouth College y directora del Instituto de Sostenibilidad en Estados Unidos[16]. La rabia era especialmente intensa cuando los delegados en La Haya escucharon de los representantes de los pequeños atolones del Pacífico Sur que permanentemente enfrentan inundaciones de sus tierras, forzándolos a evacuarlas por la elevación de los niveles del mar y las marejadas de las tormentas producidas por las corrientes de El Niño. "Después de ocho años con (el ex - Vicepresidente) Al Gore mostrando tanto poder como él pudo tener," escribe Meadows, "nuestro país está lejos de tener un líder global en esta materia. Nosotros somos los obstruccionistas, los delincuentes, los Saddam Hussein. Y a George W. (Bush) le interesa tanto el cambio climático como usted puede esperar que le interese a un petrolero de Texas."

Meadows argumenta que en Estados Unidos no necesitamos esperar tener un presidente iluminado para liderar el camino que nos saque del cambio climático. "No importa lo que sea que Estados Unidos haga, Dinamarca, Holanda y Alemania tienen planes detallados para cortar las emisiones de gases de invernadero por 20 a 50 por ciento – y, en el proceso, ser pioneros y patentar las tecnologías de producción de la nueva energía que, inevitablemente, sustituirán al carbón y al petróleo." Estas soluciones de nueva energía constituyen la mayor tesis de este libro. Las exploraremos en el siguiente capítulo.

Podemos encontrar síntomas del problema que padece Estados Unidos si analizamos los medios de comunicación masiva - por ejemplo el número especial de la revista *Time* del Día de la Tierra 2000 titulado "Cómo salvar la Tierra". Mientras los artículos mismos tenían una gran calidad, lo mismo que sucedió en el caso del número especial de la edición británica de *The Ecologist* sobre cambio climático, Time se fue por el lado comercial. La edición incluyó 36 páginas de publicidad de la Ford Motor Company, a través de las cuales la compañía vendía "mejores ideas" y pensamiento de "fuera de la caja" sobre sus pequeñas pero crecientes mejoras en emisiones, las cuales están más que superadas por la fabricación de enormes cantidades de los insaciables vehículos "sports utility". Por supuesto, el hecho se les ocultó a los lectores; no hubo anuncios de los vehículos "sports utility" en este número.

Yo no quiero decir que solamente Estados Unidos es culpable y que los ingleses son ambientalistas ejemplares deseosos de entrar en la era de energía limpia y renovable. En un reporte, "Mientras la mayoría de los miembros de la unión europea generan un 10 por ciento, en promedio, de sus necesidades de energía a partir de fuentes renovables, Inglaterra totaliza menos de un 3 por ciento"[17]. Por ejemplo, mientras Alemania planea tener 100.000 edificios alimentados por energía solar para el 2010, el Reino Unido planea construir solamente 100. La mayoría de la energía renovable viene de represas hidroeléctricas que a menudo destruyen el paisaje y la vida natural.

"Se reporta que Inglaterra está en camino a cumplir su compromiso de 12.5 por ciento" de reducción de emisiones de carbón, dice Zac Goldsmith, editor de *The Ecologist*, "pero nuestro gobierno todavía se rehúsa a emprender acciones reales para combatir el problema... En lugar de esto, Tony Blair ha prometido gastar diez veces menos en inversiones de energía renovable – necesarias, dijo él, para evitar una catástrofe – de lo que gastó en un domo plástico".[18] (El enorme Domo del Milenio de Londres está considerado por muchos como un adefesio político).

Pero el problema de Estados Unidos se perfila como algo más serio. Con respecto a la Conferencia de La Haya, Goldsmith dijo: "Los norteamericanos, en particular, se resistieron a quemarropa a entrar en el juego. Rodeados por grupos de presión de la acostumbrada mafia – representantes de la industria nuclear, de la industria maderera y de la industria del petróleo, lo mismo que ejércitos de brillantes abogados sabuesos – el país que produce la cuarta parte de todas las emisiones del mundo con solo el cinco por ciento de la población mundial defendía la línea de los grandes negocios... Pero la verdad es que, mientras aparentamos cumplir con los compromisos, en realidad veremos un incremento neto en las emisiones de Estados Unidos – más o menos la misma cantidad que se suponía que iba a reducir las emisiones. Ellos han hecho esto con gran experticia, insistiendo en la expansión de enormes portillos en el acuerdo."

"Las pérdidas económicas producto de desastres naturales", agregó Goldsmith, "aumentaron de $53 mil millones en la década de los años 60´s a $480 mil millones en la de los 90´s, de acuerdo con la compañía alemana de seguros Munich Re. Casi un 80 por ciento de estos costos fueron producto de clima extremo."

---

[17] "Groups Criticize U.K. Renewable Strategy, Reuters, London, November 22, 2000

[18] Zac Goldsmith, www.theecologist.org, November, 2000

Mientras tanto, a los norteamericanos se nos condimenta diariamente con anuncios "ambientalistas" de las compañías de petróleo, de carbón, de automóviles y de servicios públicos. Yo no quiero decir que todas estas compañías y sus socios políticos deben ser totalmente desestimadas por su eco–propaganda (¿eco–pornografía?) porque, sin duda, podremos necesitar trabajar juntos para poner en práctica los cambios necesarios. Es irónico que los norteamericanos no solo controlemos las semillas de la destrucción global sino que tengamos el potencial de liderar el proceso que lleva a las soluciones. Como será descrito en el próximo capítulo, tenemos el genio inventivo y una vasta cantidad de recursos para hacer la tarea. Pero necesitamos cambiar de paradigma. Tristemente, nuestro país está vigilando cada día más el statu quo mientras desprecia las necesidades básicas de sus ciudadanos. Durante los últimos veinte años, la tasa de encarcelación por crímenes no–violentos en Estados Unidos se ha triplicado hasta alcanzar la cifra de 1.2 millones. Como gobernador de Texas, George W. Bush ha supervisado más ejecuciones que las que ha visto cualquier otro gobernador en cualquier otro estado en cualquier otro momento. Como Presidente de Estados Unidos, el señor Bush ha revocado cualquier política sensible sobre el ambiente, condiciones del trabajo, la justicia y la compasión por la vida.

Los norteamericanos no tenemos cuidado por la salud universal, tenemos anticuadas leyes electorales y una Corte Suprema puede sacar de la silla presidencial a ganadores de elecciones populares en elecciones cerradas, como sucedió en el fiasco de la elección del 2000 entre Bush y Gore. ¿Qué sucedió con los días en que éramos los chicos buenos en la Segunda Guerra Mundial? ¿Por qué tenemos más de 35.000 asesinatos por año en los que se usan armas de fuego, en comparación con apenas un puñado en otros países? ¿Por qué suceden los tiroteos en las escuelas? ¿Será que nuestros niños sienten una pérdida de la esperanza ante el mundo que estarán heredando de nosotros, en vista de las acciones de nuestros líderes? Las cosas parecen mucho menos apacibles ahora que cuando yo estaba joven. ¿Nos habremos convertido en demasiado ricos, superiores y pagados de nosotros mismos para nuestro propio bien?

Tal vez las causas de mucho de este malestar se pueden encontrar en el hecho de que las acciones globales y domésticas lideradas por Estados Unidos continúan siendo faltas de visión y corto–placistas, como siempre. Las políticas parecen depender de los estados de resultados que se deben presentar trimestralmente, las campañas electorales, los rumores en la prensa, las agendas ocultas y la amenaza de guerra y de catástrofes naturales. Debido a su inactividad, el Congreso de Estados Unidos ha sido paralizado por los intereses especiales. Las demandas por utilidades han superado con creces nuestra capacidad de enfrentarnos con esta situación. El Presidente Bush y el Vicepresidente Dick Cheney son petroleros que prefieren controles voluntarios de emisión sobre la ley. Seguir su liderazgo es como pedirle a las zorras que cuiden el gallinero. Gracias a sus conexiones internas recogieron más dinero para su campaña que la que se recogió en cualquier otra campaña electoral en la historia política norteamericana. En estos tiempos de un dólar, un voto, no debería causarnos sorpresa que un gran número de sus donantes representen a los mismos grupos de presión en las industrias petrolera, automotriz, farmacéutica y química y de sus equipos legales y financieros cuyos favores ahora están siendo pagados. El Vicepresidente Cheney, antiguo Presidente Ejecutivo de Halliburton, la mayor compañía de equipo petrolero del mundo, recibió como un "paracaídas de oro" una compensación por su retiro de veinte millones de dólares, de tal manera que pudiera regresar a "servir a la ciudadanía".

La administración Bush refleja la culminación del paradigma de la contaminación. La historia parece repetirse y Bush aparece como un perfecto espejo de su padre, el Presidente de Estados Unidos entre 1989 y 1993 y, antes de eso, director de la Agencia Central de Inteligencia (CIA, por sus siglas in inglés). Al escribirse estas líneas, el grupo de la Guerra del Golfo, motivado por el petróleo, se reúne de nuevo. Al censurar el testimonio de la NASA sobre calentamiento global y cambios climáticos, rendido ante el Senado por el climatólogo James Hansen en 1989, Bush padre había mostrado su verdadera identidad como pro–industria y anti–ambiente. Durante la campaña política del 2000, Al Gore, candidato demócrata derrotado por George W. Bush hijo, se unió a las fuerzas de la negación por su propio silencio al establecer los objetivos en su libro *Earth in the Balance* (La Tierra en el balance). Una de sus metas era eliminar el motor de combustión interna para el año 2020. En 1992 el ex–Presidente Bush dijo, refiriéndose a Al Gore: "Este hombre es tan extremista en términos ambientales que estaremos metidos hasta el cuello y no podremos dar trabajo a cada norteamericano. Este hombre está loco. ¡Está fuera de sí!" (Aplausos). Sin embargo el mismo Gore se ha vendido.

A la vuelta del milenio, los subsidios que el gobierno de Estados Unidos (beneficios corporativos) dirigió hacia la investigación en las industrias del carbón, el petróleo y el diesel excedieron la cifra de veinte mil millones de dólares por año. Muy poco se ha destinado a la energía limpia y renovable. ¿Por qué debemos quedarnos impávidos mientras observamos las acciones egoístas de estos grupos de presión para quitarnos nuestras vidas? ¿Será posible expandir nuestras opciones? ¿Qué ha sucedido con nuestra democracia de una persona, un voto? Debemos estar atentos al hecho de que los obstáculos políticos y económicos que hay que salvar son mucho mayores que los obstáculos tecnológicos y económicos.

## Del elitismo económico al realismo ecológico

No solo es que los políticos estén siendo comprados, sino que las desigualdades de riqueza entre los países de la Tierra están aumentando y, de nuevo, Estados Unidos lidera el proceso. "Ahora resulta obvio", dice Worldwatch, "que la cada vez mayor brecha entre países ricos y pobres es insostenible en un mundo en el cual los recursos son compartidos. En la ausencia de un esfuerzo concertado por los ricos para solucionar la pobreza y las privaciones, podría resultar imposible construir un futuro sostenible"[1].

J. Brian Atwood, director general de la Agencia Internacional para el Desarrollo (AID) durante seis años, renunció en junio de 1999 en protesta por la política de Estados Unidos hacia los países del Tercer Mundo. El mundo industrial se está volviendo "vergonzosamente rico" mientras la mayoría de la gente está perdiendo terreno, dijo Atwood, poniendo la relación de ingresos entre los países ricos y los países pobres en 65 a 1. Él culpa a los líderes políticos norteamericanos por reducir los fondos para salud, educación, creación de empleos, desarrollo comunitario y seguridad alimentaria. El rechazo de Estados Unidos de pagar sus obligaciones a las Naciones Unidas, dijo Atwood, fue "inescrupuloso y ultrajante".

Y, a pesar de todo esto, los economistas se jactan de que la economía mundial ha crecido ocho veces y que el comercio mundial ha crecido veinte veces en el período comprendido entre 1950 y 2000

– pero, ¿con qué fin? Los principales beneficiarios de este crecimiento incansable son los mismos ricos, pues los ricos se hacen más ricos y los pobres más pobres. Una encuesta realizada por la revista *Forbes* en 1999 mostró que los 225 individuos más ricos del mundo, la mayoría de los cuales son norteamericanos, tienen una riqueza de un millón de millones de dólares; esto es más dinero que el que gana anualmente la mitad de la población mundial, ¡cerca de tres mil millones de seres humanos!

Ya en 1948 William Vogt había percibido correctamente la mayoría de estas tendencias, pero en ese tiempo las situaciones no eran tan drásticas como son ahora. Más que nunca, debemos ubicar nuestras necesidades reales por delante de los intereses económicos. No hacerlo así nos conducirá con plena certeza a una condición de mayor violencia humana y ecológica, de la cual nadie en sus cinco sentidos quisiera ser parte. Nuestra única opción es bajarnos de este nuevo *Titanic* auto–construido y buscar los botes salvavidas que nos pueden dar nuevas fuerzas en la vida. Si reacomodamos las sillas de la cubierta y tocamos la música adecuada tomaremos las acciones necesarias para reconstituir nuestra civilización de una manera sensible y cuerda, de tal manera que podamos re-heredar la Tierra. Podría ser que lo único que necesitemos para solucionar el problema sea una gran república verde.

## La instantánea del milenio

Imagine que usted es un forastero interestelar o interdimensional que regularmente visita nuestro planeta a la vuelta de cada siglo. Como siempre, usted ve este globo fértil, impresionantemente bello que lo invita a darle una mirada. Suponiendo que usted tiene la tecnología que le permite mantenerse furtivamente alejado de los radares, el sistema de defensa de Star Wars y las bombas inteligentes, usted empieza a volar sobre el planeta para darse una idea de la situación. En algunas áreas usted ve naturaleza abundante y gentes y animales en balance con ella. En otras usted ve estructuras increíbles y actividades parecidas a las de las colmenas bulliciosas dominadas por humanos industriosos en lugares entremezclados con acicalados parches de prosperidad. Y en algunos lugares, especialmente en el Tercer Mundo, usted ve inmundicia, miseria, confusión, fealdad y contaminación. Usted empieza a pensar ¿cómo fue que esto llegó a ser como es tan de repente y hacia dónde se dirige esta civilización?

Usted se da cuenta de que los niveles de dióxido de carbono en la atmósfera están subiendo dramáticamente, siguiendo los ejemplos de Venus y de Marte. Estos dos planetas compañeros de la Tierra tienen evoluciones hacia atmósferas compuestas casi únicamente de dióxido de carbono. Ambos planetas están desprovistos de una capa de ozono que protegería la vida de la destructiva radiación ultravioleta. ¿Va esta Tierra en la misma dirección? Por las razones que fuera, Venus ha producido tan grandes cantidades de dióxido de carbono que ahora tiene de ese producto cien atmósferas de la Tierra, 300.000 veces más de lo que tenemos aquí. Debido a su propio efecto invernadero, la temperatura en la superficie de Venus es de mil quemantes grados Fahrenheit, suficientemente alta como para fundir el plomo.

Los científicos planetarios sobre la Tierra ya han deducido que Venus experimentó un descontrolado efecto invernadero. En la medida en que más y más dióxido de carbono se fue bombeando en la atmósfera venusina, más radiación infrarroja fue quedando atrapada, causando que la temperatura aumentara aún más, produciéndose mayores cantidades de gas, y así sucesivamente. Cómo sucedió todo esto, es un misterio para los científicos terrestres. ¿Podría suceder que los humanos no entiendan que están en el mismo proceso con su propio planeta?

Usted también ve Marte, un planeta en el que, con sus abundantes lagos de agua líquida, corrientes y océanos, y con una atmósfera varias veces más delgada, pudo existir vida. Ahora Marte es un mundo parchado con una atmósfera evaporada. ¿Adónde fue toda aquella agua? No queda agua líquida, con excepción del ocasional parche de invierno y de hielo polar, junto con trazas de vapor que todavía quedan. El dióxido de carbono es el único gas presente en cantidades significativas en la atmósfera marciana, la cual es hoy en día más de cien veces más rala que la atmósfera de la Tierra. ¿Saben los científicos, o quieren saber, qué sucedió realmente en la superficie de Marte?[19]

Algunos científicos hablan acerca de "terraformar" Marte, de tal manera que pueda llegar a ser más parecido a la Tierra.

---

[19] John E. Brandenberg, Monica Rix Paxson and Steve Corrick (editor), *Dead Mars, Dying Earth*

Terraformar es un proyecto de ingeniería atmosférica que podría posibilitar la vida, como la conocemos, en la superficie marciana. Por ejemplo, esparcir negro de humo sobre las capas polares haría absorber más radiación solar, lo cual podría calentar la superficie de manera tal que el dióxido de carbono y el agua sublimen dentro de la atmósfera, creando un efecto invernadero y un clima más temperado en el que pudiera existir agua líquida, oxígeno y vida.

Pero lo que los terrestres realmente necesitan hacer no es terraformar Marte en un lugar más parecido a la Tierra. Lo que necesitan hacer es terraformar la Tierra de manera tal que pueda parecer más a la Tierra... como era antes. De hecho la Tierra se está convirtiendo en algo parecido a Marte. La cantidad de dióxido de carbono aquí ha crecido veinte por ciento durante los últimos cien años. Desiertos de tipo marciano están creciendo sobre la Tierra. Algunos científicos predicen que el granero norteamericano se transformará en un gran desierto en la próxima década. ¿Será posible que los planetas hermanos les estén dando a los humanos algunas pistas de lo que podría ser su futuro?

En su visita previa a la Tierra usted tuvo una experiencia muy diferente. Un siglo es como un soplo en la historia natural de este planeta. Cuando usted empieza a tomar nota de lo que hay de nuevo, usted recibe una fuerte impresión. Nunca han sido tan grandes los cambios. En 1900 no había proyecto Star Wars, ni radar, ni aviones en los cielos y en el suelo había solo una cuantas máquinas. Las colmenas eran claramente más pequeñas, más lentas y menos ruidosas, con ocasionales columnas de humo saliendo de algunas bolsas de pobreza y de los retoños de una revolución industrial en expansión. Se oía el *clop-clop* de los caballos. La naturaleza no había sido tocada en muchos lugares y la población era cuatro veces más pequeña.

Si hubiera hecho su visita unos años atrás, las diferencias hubieran sido aún mayores. ¿Es este vistazo del milenio alguna forma de Gran Experimento o pesadilla o algo más, pregunta usted? Entre más mire usted la situación global del año 2000 D.C., más se dará usted cuenta de que es una pesadilla: armas mortales apiladas, hambruna, gente viviendo en las calles, desecho radioactivo tóxico, sobrepoblación y contaminación, cambios climáticos, la pobreza acompañando a la riqueza, la inconsciencia en que instituciones humanas altamente organizadas y aparentemente iluminadas pueden plantear su propia destrucción futura al ignorar las señales de alarma que a usted le resultan evidentes.

Quizás podría aterrizar en la Casa Blanca y podría compartir sus inquietudes con el Presidente. Suponiendo que usted pudiera superar la paranoia cultural que podría representar un ataque tipo *El día de la Independencia*, muy pronto usted descubriría que la agenda del Presidente se encuentra muy llena: él está muy ocupado con las disputas de los partidarios, teniendo reuniones con las fuerzas de presión de los industrialistas, recibiendo a donadores y colaboradores financieros, preparando estrategias de guerra en remotos feudos petroleros y apuntalando el deseo por una economía de consumo robusta y sana. La postura de los líderes de la Tierra es que son económicamente poderosos y políticamente correctos. No tienen tiempo para examinar las profundas dinámicas de qué es lo que en realidad sucede, ni para discutir o debatir sobre las posibles soluciones que eventualmente podrían derrocar intereses conferidos que son inherentes en primer lugar al poder político, ni sentido común para intentar nuevas ideas, ni pueden reconocer que usted o sus visitas pueden existir, fuera del sobreprotector y elitista culto de sus operativos de inteligencia.

Esto se ha convertido en un lugar de locos, piensa usted.

Gary Gardner y Payal Sampat, ambos de Worldwatch, ponen la situación de la siguiente manera: "En vista del récord de este siglo, un observador extraterrestre podría concluir que la conversión de materias primas en material de desecho – a menudo tóxico – es el verdadero propósito de la actividad económica humana."[20]

Entonces usted se va discretamente al Congreso, a las corporaciones, los medios de comunicación, las instituciones financieras y a las universidades líderes, al número 10 de Downing Street, al Kremlin y a otras capitales del mundo para ver si usted puede tener una mejor comprensión de la situación. Usted se pregunta cómo es que una especie aparentemente inteligente y con muchos recursos se ha organizado de tal manera que pueda tomar el planeta y destruirlo. Desesperadamente usted busca una luz en la oscuridad, un resquicio de esperanza que pudiera salvar su día. Usted lo ve, pero es sutil, está suprimido por fuerzas muy poderosas. Usted se da cuenta de que el planeta está sumergido en una era de oscurantismo y la posibilidad misma de que pueda sobrevivir está en entredicho. La siguiente visita que usted realice puede mostrarle las ruinas hechas añicos de un experimento que salió mal, un retorno a

[20] Gary Gardner y Payal Sampat, "Forging a Sustainable Materials Economy", capítulo 3 en *State of the World 1999*, Norton, New York, 1999

los inhóspitos Venus o Marte... o tal vez un regreso al Paraíso, la aurora de un nuevo día, más brillante, por contraste, porque los terrícolas pueden aún ser capaces de regresar de las tinieblas.

Usted piensa que, con una gran certeza, tiene que ser un camino o el otro, dependiendo de lo que los humanos decidan hacer. Ellos no tienen idea de cuán precioso es el hogar que tienen.

## ¿Dónde están los ambientalistas?

En 1975 fungí como consejero en asuntos de energía y escribí discursos para Morris Udall, ya fallecido, quien era candidato presidencial y director del Subcomité de Energía del Comité Norteamericano de Asuntos del Interior. En ese tiempo había una percepción de que estábamos pasando por una crisis de energía. El cartel petrolero de la OPEP elevó los precios, los faltantes de gasolina provocaron largas filas en las gasolineras, y el público estaba demandando explicaciones. Fue en esa oportunidad que recibí mi primera lección de primera mano sobre lo que significaba una crisis de energía. Tanto el combustible fósil como las plantas nucleares mostraron ser soluciones muy destructivas en el largo plazo, y algunos de los congresistas estaban tratando de encontrar opciones de fuentes renovables de energía y regulaciones ambientales más fuertes.

Un naciente y robusto movimiento ambientalista estaba empezando a hacer una diferencia en Washington. Pero entonces algo ocurrió. Por ese tiempo Ronald Reagan había sido electo Presidente de Estados Unidos y, desde entonces, la causa ambientalista en pleno ha caído en una gran ineficiencia. Para estar seguro, los Verdes han ganado batallas a lo largo del camino, pero la situación en general continúa empeorando. Las Administraciones no han estado imponiendo las leyes y por todos lados aparecen portillos de escape en la nueva legislación. Mark Dowie documenta muy bien esta situación en su libro *Loosing Ground*: "Los años de Reagan, estimo yo, fueron la década decisiva para el principal movimiento ambientalista. En lugar de ir mano a mano con el presidente más hostil ambientalmente hablando de la historia reciente, el movimiento parpadeó"[21] (p.7)

"A diferencia de los otros nuevos movimientos de los años 1960´s y 1970´s (liberación femenina, paz, derechos civiles y liberación de los homosexuales)", dijo Dowie, "que son esencialmente radicales, el movimiento ecológico fue tildado desde su comienzo con tradiciones conservadoras formadas por un bipartidismo, en su mayoría liderado por varones, las más de las veces blancos... que raramente ha cuestionado los cánones fundamentales de la civilización occidental o la ortodoxia económica del capitalismo de beneficencia (mercantilismo) – el sistema ecológicamente destructivo que cede los recursos naturales de la nación a cualquier corporación que tenga el deseo y la tecnología para desarrollarlos".[21] (p.28)

De acuerdo con Dowie, el movimiento ambiental tradicional se ha convertido básicamente en un club de caballeros de abogados y hombres de negocios dentro del Washington Beltway, donde las decisiones se adoptan en pizarrones en lugar de en salas de juicio y en los cuales "acuerdo" es el nombre del juego. Las estadísticas hablan por ellas mismas: el movimiento ambiental ha probado que no está de acuerdo con lo que los contaminadores están haciendo. También he notado que la mayoría de ambientalistas no han visto oportunidades prometedoras tales como la energía limpia ("libre"), la fusión en frío y las tecnologías del hidrógeno y del cáñamo, las cuales serán descritas posteriormente en este libro. Les falta visión, comprensión científica y, lo más importante de todo, el valor para hacerle frente a lo que es necesario. Dowie ve alguna esperanza en los grupos emergentes de activistas locales de población rural que están desafiando, a menudo hasta en las cortes, a los vertedores de tóxicos que amenazan su propia salud pública. Tal vez este movimiento se pueda expandir para dirigir el cambio fundamental necesario en nuestras prácticas ambientales globales y las soluciones. Mientras tanto, continuamos forcejeando en nuestro propio pensamiento y nuestras prácticas regresivas.

Espero que usted esté de acuerdo en que las cosas no deben ser así. Esperando entre bastidores por su oportunidad cultural, hay caminos fuera de nuestra parálisis planetaria, pobreza y contaminación. Es inevitable que estaremos arrollándonos las

---

[21] Mark Dowie, Loosing Ground: American Environmentalism at the Close of the Twentieth Century, MIT Press, Cambridge, Massachusetts, 1996

mangas y respondiendo las preguntas difíciles sobre la relación que debemos tener unos con otros y con la Tierra. ¿Cómo podemos encontrar agendas más efectivas para el futuro? ¿Cómo podemos encontrarnos en paz y re–dirigir nuestras máquinas de guerra y hábitos de contaminación hacia re–crear un ambiente bello y sostenible?

Pienso que tenemos un impresionante rango de posibilidades promisorias, en las cuales debemos construir un consenso. La situación reclama un punto de vista holístico que pueda mezclar tecnología con desarrollo humano e invención social en una base global y local. La nueva perspectiva debería combinar sentido común y un interés sobre los problemas con apertura para examinar soluciones, incluyendo nuevas ideas.

## El Mandato

En Occidente somos más prósperos que cualquier otra civilización de la cual se tenga recuerdo en la historia escrita. Como nunca antes, tenemos ahora una oportunidad de poner la prosperidad a trabajar, puesto que nuestro potencial humano es ilimitado, mucho más de lo que ninguno de nosotros puede imaginar. Así como los hombres volaron a la Luna, así podemos juntos elevar nuestra consciencia, para volvernos libres, para disfrutar los frutos de nuestra existencia en armonía con la naturaleza. Y podremos re–heredar la Tierra. Pero antes de que eso pueda suceder, necesitaremos recalificarnos como pasajeros en nuestro planeta, que es nuestro hogar. Es hora de que le devolvamos a la Tierra.

Y es hora de que crezcamos acerca de estos temas. El Planeta Tierra, y por tanto nosotros, estamos en un estado de peligro a menos que nuestra especie se dé cuenta de la manera en que está asolando sus recursos y su belleza. En nuestra obsesión por la economía, el petróleo es a menudo más barato que el agua Perrier. Nosotros los occidentales estamos siendo arrullados dentro de la ignorancia de una verdad básica y milenaria: que nuestro ambiente está siendo destruido. En lugar de hacer preguntas en la profundidad que merece, hemos hecho del consumismo nuestro dios que esparce su caramelo adictivo a lo largo y ancho del mundo.

El siguiente capítulo nos dará esperanza de que tenemos las tecnologías que nos permitirán restaurar la Tierra con desarrollos sostenibles de energía, agricultura, agua, reforestación, cultivos, pesca, recursos mineros, mientras conservamos las zonas vírgenes y la diversidad de especies. Las tecnologías de nuevas energías, el cáñamo, la restauración de la biosfera y la apertura de nosotros mismos hacia una ciencia emergente y consciente, nos ayudarán a exaltar nuestra habilidad para retornar al balance con la Tierra y con nosotros mismos. En el Capítulo 5 veremos maneras en las cuales nosotros como individuos podemos llegar a ser más saludables, más felices y más conscientes de quiénes somos en realidad y en qué radican nuestras responsabilidades. Estos pasos nos permitirán entonces juntarnos para implementar soluciones bajo nuevas estructuras industriales y gubernamentales (Parte II). Como en cualquier tiempo de grandes cambios en la historia, esas estructuras necesitarán ser construidas desde abajo hacia arriba, y provenir de un sector civil con alta motivación.

2

# Desarrolle Energía No-Contaminante

*"La resistencia a una idea crece al cuadrado de su importancia"*
**Bertrand Russell**

*"El hombre ha perdido sus capacidades de previsión y de anticipación. Él terminará destruyendo la Tierra"*
**Albert Schweitzer**

COMO ASTRONAUTA DE LA NASA asignado al programa Apolo en 1967, me sentí orgulloso de ser parte de un equipo con una visión positiva y enfocada: aterrizar a un hombre en la Luna y regresarlo sano y salvo a la Tierra antes del final de la década. En aquellos días tuve una sensación de optimismo tecnológico, que en la sabiduría de nuestra misión, si un problema surgía, nosotros encontraríamos la solución. De hecho, alcanzamos la Luna antes de lo programado y dentro del presupuesto asignado. Todo fue un gran éxito.

Yo generalicé mi positivismo a la cultura de la libre empresa. Por ejemplo, si un enfoque particular a una producción de energía era perjudicial para nuestra salud, exploraríamos alternativas más limpias que eventualmente pudieran competir en el mercado. El gobierno les daría un impulso especial a aquellos esfuerzos de investigación y a aquellas compañías que pudieran resolver el problema. Todos querríamos explorar plenamente las direcciones más promisorias – aquellas que ayudaran tanto a la economía como a la ecología.

Conduje mi idealismo hacia la década de los años 1970 mientras trabajaba en el comité Udall para desarrollar alternativas renovables a los combustibles fósiles y a la energía nuclear. Pero, como hemos visto, muy poco se ha hecho para ofrecer al mercado opciones limpias y renovables, a pesar del enorme esfuerzo que se ha desplegado para lograrlo y con muy poco respaldo del Gobierno. Para todos los propósitos prácticos, los combustibles fósiles aún representan la única opción disponible. Lentamente aprendí que el mercado libre podría no ser tan libre cuando estamos hablando de intereses invertidos en el orden de los varios millones de millones de dólares.

Qué equivocado estaba en haber tenido tanto optimismo... y cuánto acertado podría estar, dado un cambio cultural positivo, político o económico, en actitud, políticas, nuevas ideas, y colaboración creativa entre los sectores público y privado.

El sistema de la energía mundial se ha vuelto enorme e insaciable, por encima de la discusión pública. En 1997 siete de las doce más grandes corporaciones del mundo proveían combustibles fósiles o automóviles y otras cuatro estaban involucradas con infraestructuras financieras relacionadas[1]. Mediante elaboradas campañas de relaciones públicas y de influenciar a los políticos y a los medios de comunicación, el monopolio de energía quiere que usted piense que solo hay un camino a seguir: estaciones centrales en plantas de energía y máquinas distribuidas de combustión interna, ambas quemando combustibles sucios y no renovables. Nada puede estar más alejado de la verdad. La energía limpia y renovable es factible y eficiente en cuanto a costos. Es más: fuentes más nuevas, que ahora se están investigando, prometen soluciones más elegantes. Este capítulo mostrará que la fiesta con el combustible fósil llegará a un final y deberá ser reemplazada pronto con energía sostenible. Esta es una idea para la cual ha llegado su tiempo.

---

[1] Christopher Flavin y Seth Dunn, "Reinventing the Energy System", Capítulo 2 en *State of the World 1999*, Worldwatch Institute, Norton, New York, 1999

# La Nueva Crisis de Energía

La historia nos enseña que entre más grande es una institución y entre más tiempo tenga de estar funcionando, más se convierte en implacable, corrupta y difícil de manejar. Los intereses invertidos se tornan en una tiranía, un viaje de egoísmo para aquellos que están en la cumbre. "El poder corrompe y el poder absoluto corrompe absolutamente". Por tanto no es sorprendente que, una vez que despertamos a las soluciones, el verdadero éxito de los procesos extractivos institucionalizados "rentables" puede también convertirse en la razón de su caída. En nuestro yo interno, profundamente todos podemos sentir que el final del paradigma contaminador puede estar cerca.

Un ejemplo conmovedor de un público que despierta lo podemos encontrar en California, durante la crisis energética del 2001, la cual condujo a drásticos incrementos de precios para un público furioso, empobrecido y sometido a constantes cortes de luz. Una vez que uno corta a través de la ambición y la propaganda, se vuelve obvio que la única solución que tiene sentido es cambiar hacia renovables limpios.

Es evidente que no vamos a encontrar las respuestas en las entidades más ricas del mundo, las compañías petroleras, el Gobierno de Estados Unidos y los medios de comunicación que les sirven de voceros. Hay mucho en juego para que estas gigantescas corporaciones multimillonarias quieran ceder su poder. Ya sea que se llame Exxon o General Motors, el Departamento de Energía de Estados Unidos, el Presidente, el Primer Ministro, el Congreso o el Parlamento, podemos esperar enfrentar el obstruccionismo de las alternativas viables al motor de combustión interna y a las plantas de energía que queman petróleo.

Estos desarrollos de energía vienen de la ciencia del siglo XIX. El combustible de hidrocarburos fosilizados se enciende, ya sea para: (1) explotar para mover algunas partes que hacen rodar a un vehículo, o (2) hacer hervir agua para hacer girar turbinas, las cuales generan y conducen electricidad a través de un sistema de redes. Esta fue la escogencia que se hizo hace alrededor de 100 años, la cual, en gran medida, definiría un siglo completo. Tal vez la suerte fue echada cuando el magnate industrial norteamericano J.P. Morgan retiró los fondos de Nicola Tesla debido al interés de Tesla de investigar energía "libre" e inalámbrica. Morgan era el propietario de la mayoría de las minas de cobre que serían usadas rentablemente como alambre en el sistema de gran crecimiento de redes eléctricas, hecho posible, irónicamente, por el descubrimiento del mismo Tesla, en 1882, de la corriente alterna para redes.

Desde los años de Tesla han existido amplias oportunidades para encontrar nuevas formas de proveer energía, pero la mayoría de ellas han sido combatidas y vencidas. Mi propia investigación confirma una y otra vez que la supresión de alternativas limpias es más robusta hoy que nunca antes. Hasta nuestros esfuerzos por reducir las emisiones y mejorar la eficiencia energética han encontrado gran resistencia económica y política. Pero nuestro despertar a la verdad prevalecerá en la medida en que los hechos se vuelvan más obvios para más gente. En el Capítulo 4 regresaremos a la pregunta sobre los cambios necesarios en el poder económico y en el político para movernos hacia un futuro sostenible.

Junto con muchos otros analistas de nuestro panorama de energía–ambiente, pienso que únicamente reducir emisiones o mejorar la eficiencia será hacer muy poco y muy tarde. Ninguna cantidad de automóviles o plantas de energía con consumo eficiente de combustibles, convertidores catalíticos, depuradores, baterías o celdas de combustible podrían reemplazar el despliegue de fuentes de energía limpias, renovables, baratas. Necesitamos las dos acciones conjuntas. Dennis Weaver, actor y presidente fundador del Instituto de Ecolonomía, planteó la situación de esta manera: "Durante muchos años hemos tratado la aproximación del efecto curita[*] para resolver el problema de la contaminación del aire y, tal y como se predijo, no está funcionando... (la eficiencia) no puede seguir siendo nuestro enfoque guía. Necesitamos una nueva tecnología para un Nuevo Milenio."[2]

---

* En inglés, band-aid. Se refiere a esas pequeñas vendas autoadhesivas que se usan para cubrir heridas menores. *Nota del Traductor*

2 Dennis Weaver, Carta Informativa del Instituto de Ecolonomía, Mayo/Junio de 1999

# ¿Cuáles son, entonces, las soluciones?

Ningún verdadero experto en energía negaría que podemos crear una fuente de energía limpia y renovable que pueda ser, en última instancia, efectiva en costos y segura y que pueda permitirnos dar el paso más simple pero más grande para crear un futuro sostenible. Esto se ha sabido por muchos años y ahora las opciones y oportunidades competitivas están creciendo dramáticamente. Ellas caen en tres categorías básicas: energía renovable, la economía del hidrógeno y la nueva energía.

*Energía renovable actualmente disponible*

Las alternativas renovables factibles que han sido estudiadas y usadas por años incluyen energía hidroeléctrica, energía solar, energía eólica, energía de las mareas, energía geotérmica, gradientes termales oceánicos y satélites de energía solar que podrían enviar rayos de microondas a la superficie de la Tierra. Cada una de estas fuentes tiene sus ventajas y sus desventajas. Mientras que las opciones de energía renovable convencional son básicamente limpias y sostenibles, a menudo son susceptibles de acarrear altos costos de capital, difusividad e intermitencia. También pueden alterar el paisaje de manera apreciable, con represas, turbinas, molinos de aspas o fincas solares que pueden resultar desagradables a la vista. Nuestras opciones entre las energías renovables requerirían un muy estrecho vistazo a cada una de las opciones y su impacto ambiental. Mientras tanto, los subsidios gubernamentales y la manipulación del mercado han hecho que la industria de los combustibles fósiles se encuentre al mando y el 18 por ciento de energía renovable que estamos utilizando en el mundo entero no está creciendo. Solo un despertar del público puede lograr que estos números cambien.

*La economía del hidrógeno*

Este es el nivel medio. Como lo describí en una sección anterior, el hidrógeno se quema limpiamente, es abundante, su utilización es factible y resulta potencialmente económica. Este gas liviano podría reemplazar muy pronto los combustibles fósiles como nuestra primera fuente de energía para combustión interna, quemadores de las plantas de energía y células de combustible. La comunidad científica conoce los métodos de producción de hidrógeno, la infraestructura necesaria, los métodos de almacenamiento y su consumo. Los conceptos involucran química básica y no existen impedimentos a la utilización del método, excepto por la voluntad de invertir en nueva ingeniería. Los prototipos de automóviles movilizados por hidrógeno son cosa común. Una economía del hidrógeno también nos puede conducir a una nueva economía de energía a través del uso de las celdas de fusión en frío y de las celdas de hidrógeno, las cuales pueden proveer una abundancia de hidrógeno y de electricidad baratos.

*Nueva Energía*

En última instancia nos estaremos moviendo de la generación de energía convencional hacia una nueva energía. Algunos de nosotros definimos "nueva energía" como "una fuente de energía de uso práctico que hasta el momento no ha sido reconocida por la ciencia".[3] De esta definición se desprende que la energía renovable convencional no es energía nueva. Incluidos en la nueva energía se encuentran la tecnología de fusión en frío, las celdas de plasma o de gas, agregados de carga, los arcos submarinos, los motores magnéticos, los aparatos de estado sólido, los dispositivos electrostáticos, los aparatos hidrosónicos y muchos otros. Cada una de estas aproximaciones parece producir mucho más energía de la que se puede dar cuenta mediante la física tradicional, aunque un número de teorías viables se están publicando en la literatura. Casi cada opción ha sido suprimida, mal financiada y excluida de la discusión pública, los medios de comunicación masiva y las aulas de clase.[4]

---

[3] Eugene F. Mallove, "New Energy and the News Media", *Infinite Energy*, vol.6, número 34, 2000

[4] Brian O´Leary, *Miracle in the Void*, Kamapuaa Press, Kihei, Hawaii, 1996

La gente a menudo se pregunta por qué no tenemos una nueva energía si su utilización es real y económicamente viable en el largo plazo. Esto se debe a que ha habido muy poco financiamiento para la investigación. Estamos en la fase de la investigación del desarrollo de un ciclo que requiere algunas inversiones y los intereses de dineros tan grandes prefieren continuar con algo seguro: los combustibles fósiles. Lo que es "creíble" muy a menudo es definido por los científicos escépticos, la élite contaminante inversionista, y sus críticos ambientalistas atrincherados que desconfían de las nuevas tecnologías. Mientras tanto, el tímido ensamblaje de inventores de nueva energía, investigadores, comunicadores y educadores, está dividido entre ellos. Cada uno se ha convertido en su propio abogado, separado de los equipos de trabajo y de la sinergia que realmente se necesitan. Como resultado, cada uno se separa de la visión de lo que debe ser la mejor mezcla de enfoques. Cada uno ha competido desesperadamente por su tajada de un pastel de financiamiento verdaderamente pequeño. Cada uno ha tendido a ser demasiado optimista acerca de los medios de transformar un aparato producto de una investigación exitosa en un prototipo comercial. La mayoría de los inversionistas se muestran desencantados cuando no obtienen ningún rédito por su inversión y se muestran perplejos por lo esotéricos y a menudo escurridizos que son los principios científicos de las tecnologías de la nueva energía. La nueva energía es un tema difícil. Aun con todo mi bagaje de experiencia y todos mis conocimientos de física y de energía, todavía no comprendo a plenitud las muchas teorías, experimentos y tecnologías promisorias.

Es más, cualquier iniciativa para educar al público pierde su credibilidad e impacto porque no tenemos aparatos comerciales en operación y los resultados experimentales han sido excluidos de la más influyente literatura profesional relacionada, aunque esto también está empezando a cambiar. Por todo lo anterior podemos afirmar que el mundo ignora todo acerca de esto – especialmente aquellos individuos que podrían hacer la mayor diferencia – los científicos mismos y los inversionistas que los respaldan. "Nuevos investigadores potenciales en las universidades y en las compañías no tienen manera de desarrollar juicios independientes en nuestro campo", dice Eugene Mallove, editor de la revista *Infinite Energy Magazine*. "Igualmente serio es que aquellos que podrían financiar las investigaciones de fusión en frío/ nueva energía deben subir por una muy empinada curva de aprendizaje antes de siquiera pensar en una ayuda de investigación o de presentación. Pocos sobreviven la ascensión a tales alturas".[3]

La nueva energía puede ser la piedra angular de las soluciones sostenibles para un nuevo mundo en problemas. La complejidad de las tecnologías no puede ser tan fácilmente explicada como la tecnología de las celdas solares, los molinos de viento, los generadores de biomasa y de hidrógeno, las turbinas de gas o los reactores nucleares que están operando actualmente. Estos sistemas mecánicos, químicos y físicos tienen un manejo aceptable para los científicos y para el público. La nueva energía se escapa de esta familiaridad y a menudo engendra desprecio y apatía. Los experimentos en nueva energía pueden producir sorprendentes anomalías que trascienden la teoría existente. Los medios de comunicación masiva relacionados más importantes ni siquiera tocan el tema. Muchos de nosotros somos excluidos por las universidades cuando queremos hablar de estos asuntos con los colegas. A menudo tengo dificultades para presentar la esencia técnica de los conceptos de energía nueva sin el temor de poner a mi audiencia a dormir. Por todas estas razones, soy renuente a describir aquí los detalles de todas estas tecnologías. Sin embargo, daré algunos estudios de casos de esfuerzos exitosos en nueva energía.

En ningún lugar se revelan más dramáticamente la resistencia y la promesa de una tecnología de nueva energía que en el caso de la fusión en frío. Este enfoque bien investigado tiene el potencial de reversar mucha de la contaminación mientras pone cabeza abajo los intereses de los monopolios de energía. Desdichadamente, aun los ambientalistas no le han dado a las alternativas de energía un vistazo justo.

## La Revolución de la Fusión en Frío

La saga de la fusión en frío, que se ha venido revelando recientemente, nos ha provisto con una historia ilustrada de trece años que haría parecer a la supresión de Tesla como un ejercicio de escuela. La censura de la fusión en frío revela una resistencia tan fuerte que Sir Arthur C. Clarke, autor de *2001*, lo llama "uno de los más grandes escándalos en la historia de la ciencia."[5]

Todo comenzó en marzo de 1989 cuando dos químicos de la Universidad de Utah, Martin Fleischmann y Stanley Pons anunciaron un exitoso experimento mediante el cual, al poner en contacto una solución que contenía agua pesada con un cátodo de aleación de paladio, ocasionalmente producía significativamente más energía calórica de la que normalmente se produciría de las simples reacciones químicas. Ellos también encontraron neutrones y tritio, signos evidentes de que habían ocurrido reacciones nucleares más poderosas. Solo se encontraron trazas insignificantes de radioactividad, contrario a lo que se esperaría de una reacción de fusión "caliente" o de fisión. Todo esto mostró ser un extraordinario hallazgo para los entusiastas de la nueva energía y un acertijo científico que confundía a los teóricos. Irónicamente, el derrame masivo de petróleo del super–tanque Exxon Valdez en Alaska ocurrió ese mismo día.

El anuncio sacudió al mundo por sus implicaciones. ¿Habíamos encontrado una manera simple de superar la barrera de Coulomb, la cual impedía que las reacciones nucleares ocurrieran a temperaturas inferiores a las más elevadas, como en la bomba de Hidrógeno o en el centro del Sol? Resultaba claro que si este experimento podía ser sustentado tendríamos una fuente de energía auto–perpetuante cuyo potencial sería tan vasto que esto podría significar el fin de la contaminación energética. ¡Los observadores estaban sorprendidos de que esto pudiera suceder dentro de una celda a temperatura ambiente sobre la mesa de un laboratorio!

Por más de cincuenta años el sistema científico se había establecido alrededor de la más familiar forma de energía nuclear. Durante el Proyecto Manhattan de la década de 1940, un equipo tigre de científicos desarrolló una bomba de fisión separando los átomos de uranio y plutonio. Más tarde ellos sacaron una bomba de fusión transformando explosivamente hidrógeno en átomos de helio, con la liberación de cantidades aun mayores de energía. La primera se dejó caer dos veces sobre Japón con consecuencias devastadoras. La segunda ha sido desplegada para ser potencialmente usada en la Tercera Guerra Mundial. Hay suficiente armamento de este tipo para aniquilar a la humanidad en pleno varias veces, una locura llamada Destrucción Mutua Asegurada (MAD, por sus siglas en inglés)

---

[5] Arthur C. Clarke, "Presidents, Experts and Asteroids", *Science*, 5 de junio de 1998

Los científicos también fueron capaces de controlar el proceso de fisión poniendo barras de material fisionable suficientemente cerca como para causar una reacción en cadena que hace hervir el agua en lo que de otra manera sería una planta de energía convencional, produciendo de esta manera electricidad. Los reactores nucleares proveen el 6 por ciento de la electricidad del mundo (74 por ciento viene de combustibles fósiles y 18 por ciento es renovable, en su mayoría hidroeléctrica). Con alguna frecuencia en un par económico con combustibles fósiles los reactores nucleares tienen problemas particulares: seguridad del reactor (todos recordamos el desastre de Chernobyl), desecho del agua radioactiva y la proliferación internacional de la tecnología que podría ser usada para bombas. Ninguno de estos problemas es trivial, lo cual es la principal razón de por qué la industria nuclear, bendecida por el Gobierno, tan poderosa como es, nunca ha competido con los combustibles fósiles para la generación de electricidad.

Mientras tanto, algunos científicos nucleares han construido sus carreras tratando de crear una reacción de fusión controlada para generar electricidad. Si fuera factible, este sistema tendría solo algunos de los problemas de la fisión. Con más de mil millones de dólares anuales de inversión durante dos décadas, sus intentos de confinar gas hidrógeno caliente por tiempo suficiente como para desencadenar una reacción nuclear han sido un total fracaso. El "punto de equilibrio" para la energía, en el cual las reacciones se sostienen a ellas mismas, sigue siendo difícil de conseguir hasta el presente. Esto ha causado mucha frustración en aquellos que han invertido durante tanto tiempo en el éxito de este esfuerzo. Las inversiones están cayendo y los prospectos parecen pesimistas.

Así que aquí vienen estos dos advenedizos de Utah que proclaman que pueden iniciar estas mismas reacciones nucleares a partir de agua pesada a temperatura ambiente a un costo miles de veces menor y sin radioactividad – ¡demasiado bueno para ser cierto! Lo que resulta aún más escandaloso es que las proclamas de Fleischmann y de Pons violaron las leyes conocidas de física nuclear. Visto desde el punto de vista de los físicos de la fusión en caliente, las propuestas de Utah carecían totalmente de sustento y su falsedad podría ser probada fácilmente con solo tratar de replicar el experimento.

Dada esta actitud, usted probablemente puede adivinar lo que sucedió a continuación. "La propuesta de una reacción nuclear de fusión químicamente asistida con una liberación neta de energía", escribió Eugene Mallove, "amenaza con desviar fondos del Congreso del programa de fusión en caliente. Con celo privado, y más tarde con desprecio por parte del público, los científicos respaldados por el programa de fusión en caliente – particularmente en MIT – buscaron errores en el trabajo de Fleischmann y Pons."[6]

En menos de un mes los fusionistas en caliente proclamaron que no habían podido replicar los resultados originales, calificando el experimento original como "posible fraude", "truco para ganar dinero fácil" y "pobreza científica". El Departamento de Energía de Estados Unidos (DOE, por sus siglas en inglés) formó un panel de discusión integrado en su mayoría por científicos de fusión en caliente que parecían clavar la tapa del ataúd de la fusión en frío. De acuerdo con Mallove, el reporte negativo del DOE, tuvo las siguientes consecuencias: 1) No se creó ningún fondo especial del Gobierno de Estados Unidos para investigaciones posteriores; 2) Denegatoria llana de la Oficina de Patentes de Estados Unidos de cualquier aplicación que mencionara la fusión en frío; 3) Supresión de la investigación del fenómeno en laboratorios gubernamentales; 4) Se citó la fusión en frío como "ciencia patológica" o "fraude" en numerosos libros y artículos en los cuales se criticaba a la fusión en frío, en general, y a Fleischmann y a Pons en particular".[6]

Uno de los miembros del panel de DOE, el profesor Steven Koonin de Caltech (hoy día Preboste en esa universidad), dijo: "Mi conclusión es que los experimentos son equivocados y que estamos sufriendo la incompetencia y el engaño de los Doctores Pons y Fleischmann... está muy bien teorizar cómo la fusión en frío puede llevarse a cabo en un cátodo de paladio... uno podría también teorizar sobre cómo se comportarían los cerdos si tuvieran alas. Pero los cerdos no tienen alas."[7] Como resultado de esta paliza científica, para todos los efectos prácticos la fusión en frío perdió toda la credibilidad ante los medios de comunicación masiva, los políticos, los principales científicos de la materia, los ambientalistas y la mayoría del público.

Pero, en medio de todo el torbellino, otras cosas estaban empezando a suceder. Varias observaciones positivas del efecto Fleischmann – Pons empezaron a llegar de lugares tan alejados como el Instituto de Investigación de Stanford, los Laboratorios Nacionales

---

[6] Eugene F. Mallove, "Ten Years that Shook Physics", *Infinite Energy*, vol. 4, número 24, marzo - abril de 1999, p.3

[7] Steven Koonin, en la Reunión de 1998de la Sociedad Física Norteamericana de Baltimore, citado en *Infinite Energy*, vol. 3, número 18, 1998

de Los Álamos y de Oak Ridge, la Universidad de Illinois, la Universidad Texas A&M, el Laboratorio Naval de Investigación de Armas de Estados Unidos, la Agencia Atómica de Francia y la Universidad Hokkaido en Japón. Con más de doce años de experiencia, cientos de científicos de todo el mundo estaban empezando a descubrir reacciones nucleares exitosas de baja energía y fusión en frío en sus propios laboratorios con un vertiginoso arreglo de enfoques y efectos que, a pesar de que rompen las reglas teóricas de la clase dirigente en materia nuclear, han probado que funcionan. Tecnologías Spinoff tales como la corrección de desechos con alto nivel de radioactividad están empezando a ser patentados y desarrollados.

El respetado investigador británico en nueva energía Harold Aspden, antiguo Director Europeo de Patentes de IBM, recientemente puso el jaleo de la fusión en frío de esta manera: "La comunidad de fusión en caliente estaba fuera de sus cabales, atropellada por la audacia de tal prospecto. Había un conflicto de intereses, alimentado por la incredulidad, y es así que hemos sido testigos de un capítulo en la historia de la ciencia que es realmente vergonzoso, además de haber ocasionado un severo detrimento en nuestra búsqueda de nuevas fuentes de energía no contaminantes... Es necesario un fuerte remezón drástico para lograr que la ciencia de la energía regrese a su curso."[8]

## Celdas de Gas Hidrógeno: ¿La Tecnología del Triunfo?

A pesar de toda nuestra confusión sobre la fusión en frío, una tecnología que muy pronto podría irrumpir en el mercado involucra una innovativa manipulación del hidrógeno que puede producir cantidades significativas de energía. Cuando se calienta en presencia de un compuesto químico común, el hidrógeno podría liberar cientos de miles de veces más energía que la combustión ordinaria de hidrógeno. Los esfuerzos para fabricar y vender estas celdas de gas

[8] Harold Aspden, "Ten Years of Cold Fusion: Or was it Ten Years of Cold War?", *Infinite Energy*, vol. 4, número 24, 1999, p. 15

hidrógeno para producir electricidad, iluminación y otros productos parecen ser promisorios.

Este nuevo concepto es el invento del Dr. Randell Mills[9], cuyo trabajo teórico y experimental de alguna manera ha sobrevivido el síndrome de supresión en que han caído todos los genios de la nueva energía desde la época de Tesla. En 1996 Mills fundó BlackLight Power, Incorporated, llamada así por la gran emisión de luz ultravioleta que sale del gas hidrógeno y del plasma. La compañía abrió sus nuevas oficinas principales cerca de Princeton, New Jersey, en 1999. A menudo me pregunto qué será lo que piensan mis antiguos colegas del departamento de física de la Universidad de Princeton sobre la tecnología radical de Mills, cómo se sentirán cuando pasan conduciendo sus autos frente al edificio de 5.000 metros cuadrados en que Mills tiene sus oficinas o cómo podrán interactuar con cualquiera de los 35 investigadores que trabajan ahí a tiempo completo. A pesar de lo que mis compañeros físicos puedan sentir, el equipo de Mills realmente representa el primer esfuerzo en nueva energía que se ha levantado del suelo.

La teoría de Mills que respalda este descubrimiento inesperado es controversial, aunque plausible. Su hipótesis consiste en que, bajo condiciones químicas y térmicas adecuadas, el átomo de hidrógeno se encoge a un estado de menor energía, con la liberación de grandes cantidades de energía – y sin ninguno de los problemas de un reactor de fusión en caliente, tal como el Tokamak que se encuentra a unas cuadras del edificio de Mills. El proceso es limpio y el único subproducto parece ser una forma inerte de hidrógeno colapsado que él llama hidrino.

A primera vista, esto suena como ciencia-ficción. Sin tomar en cuenta si la teoría se confirma o no, los experimentos claramente confirman la presencia de energía en exceso. Como en el caso de la celda de fusión en frío o de la celda de combustible ordinaria, los investigadores producen hidrógeno introduciendo una corriente eléctrica en el agua (electrólisis). El hidrógeno liberado del agua puede entonces ser calentado y combinado con un catalizador para manipular los átomos, de tal manera que se encojan y liberen la energía requerida. La salida de energía es mayor que la que se requiere para separar y calentar el hidrógeno al principio. El equipo investigador de BlackLight Power ha demostrado que el contenido

---

[9] Randell L. Mills, The Grand Unified Theory of Classical Quantum Mechanics, BlackLight Power, Inc., Cranbury, New Jersey, 2000; www.blacklightpower.com

de energía del agua como combustible es de varios cientos a varios miles de veces el que tiene el petróleo crudo. Una taza de agua podría calentar y proveer electricidad para una casa entera ¡por un mes! Todo esto puede significar el fin de la era del combustible fósil, a pesar de la incredulidad inicial, la cual es común a cualquier nuevo descubrimiento intrépido en la ciencia y la tecnología.

Al momento de escribir estas líneas, la celda de Mills todavía no es comercialmente accesible. Pero está pronta a llegar. Si tiene éxito, estos esfuerzos podrían dejar en el olvido cualquier opción renovable o no renovable que ha sido investigada, reconocida o desarrollada hasta el momento. Todas las otras tecnologías de energía parecerían crudas en comparación con ella y podrían ser abandonadas de una vez y para siempre. Este descubrimiento se convertiría entonces en uno tan significativo históricamente como la invención de la máquina de vapor, la máquina de combustión interna, la luz eléctrica, la corriente alterna, las celdas solares fotovoltaicas, el transistor, el rayo laser, el computador, la máquina de jet y las celdas de combustible. Si se producen en el orden de los miles de millones de unidades, las celdas no ortodoxas de Mills podrían proveer energía abundante, limpia y barata como para satisfacer cualquier escala de uso final que se requiera, ya sea que se utilice en vehículos, en edificios o en empresas de servicio público.

## Otros Formas de la Nueva Energía

La fusión en frío, las celdas de hidrógeno y otras formas variadas de la nueva energía, así como la manera en que trabajan, son muy técnicas y muy extensas para ser analizadas a profundidad en este libro. Mientras la fusión en frío involucra los principios de las reacciones nucleares en agua asistidas químicamente y mientras el hidrógeno puede ser manipulado dentro del agua para producir un exceso de energía, otras tecnologías de la nueva energía parecen demostrar que nos llega energía proveniente del vacío del espacio.

En la mayoría de los casos debemos admitir que la teoría no ha sido desarrollada. La más popular postula que todo el tiempo y el espacio contienen un enorme campo de energía potencial, virtualmente desconocido porque se comporta absolutamente de la misma manera en todos los lugares y en todas las direcciones. Pero si uno acelera cargas electromagnéticas, tales como en las descargas del plasma, las oscilaciones del electrón de estado sólido y el movimiento rotativo de los motores magnéticos, parecen haber circunstancias bajo las cuales podemos utilizar esa energía potencial del vacío – ¡algo sobre lo que pensábamos que contenía nada![4] Como veremos más adelante, este invisible "campo de punto cero" (ZPF, por sus siglas en inglés) podría en realidad estar hirviendo de energía, un principio que se puede deducir de la física cuántica.

Muchos investigadores sobre la energía del vacío están trabajando con aparatos electromagnéticos de estado sólido que aparentemente resuenan con el ZPF con un efecto concomitante de liberación de gran cantidad de energía. Un pionero por largo tiempo de la nueva energía, el Dr. Thomas Bearden [10] y sus colaboradores en Huntsville, Alabama, han construido un aparato que usa un magneto permanente que interacciona con corrientes eléctricas variables que corren a través de un alambre que rodea un material especial. El resultado es energía limpia y abundante. Una vez que la máquina es arrancada por medio de una batería, se convierte en auto-impulsada. Si se produjera en masa, este aparato podría proveer, con costos eficientes, energía para vehículos, edificios y compañías de servicio público.

El aparato de Bearden podría incluso vencer a la tecnología de Mills. No tiene partes móviles y en principio podría fácilmente ser producida en la escala adecuada, de tal manera que se podría utilizar de muchas maneras diferentes. No sería necesario manipular el hidrógeno. Tampoco calentar nada. Imagínese el día en que desarrollemos paquetes de energía que pudieran hacer que cualquier cosa funcionara, reemplazando los enormemente complicados sistemas contaminantes tomados del siglo diecinueve: la máquina de combustión interna, la planta de vapor y el feo sistema de redes. ¿Ciencia–ficción? Tal vez. Pero cada día, con cada nuevo descubrimiento, se vuelve más real.

La nueva química del hidrógeno y/o tecnologías de fusión en frío pueden también venir del campo de punto cero mismo o involucrar transiciones atómicas a los así llamados estados básicos de energía, los cuales son aún menores que los que se conocen

---

[10] Thomas E. Bearden et al, "The Motionless Electromagnetic Generator: Extracting Energy from a Permanent Magnet with Energy – Replenish from the Active Vacuum", Magnetic Energy Limited, Huntsville, Alabama, 2000; también una descripción de mi visita a Bearden se encuentra en mi libro *The Second Coming of Science*, north Atlantic Books, 1993

actualmente–la teoría del hidrino de Mills. Regresaremos a algunas de estas preguntas en el Capítulo 6.

Es claro que el campo de la nueva energía está lleno de actividad, a pesar de todas las negativas en este sentido que puedan hacer los científicos de la corriente principal y de la censura de la prensa. Aquí podemos apreciar un complejo arreglo de tecnologías que emergen de la investigación, de las cuales solo una sería necesaria para que nos enviara por un camino de energía limpia. La fusión en frío y la novísima química del hidrógeno pueden estar mucho más avanzadas científicamente, pero mis esperanzas se encuentran más en los acercamientos de estado sólido, los cuales involucran solo electricidad y magnetismo y no reacciones químicas o nucleares. Algún día podríamos estar reemplazando nuestros interruptores de circuitos, las máquinas de combustión interna y las baterías con pequeñas unidades de poder que producen la necesaria energía de una manera bastante parecida a como funciona una celda fotovoltaica. Excepto que en este caso no necesitaríamos al sol.

Para conocer los más avanzados desarrollos, especialmente en lo relacionado con la fusión en frío, recomiendo leer la revista *Infinite Energy*. Mi libro anterior, *Miracle in the Void* [4] describe mis visitas a los investigadores de nueva energía de los cinco continentes. También recomiendo *The Coming Energy Revolution* de la periodista Jeane Manning[11], la cual entrevistó a más de treinta pioneros de la nueva energía alrededor del mundo. La esencia de este campo es que, a pesar de lo que usted pueda escuchar o no escuchar de los científicos de la corriente principal, la tecnología está viva pero "en un resucitador", como lo expresa un científico – tal vez con la rara excepción de BlackLight Power. Debido a que la investigación no es continua y, en las más de las veces, no tiene ningún tipo de respaldo, y teniendo que enfrentar el problema de una reputación prematuramente mancillada, todos esperaríamos y aceptaríamos que apareciera una fuente de fondos gubernamental seria o un inversionista altruista que pudiera conjuntar un equipo exitoso del tipo del Proyecto Manhattan o del Proyecto Apolo.

Después de cinco años de estrecho contacto con este asunto, estoy convencido de que muchos análogos a los Hermanos Wright ya han volado en el tema de la nueva energía; simplemente no estamos entregando el correo ni los pasajeros todavía. El periodista que cubrió el vuelo original de los Hermanos Wright fue despedido de su

[11] Jeane Manning, *The Coming Energy Revolution*, Avery Books, New York, 1995

puesto, otro indicativo de por qué los medios de comunicación masiva evitan la investigación de la nueva energía. Tomó varios años antes de que los científicos de la corriente principal, los políticos y la prensa pudieran aceptar el hecho de que la aviación tenía un gran potencial para la humanidad. Vivimos en un tiempo de desarrollos y censuras similares, pero las apuestas son mucho más grandes hoy en día.

También es un tiempo de precauciones para los pioneros: primero, es fácil patentar cosas y dar licencias de utilización a las grandes compañías que podrían producir los artículos por miles de millones. Pero, como hemos visto muchas veces en la historia de la innovación, cualquier compañía que compre la tecnología podría enterrar el concepto. Esto sucedió cuando la General Motors compró ciertas tecnologías para vehículos eléctricos y luego las suprimió. La segunda precaución es la codicia: muchos innovadores quieren ganar la carrera, hacer sus millones de millones de dólares y convertirse en los Bill Gates o en los J. P. Morgan de la nueva energía. En esto las apuestas son muy altas para hacer que las cosas se repriman o para crear nuevos monopolios. Mi tercera precaución a los inventores es que estén atentos a la aparición de otras tecnologías de nueva energía y que, cuando sea apropiado, se adscriban a ellas y traten de buscar soluciones a los problemas que surjan, en lugar de competir encarnizadamente y de mantener los secretos. La mejor respuesta para la sociedad, y esperamos que también lo sea para el mercado, casi siempre será una mezcla de aportes y puntos de vista.

Ahora tenemos una tecnología potencialmente capaz de suplantar la infraestructura de energía de altísima contaminación, la cual ha sido ignorada durante mucho tiempo prácticamente por cada poderosa institución importante. Esto no es así porque no tenga una promesa intrínseca, sino porque se percibe como una amenaza a las formas en que actualmente hacemos negocios. La fusión en frío no es sino un ejemplo de lo que una alianza de poderosos intereses especiales científicos y económicos puede hacer (en ocasiones involuntariamente) para parar una nueva tecnología. A pesar de las apariencias en sentido contrario, mis años de cuidadosa investigación sobre la nueva energía revelan un extraordinario grado de ignorancia y una negatividad refleja de parte de los principales científicos del medio hacia el potencial de la idea.

"Cualquier tecnología suficientemente avanzada es indistinguible de la magia", fue la respuesta de Arthur C. Clarke a la incredulidad. Su atenta mirada a la fusión en frío lo convence de que tiene un 99 por ciento de posibilidades de trabajar eventualmente como una fuente de energía. El simple hecho de que la teoría no ha sido suficientemente desarrollada no es razón para rechazar el experimento. "Recuerde que la máquina de vapor existía desde hacía ya algún tiempo antes de que Carnot explicara exactamente cómo trabajaba", escribió Clarke en una provocativo ensayo en la revista especializada *Science.* (5,[12])

Los medios de comunicación masiva han ignorado consistentemente los desarrollos logrados en la fusión en frío y en la nueva energía. Hace unos pocos años fui entrevistado por un periodista del *Washington Post* sobre los últimos hallazgos en materia de nueva energía. A pesar de que la entrevista duró más de tres horas, no su publicó ni una palabra. En lugar de ello, publicó un seguro trabajo sobre una curiosidad histórica de Tesla. Después de tres años de intentar publicar en alguna revista de Estados Unidos un artículo sobre nueva energía, el periodista Steve Kaplan y yo finalmente fuimos acogidos para publicarlo en el Reino Unido[13].

Todos los escritores ambientalistas citados en el último capítulo son ignorantes de los avances en nueva energía. Tan competentes como estos señores pueden ser con relación a temas como contaminación y cambio climático, parecen conformarse con una línea del partido acerca de las opciones. Veremos que, debido a que el proceso de la ciencia es tan fragmentado, la mayoría de científicos y de reporteros sobre asuntos de ciencias pueden ignorar los avances y desarrollos fuera de sus propias especialidades, aunque digan lo contrario. Ellos parecen presumir de que saben algo que ellos en realidad no saben de fuera de su propia caja. Los científicos pueden ser no científicos cuando se llega a nuevos paradigmas y esto parece muy confuso para el público en general. Para ser honesto, yo no supe de la realidad de la nueva energía hasta que pasé años de investigación profunda para establecer su veracidad. Antes de eso yo había sido escéptico y tenía mis dudas.

---

[12] Arthur C. Clarke, cita publicada en *Infinite Energy*, vol. 3, número 20, 1998, p. 6

[13] Brian O'Leary y Stephen Kaplan, *Review of the Scientific and Medical Network*, número 71, Colinsburgh, Escocia, diciembre de 1999

## La Distinción entre Investigación, Desarrollo y Despliegue

Con respecto a la nueva energía estamos en la fase de investigación (en su mayoría sin respaldo financiero externo) del ciclo de investigación y desarrollo. Los fondos requeridos para hacer los avances necesarios hacia el desarrollo probablemente serán mucho menores que los miles de millones de dólares gastados por la comunidad de fusión en caliente, pero ciertamente mucho más de lo que actualmente se está asignando para los investigadores diseminados por aquí y por allá, todo lo cual suma únicamente unos pocos millones de dólares, excepto por BlackLight Power. La mayoría de estos investigadores están retirados y se autofinancian, lo cual significa que ellos podrían no estar activos durante mucho tiempo más.

Mientras hacía mi investigación para escribir *Miracle in the Void*, muy pronto aprendí que la mayoría de la gente tiene problemas comprendiendo la distinción entre investigación y desarrollo. Investigación involucra ganar una comprensión científica básica de un descubrimiento a través de experimentos repetidos, intercambios con colegas y la eventual formulación de teorías y conceptos, los que más tarde podrían llevar a una producción comercial. Desarrollo involucra el esfuerzo más caro y más extenso para desarrollar prototipos comerciales que conduzcan a aplicaciones prácticas de lo que se obtiene en la investigación.

Entonces, resulta muy simplista criticar la fusión en frío y otras investigaciones en nueva energía sobre la simple base de que no se cuenta con un prototipo para aplicaciones de esas energías. Demandar ese tipo de éxito inmediato sería como retar a los Hermanos Wright, poco después de sus vuelos iniciales, para que desarrollen un prototipo comercial, o exigir que el inquieto Edison hiciera una bombilla eléctrica comercialmente viable dentro de un plazo específico. La investigación y los desarrollos tempranos a menudo requieren una increíble cantidad de tenacidad y una amplia exploración de opciones antes de que muchos logros visibles o viables puedan ocurrir. Pero cuando llega el momento de llevar el concepto al mercado, normalmente necesitamos equipos de científicos y de ingenieros. Hasta el momento la nueva energía ha estado ayuna de este tipo de esfuerzos y sus practicantes permanecen como ciudadanos aislados, a menudo más viejos y viviendo con muy poco dinero.

Desdichadamente, muchos inventores individuales y sus colegas inventores a menudo son excesivamente optimistas acerca de la capacidad que puedan tener de moverse de la investigación al desarrollo, lo cual les daría potenciales ganancias por su trabajo. En términos realistas, el dinero en efectivo no comenzará a entrar hasta que los equipos de trabajo hayan sido organizados lo suficiente como para ser competitivos en un mercado nuevo y volátil, y aun entonces no hay garantías de tener éxito. A menudo cuando el inventor aislado no entrega su prototipo comercial a tiempo, el inversionista retira sus fondos. Mientras tanto, la carrera de competición por las patentes del Santo Grial de la nueva energía continúa. He sido testigo de algunos competidores yendo y viniendo tratando de convertirse en los Bill Gates de la energía libre, esperando el momento crucial en que entren las ganancias.

Esto es realmente una fantasía que comparten muchos investigadores mal encaminados y aquellos que los respaldan financieramente; al final la única manera que tiene sentido es encontrar suficientes de las decenas o centenas de millones de dólares que se asignan a la investigación y lograr producir varios conceptos alternativos, sin garantía acerca de cuáles son los más viables. Muchos proyectos se llevan a cabo de esta manera, incluyendo los proyectos Manhattan y Apolo y aun el proyecto Tokamak de fusión en caliente. Irónicamente, el proyecto de fusión que todavía tiene fondos suficientes es el que no está teniendo éxito, mientras que aquel al que se le echó la bola negra es el que está teniendo éxito.

Mientras tanto, el Gobierno de Estados Unidos continúa dando dinero, en el orden de los millones de millones de dólares anuales, para los programas de combustible fósil y de energía nuclear. ¿Cómo se podría lograr un consenso de los pagadores de impuestos en el sentido de demandar que el Departamento de Energía (o cualquier otra oficina gubernamental libre de corrupción que lo reemplazara) también le diera fondos a las nuevas opciones de energía? ¿No sería una movida positiva de los Laboratorios Nacionales Los Álamos, con su enorme capacidad, convertirse en un laboratorio de investigación y desarrollo de la nueva energía, mientras que se elimina el trabajo no productivo y contaminante de la energía convencional? ¿O será que debamos conseguir los fondos con el auspicio de una emergente república verde global, como se discutirá en el Capítulo 4?

En ausencia de esto, lo que parece que se requiere es una infusión de fondos privados altruistas que puedan lograr productos comerciales viables. Un magnate del software de computadoras retiró sus fondos para la investigación de la nueva energía cuando encontró que no estaba muy lejos de "hundirse en el río de los fondos optimizados" [4]. Al principio él pudo no darse cuenta de que la recompensa financiera no se alcanza hasta que se llegue a la fase del despliegue. Es como si los financistas estuvieran alimentando a través de esperar que la gente cometa errores o vacilaciones hasta que se encuentre el sistema correcto y se empiece a vender como pan caliente. Hay un serio vacío que debe llenarse y alguien con mucho dinero podría hacer una gran diferencia si diera respaldo financiero a estos trabajos de una manera altruista. Si usted tiene algunas ideas, toda la humanidad y el planeta se lo agradecerán.

## Dos Grupos de Científicos

Hasta el momento hemos visto en algún detalle dos batallas de científicos como etapas en las cuales deben caer las decisiones futuras. La primera fue un grupo de climatologistas que han usado su conocimiento especial para reportar un problema importante, el calentamiento global y los cambios climáticos producidos por el hombre, pero sus conclusiones han sido cambiadas y censuradas por intereses económicos poderosos. También he reportado los resultados de otro grupo de científicos, igualmente bien calificados, que dicen tener una respuesta potencial a la crisis de energía, casi completamente extinguidos por otro grupo de científicos, los físicos y químicos analistas de la fusión en caliente, los cuales están tratando desesperadamente de defender una menguante turba. El resto de la comunidad científica, los medios de comunicación masiva y el resto del público permanecen desinformados, haciendo equipo por negligencia con los escépticos.

En estos y otros muchos ejemplos vemos que algunos científicos de la corriente principal pueden abusar de su poder. Han sacrificado su búsqueda de la verdad y en su lugar se han politizado, polarizado, institucionalizado, burocratizado y vendido. Es en parte por esta razón que los ciudadanos comunes no tienen confianza en la ciencia. También la ciencia ha conducido a tecnologías que han producido estragos en nuestro ambiente. Con todo lo dicho, ¿podemos confiar en estos elitistas para que nos guíen a nuestro futuro? Lo que hace las cosas aún más difíciles es que mucha gente tiene temor de la ciencia porque los conceptos pueden ser complejos. Sin embargo tenemos que escuchar a los científicos que estudian el cambio climático y la nueva energía – no a los escépticos, ni a los políticos ni a las lumbreras, ni a los economistas que continúan calculando el costo de las políticas independientemente de lo que está sucediendo en la biosfera.

Como veremos en el Capítulo 6, la ciencia misma está lista para un proceso de revisión a fondo. Pero esto no niega el trabajo de cientos de valientes climatologistas y de investigadores de la nueva energía que tienen cosas muy importantes que decir. A pesar de que los dos grupos no interactúan, sus claros mensajes ahora necesitan ser puestos juntos: tenemos un problema muy serio y también tenemos una probable solución a ese problema. La historia todavía no se ha contado y es preciso que sea para nuestra propia supervivencia.

El hecho es que nuestras escogencias en la ciencia continúan creando las circunstancias de nuestro futuro. La investigación y el desarrollo forman el delgado filo de una cuña de lo que tiene que venir en el siglo veintiuno. Lo que hoy son bocetos que cuestan millones de dólares se convertirán mañana en los proyectos de los miles de millones de dólares. En el caso de la energía, las cifras alcanzan los millones de millones de dólares. La energía es el sector individual más grande de la economía internacional y en opinión de algunos estimados alcanza hasta un ochenta por ciento de todo el comercio, directo o indirecto [14]. Las apuestas en esta dirección son hoy las más altas que se han tenido en la historia humana. Pero tenemos que saber qué es lo posible, libre de supresión.

---

[14] Jack Herrer, *The Emperor Wears No Clothes*, HEMP Publishing, Van Nuys, CA, 1990, p. 45

## ¿Qué Sucederá si las Opciones de Nueva Energía No Funcionan?

Hemos visto que estamos, casi con absoluta certeza, en el umbral de la tecnología de una nueva energía que podría provocar grandes adelantos en el proceso de reversar el ecocidio. Aquí tenemos el potencial de terminar con la mayoría de la contaminación del aire, el incremento en las emanaciones del dióxido de carbono, el calentamiento global, el cambio climático, una Tierra cicatrizada y chamuscada, los feos tendidos eléctricos, las perforadoras de petróleo, las refinerías, los super – tanques, los feudos petroleros, las estaciones de gasolina, las minas de carbón, la lluvia ácida y así sucesivamente. Pero digamos que las fuerzas irracionales del hombre o de la naturaleza no permiten que eso suceda así. Digamos, por ejemplo, que el prototipo comercial de implementación es bloqueado por preguntas acerca de la factibilidad o por sistemas económicos y políticos continuadamente ciegos o por inesperados desperfectos fatales en todos los sistemas, lo cual tendría serias consecuencias ecológicas, o por una imparable aplicación de armas o tal vez por algo tan bizarro como un visitante extraterrestre superior diciéndonos que retrocedamos. Es alentador saber que, con fundamento en la literatura especializada en materia de opciones de energía, todavía podríamos salir del problema, aunque el trayecto de salida ciertamente sería más caro y probablemente involucraría un uso más intensivo de materiales.

Los candidatos renovables más importantes y que se encuentran a la cabeza de la lista son celdas solares fotovoltaicas, energía eólica y combustión de la biomasa, combinados con una reparación integral de los sistemas de eficiencia de energía y con el uso de combustible de hidrógeno limpio. El uso mundial de energía eólica está creciendo 25 por ciento por año, con un mercado de dos mil millones de dólares en 1998. El uso de celdas solares fotovoltaicas está creciendo un 17 por ciento por año. Mientras los precios se siguen reduciendo, será necesario bajar los costos de manufactura de un 50 a un 75 por ciento, de tal manera que la electricidad solar sea competitiva con la red. Una prometedora nueva tecnología solar, llamada Lumeloide, usa película polarizada, la cual puede producir hasta diez veces más energía por costo unitario que las fotovoltaicas (www.ardev.com). Aún así, la nueva energía parece ser más atractiva que el viento o el sol: la naturaleza intermitente y difusa de estas dos opciones aceptadas requiere ya sea energía de almacenamiento o complementariedad con cada una de las otras y con la red. De igual manera las aspas de viento tienden a consumir más materias primas, ensucian el paisaje como el tendido eléctrico y pueden ser afectadas por los retos del mantenimiento. A pesar de todo lo dicho, estas posibilidades son conceptos de respaldo muy atractivos hasta que la nueva energía aparezca plenamente.

Otra promisoria tecnología es la de las celdas de combustible, las cuales funcionan con hidrógeno y oxígeno. El producto que se quema con toda limpieza es el agua, con la liberación de electricidad. Este proceso es el opuesto al de la electrólisis del agua, en el cual la electricidad disocia el agua en sus átomos constituyentes de hidrógeno y oxígeno. Desdichadamente no hemos encontrado una forma efectiva en costos de proveer el hidrógeno para las celdas de combustible y para otros usos posibles de energía. Todo esto se puede convertir en la economía del hidrógeno, plenamente descrita en la próxima sección. Irónicamente, la tecnología de la fusión en frío o de la celda de Mills pueden proveer la ruta más barata para la producción de hidrógeno, pero si tenemos estas tecnologías, de todas maneras podríamos no necesitar grandes cantidades de hidrógeno como combustible en el futuro.

Otra posibilidad de energía tradicional renovable la constituye la plantación de cultivos cuya biomasa puede ser quemada para producir carbón, aceite combustible (fuel oil), vapor procesable, metanol y otros varios productos químicos. Mientras que el dióxido de carbono sube a la atmósfera al quemarse, su cantidad equivalente puede ser reabsorbida por la nueva plantación, lo que hace que el proceso entero sea neutro desde el punto de vista del invernadero. El cáñamo ha mostrado ser un cultivo particularmente eficiente en biomasa [14]. En el siguiente capítulo daremos una mirada e muchos otros usos de este versátil cultivo, como sustituto del papel, del vestido y de los materiales de construcción.

También podríamos mejorar nuestra eficiencia energética sin hacer ningún cambio mayor en nuestros hábitos de consumo. Amory Lovins, director del Instituto de la Montañas Rocallosas piensa que podríamos salvar al menos tres cuartas partes de nuestro consumo de electricidad simplemente si rediseñamos nuestras plantas productoras, los edificios, los aparatos electrodomésticos y los sistemas de calefacción y de aire acondicionado y combinando todo esto con energía renovable. Lovins ha demostrado que los automóviles pueden ser construidos más livianos y más "resbaladizos", produciendo economías de gasolina del orden de los varios cientos de kilómetros por galón sin sacrificar confort o costo [15]. Como un ejemplo de nuestro desperdicio de energía, Lovins señala lo que sucede cuando creamos agua tibia y aire a partir de energía eléctrica de gran calidad producida en una remota planta de energía a miles de grados. "Esto es como usar una motosierra para cortar mantequilla", dijo [16]. Mejorar la eficiencia podría jugar un papel muy importante en pasar el mercado hacia renovables, a la vez que se ahorra alrededor de $300 mil millones por año, argumenta Lovins.

Hace unos pocos años Lovins se unió a las filas de la tendencia dominante en oposición a las tecnologías de la nueva energía, algo que yo descubrí un día en que coincidimos en el mismo vuelo. En el sitio de reclamo de equipaje le pregunté cómo se sentía con respecto a la nueva energía. Él se puso muy disgustado y se alejó de mí, aún cuando nos habíamos conocido desde hacía tiempo en varias reuniones sobre políticas energéticas. Tal comportamiento parece ser la línea de partido para los ambientalistas que no han visto la investigación porque ya han adoptado una posición sobre el mejor futuro en asuntos de energía. Un cambio hacia energía solar, viento, biomasa y eficiencia incremental sería básicamente un cambio de una industria de un millón de millones de dólares a otra, con beneficios ambientales. Pero un cambio hacia nueva energía podría ser mucho más barato, mucho más amistoso desde el punto de vista ambiental y más recursos pueden ser liberados para restaurar la biosfera de otras maneras.

De todas maneras, es agradable saber que tenemos opciones. Alden Meyer, un investigador de energía de la Unión de Científicos Interesados, estimó que una transición total hacia energías renovables costaría solamente unos veinticinco mil millones de dólares por año por los próximos diez años [17]. Esa cantidad es menor que la que da como subsidios el Gobierno de Estados Unidos para el desarrollo de petróleo, carbón y energía nuclear [18]. La implicación

---

[15] Amory Lovins, entrevista con Robert Evangelista, Nevada City, CA, transcrito en el 1-(800) 51-SOLAR

[16] Amory Lovins, citado en *Get a Life!* , por Wayne Roberts y Susan Brandon, Get a Life Pub., Toronto, Canadá, 1995, p. 56

[17] Ross Gelbspan, *The Heat is On*, Perseus Books, Reading, MA, 1998: entrevista con Meyer, p. 98; otras citas de las pp. 103 y 181

[18] Doug Koplov, "Energy Subsidies and the Environment" en *Subsidies and the Environment*: Exploring Linkages, Organization for Economic Cooperation and Development, 1996, y citado en la referencia 17, p. 98

aquí es que ¡un simple cambio en políticas públicas puede ser lo único que hace falta para realizar la tarea!

La gran noticia, escribió Ross Gelbspan, "es que históricamente cada transición en el uso de energía ha significado una explosión de progreso económico... La única pregunta que falta por responder es cuánto daño en el clima inestable del mundo tendremos que absorber en la transición – cuánto tiempo le va a tomar a la atmósfera planetaria regresar a la estabilidad... Los científicos no saben en qué punto un clima inestable se convertirá en una catarata cayendo a plomo por el precipicio" [17].

Aún con un cambio rápido hacia la energía renovable, el consenso es que tomará una década o más para que se estabilice la atmósfera. Mientras nosotros notaríamos de inmediato un aire más puro, la mayoría del dióxido de carbono en exceso permanecería en la atmósfera por cien o doscientos años. Replantando los bosques, preservando lo que está ahí y cultivando cáñamo se aceleraría el proceso, pero siempre tomaría un tiempo largo. El legado del cambio de clima y su incertidumbre futura probablemente estará con nosotros por una generación o más, gracias a las decisiones poco inteligentes que hemos tomado durante el siglo veinte. Nuestros hijos y nietos tendrán que vivir con ese legado. Atrasar las consideraciones sobre estos temas un poco más y entreverarlas entre los juegos que juegan las corporaciones gigantes y los políticos de turno, nos conducirá, de manera prácticamente ineludible, a nuestra propia extinción.

A pesar de las más incrementales aproximaciones de Amory Lovins, la Unión de Científicos Interesados y otros grupos ambientalmente motivados trabajan en el largo plazo. De una manera un poco más suave que el probable porvenir de los progresos en nueva energía, sus estrategias podrían, al final, ayudar a aliviar los enormes problemas de la era de los hidrocarburos y de la era nuclear. Pero las suprimidas tecnologías de la nueva energía con gran certeza acelerarán la transición y harán la energía muy barata y conveniente. Lo podemos tener de una manera o de las dos. Pero, ¿estamos preparados para la tarea?

Algunas de las compañías de energía y de los gobiernos de Europa están empezando a ver la luz. En 1997 la compañía British Petroleum anunció que está poniendo mil millones de dólares en recursos renovables y la compañía Royal Dutch Shell iba a seguirlos muy pronto con quinientos millones de dólares. La coalición alemana de liberales y el Parido Verde están planeando un aumento de impuestos a la energía contaminante. Los alemanes también están lanzando un programa de 100.000 paneles solares para techo, los cuales se espera que produzcan un significativo aumento en la demanda del mercado, sumando miles de millones de dólares[19]. Japón también está siguiendo un agresivo programa fotovoltaico. Esto no está nada mal, especialmente si consideramos que estos países no están exactamente en el Cinturón del Sol.

## La Economía del Hidrógeno

Regresamos al más simple y más abundante de los elementos en el universo – el hidrógeno. Es destacable que hayamos gastado tanto tiempo y creado tantos estragos extrayendo algo del suelo y quemándolo con gran peligro para nosotros y que en todo ese tiempo hayamos contado con un combustible que es limpio, bien comprendido y ya ha sido probado. Aún sin tomar en cuenta la extraña química de Randell Mills y los resultados del punto cero y de la fusión en frío, el hidrógeno es la más sobresaliente de todas las extraordinarias opciones de energía limpia y renovable. Más destacable aún es el hecho de que los grupos de presión a favor del combustible fósil hayan logrado bloquear al hidrógeno de una manera tan efectiva, porque la tecnología para producirlo, manipularlo y quemarlo se conoce perfectamente. Como en el caso de la nueva energía, las aplicaciones y los puntos de vista son muchos, pero el financiamiento es escaso.

Las actuales estructuras de poder sobre el tema de la energía en la sociedad no están contentas con el hidrógeno. Nejat Veziroglu, un profesor de ingeniería de la Universidad de Miami, fue nominado para el Premio Nobel en Economía por su trabajo en el cual apunta que el petróleo más la contaminación es más caro que implementar una economía de hidrógeno limpio [20].

---

[19] El proyecto fotovoltaico alemán fue reportado en Photovoltaic Insider´s Report de diciembre de 1998

[20] T. Nejat Veziroglu, "Solar Hydrogen Energy System: A Permanent Answer to Energy and Environmental Problems", *Proceedings of the Forum on Converting to a Hydrogen Economy*, Ft. Collins, Colorado, compilado por M. Albertson y H. Jarvis, setiembre de 2000; John O´M. Bockris y T. Nejat Veziroglu con Debbi Smith, *Solar Hydrogen Energy: The Power to Save the Earth*, Mc. Donald & Co., Londres

Cuando se combina con oxígeno en el aire o en el agua, el hidrógeno libera energía como calor o como electricidad que puede hacer funcionar vehículos, plantas de energía o edificios. La tecnología ha progresado hasta el punto donde el único producto significativo de la emisión es vapor de agua.

El hidrógeno puede obtenerse de varias fuentes. En la actualidad la mayoría de él se obtiene por calentamiento de hidrocarburos, ya sea del petróleo o del carbón, el gas natural o los materiales de desecho. También puede venir del agua, cuando se pasa electricidad a través de ella. Esto se llama electrólisis. La re - combinación del oxígeno y del hidrógeno libera calor de la combustión o electricidad en una celda de combustible, siendo, de nuevo, el agua el producto final.

Casi todo el hidrógeno sobre la Tierra está combinado con otros elementos para formar compuestos de muy diferentes propiedades – agua, los hidrocarburos (incluyendo los combustibles fósiles), gas natural y desecho (metano), biomasa (carbohidratos que incluyen metanol, etanol y éter), aromáticos sulfuros de hidrógeno, el picante amoníaco, e hidruros metálicos estables. Uno de los retos actuales es encontrar maneras baratas de producir hidrógeno, de tal manera que el insumo de energía sea menor que el consumo de producir hidrógeno. La electrólisis usando tecnologías de nueva energía sería el método más elegante, debido a que la energía sería limpia, barata y virtualmente ilimitada. Además de lo dicho, el precio de los fotovoltaicos sigue bajando, mientras que el precio de los combustibles fósiles sigue subiendo, de tal manera que los costos de la limpia electrólisis del agua y la subsecuente combustión del hidrógeno entran dentro del rango competitivo de los combustibles fósiles. Ligeramente más sucios son la gasificación del carbón (proceso que, de todas maneras, es mucho, mucho más limpio que el de quemar carbón) y la recolección de las emisiones de hidrógeno del gas natural, de la biomasa y del desecho.

No hay manera de guardar hidrógeno, ni como gas, ni como líquido, ni como hidruro metálico sólido. Debido a que la molécula del hidrógeno es tan pequeña, el hidrógeno se difunde rápidamente y es difícil (aunque no imposible, dados los últimos desarrollos) guardarlo en tanques por períodos largos o a presiones altas para su uso cotidiano, cual sería la forma de uso en automóviles. Los líquidos de hidrógeno deben ser guardados a muy bajas temperaturas y ser usados pronto porque se evaporan. Ambos métodos podrían terminar siendo tan manejables como los tanques de petróleo. Los escépticos ignorantes tratan de mancillar la imagen del hidrógeno señalando el desastre del Hindenberg. En realidad, el famoso fuego probablemente fue causado por una chispa que se combinó con diesel que se encontraba a bordo y con una cubierta altamente inflamable; fue más tarde que el hidrógeno que se encontraba dentro del balón cogió fuego.

En todo caso, hay maneras más seguras, más baratas y más elegantes de producir, manipular y quemar hidrógeno que guardarlo en tanques a alta presión o como líquido. Por ejemplo, el hidrógeno gas puede ser producido a demanda combinando emulsiones metálicas alcalinas con agua [21]. También podría obtenerse de hidruros metálicos sólidos [22].

Tal vez ningún individuo ha tenido más experiencia práctica con el hidrógeno que el Dr. Roger Billings [22]. Como un niño precoz, él empezó a experimentar con motores de hidrógeno en los proyectos de ciencias de su escuela en Utah durante los años 1960. Desde entonces él ha construido más de veinte vehículos movidos por hidrógeno y un sistema de calefacción, enfriamiento y cocinado para el hogar que opera con hidrógeno. Billings jugó con una gran cantidad de variantes. Por el camino de la prueba y el error y tras treinta años de experiencia, ha logrado producir lo que él considera la tecnología más promisoria para los automóviles: celdas de combustible compactas con contenedores para guardar un altamente seguro hidruro metálico, el cual produce el hidrógeno. Si se produce masivamente, estos vehículos podrían proveer una alta ejecutoria, operación eléctrica de bajo costo y tener un rango de acción de casi 500 kilómetros antes de necesitar recargar con nuevo hidrógeno en las estaciones de servicio las latas de hidruro metálico.

Recientemente visitamos al Dr. Roger Billings en su laboratorio subterráneo de Independence, Missouri. En unas minas de caliza abandonadas, a unos 30 metros de profundidad, mantiene una temperatura estable de alrededor de quince grados centígrados durante todo el año, lo cual hace que los costos de calefacción sean muy bajos. Y como los costos de construcción son de $ 90 por metro cuadrado, más o menos una décima parte de lo que cuesta la construcción en estos días, Billings tiene el potencial de expandir el espacio a doscientos mil metros cuadrados. La experiencia nos hizo

---

[21] "Hydrogen Energy Innovation from Water and Air for the Twenty – First Century", Via – Tek News, vol. 1, no. 1, Montello, Nevada, enero de 2001

[22] Roger E. Billings, *The Hydrogen World News*, Academia Internacional de la Ciencia, Independence, Missouri, 2000

recordar las novelas de Julio Verne. ¿Quién no se sentiría excitado por conocer a un brillante y excéntrico científico barbudo de la vida real y a su equipo de trabajo que se encuentran en las profundidades de la Tierra, libres de las presiones de las instituciones disfuncionales, construyendo un aparato que va a salvar al mundo? La falta de ciclos diurnos indujo en nosotros un sentimiento de creatividad intemporal y de completa inconsciencia sobre la necesidad de desafiar los elementos que se encontraban sobre nosotros. No importaba si era de día o de noche, si había ventiscas u olas de calor o tornados o huracanes, si se había desatado una guerra nuclear o si se llevaban a cabo ataques con bombas químicas, se sentía un sentimiento de gran confort allá abajo, dentro del vientre de Gaia. En varias oportunidades he pensado que, a la velocidad a la cual vamos, llegará el momento en que todos debamos vivir bajo tierra. El Hoyo Hobbit de Hidrógeno de Roger Billings puede ser otro prototipo de lo que está por venir.

Como en el caso de Randell Mills, Billings tiene una mayor posibilidad que otros de tener éxito debido a que él tiene la combinación de dinero y experiencia. Él fundó WideBand, un exitoso concepto consistente en una red de computadoras de mil millones de bits que él inventó. La compañía se hará pública en muy poco tiempo y podría producir cientos de millones de dólares que a él le gustaría ver usados, en un año o poco más, en investigación en su trabajo sobre el hidrógeno. Como Mills, Billings tiene una rara mezcla de inventiva, sofisticación científica y empresarialismo. John Bockris, Profesor Distinguido de Química en la Universidad Texas A&M y autor de los primeros documentos técnicos y libros sobre el hidrógeno, hace entre 20 y 30 años [23], ha dicho de Billings que es un "hacedor", tal vez uno de los pocos en este mundo complejo y distractivo.

Otros dos inventores norteamericanos que vale la pena mencionar son Tim Lee y Roy Mc Alister. Lee ha construido automóviles capaces de quemar varios productos de biomasa y gas natural. Entonces él descarboniza el escape calentándolo y tamizándolo [24]. Con fundamento en este escrito, Dennis Weaver

---

[23] J. O´M Bockris, *Energy Options*, Halsted Press, New York y Taylor & Francis, Londres, 1980; "Hydrogen Economy in the Future", International Journal of Hydrogen Energy, no. 24, 1999

[24] Tim Lee, "Practical Approach to a Hydrogen Based Economy", Actas del Forum sobre la Conversión a una Economía del Hidrógeno, Ft. Collins, Colorado, recopilados por M. Albertson y H. Jarvis, setiembre de 2000

planea conducir uno de los vehículos de Lee (uno que quema hidrógeno puro) en una marcha que atravesará Estados Unidos, a la cual se le ha hecho una gran publicidad y que se ha llamado "Conduzca para la vida". Roy Mc Alister de la Asociación Norteamericana del Hidrógeno ha inventado una bujía inteligente que podría encender el hidrógeno en motores convencionales de combustión interna, eliminando, por tanto, las emisiones del NOX del hidrógeno que se está quemando [25]. Él también puede cambiarse a gas natural, si se necesita. Tanto la tecnología de Mc Alister como la de Lee podrían darnos el potencial de convertir los casi mil millones de vehículos que existen sobre el planeta.

La comunidad mundial del hidrógeno está creciendo rápidamente [26]. El incremento del precio de los combustibles fósiles, el limitado abastecimiento de petróleo, la reducción en los precios de las celdas de combustible, los prospectos para la energía solar de bajo costo o para la nueva energía de electrólisis del agua, más la gran abundancia, versatilidad, seguridad y bondad ambiental del hidrógeno, hacen de éste un obvio ganador en la economía energética del futuro. Por ejemplo, está circulando en la internet información de que el inventor norteamericano Dan Kamen está introduciendo un vehículo liviano de dos ruedas impulsado por hidrógeno, un invento que puede estar respaldado por una cuantiosa inversión. O es concebible que nuestra concepción clásica de una economía de hidrógeno lograda por la transformación del hidrógeno ordinario en agua pueda ser vencida por la fusión en frío, el proceso de Randell Mills de hidrógeno más energético a hidrino o cualquier otra iniciativa de energía nueva, tal como la de Bearden, basada en interacciones electromagnéticas con el campo de punto cero. Tal vez seamos muy afortunados por no haber alcanzado todavía una economía de hidrógeno plenamente desarrollada. En su lugar, tal vez podamos ser capaces de movernos de combustibles fósiles a nueva energía en un elegante paso. Aún así, siento que un cuidadoso plan para la economía del petróleo, en paralelo con investigación y desarrollo de respaldo de una economía de nueva energía, podría darnos una estrategia coherente para suplantar los combustibles fósiles tan pronto como sea posible. Por lo tanto, estoy empezando un esfuerzo conjunto a través del Instituto Dennis Weaver de

---

[25] Roy Mc Alister, "Hypercars", *ibid.*

[26] Robert Siblerud, *Our Future is Hydrogen*, New Science Publications, Wellington, CO, 2001; Jeremy Rifkin, *The Hydrogen Economy*, Tarcher Putnam, New York, 2002

Ecolonomía, la Asociación Internacional de Nueva Ciencia y otros, para lograr alcanzar un futuro flexible y unificado de políticas de energía consistentes con la terminación de la contaminación del aire y del calentamiento global.

Billings y Bearden ven que pronto llegará el día en que los científicos del hidrógeno y de la nueva energía podrán dar licencias de sus tecnologías a las grandes corporaciones que podrían producir masivamente el producto de sus investigaciones. Ellos y otros piensan que pronto deberíamos entrar en contacto con las compañías automovilísticas, productoras de energía, aeroespaciales y de servicios públicos para que utilicen tecnologías de energía limpia y renovable a gran escala tan pronto como sea posible – en el tanto en cuanto las corporaciones gigantescas no entierren las ideas. Las compañías que ya se han mostrado interesadas en la economía del hidrógeno incluyen BMW, British Petroleum, Shell Hidrógeno, Honda y Daimler–Chrysler. Particularmente en Alemania hay un gran interés por la energía de hidrógeno y la solar.

Yo he comenzado a estar muy activo en el campo del hidrógeno porque es una solución interina realmente obvia para nuestra crisis global de energía. No importa qué suceda o deje de suceder con la investigación más exótica de la nueva energía, el hidrógeno y otras fuentes energéticas renovables podrían cumplir las necesidades de un futuro con energía limpia. Rediseñando los sistemas energéticos existentes y diseñando nuevos sistemas para el transporte, los servicios públicos, la calefacción, el aire acondicionado y el cocinado, podría conducirnos a una economía de hidrógeno, la cual puede suplantar la economía de combustible fósil y energía nuclear. Los avances en nueva energía pueden echar más leña al fuego.

Mientras que esta mezcla de energía sostenible tiene sentido, su puesta en práctica en el tiempo (ahora no es demasiado pronto) espera un cambio de paradigma en nuestro pensamiento social y político. Veremos que algo tan simple como un movimiento populista para cambiar los subsidios del gobierno de petróleo y carbón (que solo en Estados Unidos suman casi veinte mil millones de dólares por año) hacia energía nueva y renovable puede ser todo lo que hace falta para iniciar la revolución (Capítulo 4).

Resulta irónico que el más importante asiento del problema es también el más grande asiento de la solución: Estados Unidos. Necesitaremos encontrar maneras de reconciliar estos opuestos polares que residen en el mismo suelo, de tal manera que podamos superar el problema y llegar a las soluciones. Si no se pueden reconciliar en Estados Unidos, aquellos de nosotros que estamos orientados a las soluciones podríamos necesitar expatriarnos de un liderazgo basado en principios destructivos y no naturales. Los inventores de la nueva energía, Bruce De Palma, Martin Fleischman y Stanley Pons, se fueron a otros países para poder llevar a cabo su trabajo, porque estaban sintiendo una gran hostilidad y supresión en Estados Unidos. Espero que no sea necesario para el resto de nosotros llegar a este punto y que la Constitución de Estados Unidos y la igualdad de derechos se respeten durante la revolución energética venidera.

## Lo Que Debemos Hacer Ahora

De una manera o de otra, tenemos todos los recursos tecnológicos necesarios para cuidar nuestros más presionantes retos ecológicos por la vía de convertirnos, tan pronto como sea posible, a fuentes de energía limpia y sostenible, tanto tradicionales como no tradicionales. Pero los humanos tenemos que ir mucho más allá que las arengas de los escépticos del efecto invernadero y que los escépticos de la nueva energía, los cuales están retardando la investigación y el desarrollo que se necesitan de una manera tan urgente. Y necesitamos motivar a un público apático y confundido, particularmente en Occidente y en Japón, que estarán liderando el camino para introducir las tecnologías a nivel mundial. Esto debe suceder antes de que China, por ejemplo, construya aún más plantas de energía de carbón y compre cientos de millones de automóviles. El consumo energético conspicuo de Estados Unidos es solo el principio de un feo monstruo maligno que nos pone a jugar una ruleta rusa mundial a niveles aún más graves si no cambiamos nuestras maneras de actuar.

Se está alcanzando un consenso científico sobre el hecho de que debemos desplegar las tecnologías de energía limpia en un programa de estrépito mundial. Un pequeño precio que pagar debe ser el desenmarañamiento de aquellas instituciones que han invertido en formas contaminantes. Por tanto, aquí está el segundo paso que debemos seguir para re – heredar la Tierra:

> Para ello nosotros debemos: (1) cambiar los subsidios del gobierno de intereses de combustible fósil y nuclear a energía nueva y renovable y a una economía del hidrógeno, y (2) rápidamente crear aquellos laboratorios que puedan poner a las opciones de nueva energía más cerca de la realización. Querremos ver qué está disponible ahora y en el futuro inmediato, de tal manera que podamos ser capaces de tomar decisiones sensitivas bastante alejados de la ignorancia, la supresión y el desprestigio que han dominado el escenario hasta ahora. Debemos buscar infraestructuras de energía flexible que nos permitan que la innovación pueda reemplazar lo que está disponible en cualquier momento.

En algunas formas, este programa será más fácil de poner en práctica que los más dispersos esfuerzos locales y que la multitud de aproximaciones que implican renovar la sostenibilidad de las tierras agrícolas, los bosques, los repastos, las áreas de pesca, los ríos, las áreas salvajes y las extracciones de recursos que discutiremos en el próximo capítulo. En vista de que la manera en que estamos abusando de nuestra energía en el mundo entero involucra el mismo tipo de tecnología en todas partes, las soluciones pueden ser más claramente expresadas y puestas en práctica a nivel global – como debe ser. Básicamente estaremos sustituyendo un nuevo conjunto de sistemas por el viejo. El programa de nueva energía será el más grande y positivo compromiso que la humanidad haya creado jamás. El concepto de movilizar los subsidios y de dar financiamiento para investigación y desarrollo es tan absolutamente simple que solo requiere las acciones del gobierno democrático guiadas por la voluntad de la gente. Entonces podremos ver los cambios desarrollándose rápidamente.

Pero si mis líderes insisten en continuar siendo comprados y si el público continúa con su apatía, hay una alternativa: poner un fondo común de algunos de los grandes capitales acumulados en nuestra próspera sociedad en un agresivo programa energético. Tal vez solo una república ecológica global como la descrita en el Capítulo 4 pueda conducirnos a través de la crisis. Mediante el poder absoluto de la atracción, los desarrollos de una energía limpia y renovable nos pondrían en la trayectoria correcta. Una vez puesto en práctica, el nuevo programa hará que la industria de los hidrocarburos fósiles y los líderes políticos que defienden su utilización parezcan tontos. Estados Unidos se sienta en el cruce de vías del cambio y tiene la habilidad de liderar el cambio. Necesitaremos una mezcla de una comunidad rural recién despertada y de un posible financiamiento altruista para movernos en la dirección correcta. El momento para empezar es ahora, mientras todavía existan bolsillos profundos en el gobierno y en la industria. Las inestabilidades que se avecinan, incluyendo el clima mismo, pueden producir condiciones drásticas que podrían apropiarse de nuestra capacidad de movernos más allá de ellos para resolver los problemas de una vez por todas.

A través de sus nuevas estructuras de impuestos y de los incentivos para desarrollar energía solar, los alemanes nos ofrecen un ejemplo de lo que debe perseguirse globalmente con miras a lograr nuestra propia supervivencia. En esta línea, un fuerte consenso científico, que va más allá de la tecnología y de la invención, está surgiendo. En última instancia dependerá de las acciones civiles que resultarán en una re–estructuración de los sistemas gubernamentales, sociales y de mercado que trascienden nuestras prácticas actuales. Regresaremos a este asunto en la Parte II. Pero la energía no es nuestro único problema. A continuación analizaremos cómo corregir otros retos biosféricos.

# 3

# Preserve, Restaure y Sostenga la Biosfera

*"Tenemos el reto, como nunca antes lo tuvo la especie humana, de probar nuestra madurez y nuestro dominio, no sobre la naturaleza sino sobre nosotros mismos"*
**Rachel Carson**

MIENTRAS REPASO EL MATERIAL del capítulo anterior, a menudo me siento silenciado sobre lo que nuestra especie le está haciendo al planeta. ¿Cuánto más cruelmente debemos actuar, me pregunto, antes de que lleguemos al punto en el cual veamos la luz y dejemos de tratar a la naturaleza como si fuera algo que se debe conquistar y explotar? Esta idea ha dominado la mentalidad Occidental desde el Génesis y, de manera más patética, desde el tiempo de Francis Bacon y de René Descartes en los años1600. Cuánta razón tenían estos padres de la ciencia del Renacimiento al querer expandir nuestro conocimiento sobre nosotros mismos y nuestro universo. Cuán importante fue su motivación para facilitar nuestro estilo de vida a través de la tecnología. Pero cuán totalmente equivocados estuvieron al empezar una era de abuso del hombre sobre el mundo natural, hasta el punto de que estamos siendo destrozados. Los habitantes de la ciudad de hoy se sienten atemorizados de la naturaleza, por lo que la empujan lejos. Un cambio de paradigma se hace necesario. Tendremos que cambiar nuestras actitudes sobre la manera en que nos relacionamos con la naturaleza y en la manera en que ella se puede relacionar con nosotros.

Escribo estas líneas desde un remoto lugar llamado Hana en Maui, Hawaii. Rompen mi tranquilidad el farfullar de una descortezadora de madera y el atronador sonido de medio centenar de helicópteros de control de turistas y de mariguana que han surcado el aire durante las últimas dos horas, llenando el aire de nociva polución sónica. Bill Ford, Presidente Ejecutivo de Ford Motor Company predijo la muerte del motor de combustión interna[1]. Así que, ¿por qué no continuamos la tarea? El transporte con nueva energía y con celdas de combustible correrá silenciosamente movido por la electricidad. Es un alivio saber que la mayoría de nuestros quinientos millones de automóviles tienen sistemas de escape. No sucede lo mismo con los helicópteros ni con las cortadoras de césped.

Pienso también en el aire contaminado y en el clima extremo reportado en las noticias diarias del mundo y puedo sentir empatía con aquellos que no son tan afortunados. Me siento culpable de contribuir con la contaminación cada vez que lleno el tanque de combustible de mi automóvil, que tomo un avión jet, enciendo el horno o me preparo un baño caliente. Al final parece que lo que tenemos es un gran poder detrás del trono suprimiendo el siguiente paso mayor para nuestra supervivencia. Ese poder es una conspiración de intereses personales.

En Estados Unidos finalmente vemos que el lobby del tabaco está colapsando. Tal vez uno de los siguientes que debería desaparecer es el lobby de la energía subsidiada, cuyas creaciones están causando más muerte y sufrimiento de lo que todo el tabaco del mundo puede o pudo hacer jamás. Vivir en algunas ciudades de China o la India es más peligroso para los pulmones que fumar un paquete de cigarrillos al día. Las enfermedades respiratorias afectan a cientos de millones de gente y son la causa número uno de muerte en estos lugares. No parece que tengamos el tiempo para un largo proceso de controversias en el cual podamos debatir de manera interminable la ciencia, deliberar sobre si debemos etiquetar nuestras bombas de combustible y nuestros interruptores eléctricos con advertencias de las autoridades de salud y empezar el lento proceso de recoger firmas sobre las demandas que pudieran eventualmente poner las compañías petroleras fuera del negocio. O quizás, tal y

---

[1] Lester R. Brown y Christopher Flavin, Capítulo 1 en *Estado del Mundo 1999*, Norton, NY, 1998

como hicieron los gigantes del tabaco, los gigantes petroleros simplemente se llevarían su dinero y su poder a otros lugares. Mientras tanto los casquetes polares se funden, el nivel de los mares aumenta, el aire contaminado no se puede respirar, el agua no se puede tomar y los desastres por tormentas, plagas e inmigración aumentan rápidamente. De todas maneras, ¿de qué sirve un prolongado debate cuando la energía sucia es la única que se puede conseguir en el pueblo y las soluciones obvias son suprimidas?

¿Cómo podemos oponernos al lobby de la energía en su llanto auto-servido de que la economía se arruinaría si hiciéramos los necesarios cambios hacia la energía renovable, aun cuando los análisis de Lovins y otros muestren que justo lo opuesto es la verdad? En el número de noviembre 23 de 1998 la revista *Time* reportó que las más importantes compañías petroleras, químicas y madereras recibieron más de mil millones de dólares en exenciones de impuestos para ayudar a crear nuevos puestos de trabajo. Para muchas de estas compañías el beneficio se convierte en una gran oportunidad de generar utilidades, en la medida en que el costo por nuevo puesto de trabajo para los que pagan impuestos puede alcanzar los millones de dólares. Asistencia social corporativa. De alguna forma podemos ser más imaginativos al crear puestos de trabajo para restaurar la Tierra.

Hemos visto que la solución más importante para el envenenamiento de nuestra atmósfera es simple – ponga en práctica energía limpia en todas partes, ya sea solar, de hidrógeno o un extraordinario nuevo concepto de energía. Nosotros, la gente, necesitaremos convertirnos en una mayoría educada a nivel mundial y, a través de nuestras autoridades electas, implementar el plan. Nosotros, la gente, también somos una corporación, la más grande y la más rica del mundo, aunque no lo tengamos presente algunas veces. Nuestra incapacidad de tomar el poder haciendo los cambios necesarios parece ser nuestro mayor fracaso, un círculo vicioso que sugiere que, mientras el problema se vuelve mayor cada día, peor se pone, debido a que nos cegamos con embotellamientos, negaciones y apatía. Por tanto, mientras la solución puede ser simple, de alguna manera no es fácil. Volveremos a este asunto en el capítulo siguiente.

"El embotellamiento", escribe el autor británico Palden Jenkins, "involucra una sobrecarga del sistema global y de la psique humana por el desvío de la fuerza de los acuerdos y la intensidad de los eventos... un resultado de la falla de prever o de manejar los problemas en el momento en que ellos aparecen...Los cuerpos oficiales de toma de decisión no son elegidos o constituidos con un instructivo para llevar a cabo los cambios fundamentales requeridos. Ellos son creados para acomodarse con las especificaciones que fueron establecidas y ninguno de tales cuerpos quiere ser sacado del negocio. Los empleos se podrían perder – en nuestro país!"[2]

"El producto natural de esta desafortunada esclerosis," continúa Jenkins, "es el crecimiento en la tensión estructural de todo el sistema, aumento en la degradación, el desinterés y la desafección en la sociedad mundial, hundimiento de la vitalidad y la supresión de la innovación fundamental. Todo esto se suma en una tendencia incremental para dilatar la acción. Esto es lo que sintió el imperio romano y estamos repitiéndolo alegremente... La gente en posiciones de influencia súbitamente no tienen soluciones qué ofrecer: ellos tienen los dedos pegajosos de la complicidad, no comprenden los parámetros de la realidad que repentinamente los ha atropellado y los genuinos habladores de la verdad de entre ellos han sido extirpados o han renunciado llenos de disgusto. Todo se vuelve espantosamente atascado."

Una encuesta llevada a cabo por *USA Today* reportó que dos terceras partes de los norteamericanos creen que tendremos una catástrofe ambiental hacia el año 2025. Sin embargo, misteriosamente las mismas dos terceras partes parecen dudar que podamos hacer algo al respecto, aún cuando nosotros seamos los creadores del desastre. Es como si todos durmiéramos al volante de un gigantesco vehículo devora–gas corriendo sin control colina abajo hacia una colisión inevitable.

Por supuesto, la vitalidad y el espíritu de un esfuerzo tipo Apolo parece muerto, mientras las agendas y las posibilidades de los candidatos de las sociedades democráticas se encogen cada vez más en la dirección de una conformidad con los intereses de las corporaciones y de las estructuras pasadas de moda. Nuestras posibilidades en política se encuentran más a menudo entre adquirir olivos o aceitunos, todo es uno[*], mientras la prensa se enfoca en sus asuntos personales, desacuerdos sobre la agenda política y enmiendas rotativas.

---

[2] Palden Jenkins, Healing the Hurts of Nations, números 91 y 92, www.isleofavalon.co.uk/palden, 1999

[*] Tweedle Dees and Tweedle Dums, en el original. Esta expresión se refiere a la escogencia entre dos que son lo mismo. De ahí la traducción: olivo o aceituno, todo es uno. *Nota del Traductor*

En ningún lado se hace esto más evidente que en mi propio país, líder de la glotonería de los combustibles fósiles. Tal vez el único político norteamericano reciente de renombre que ha adoptado una posición fuerte contra la contaminación de hidrocarburos fue Al Gore. Durante su perdedora campaña por la presidencia de Estados Unidos en el año 2000, Gore manifestó su ambientalismo hasta el punto de que dejó de ser un asunto importante. Sus opositores políticos, los grandes negocios y los medios de comunicación, lo atacaron sin misericordia en su inclinación ecológica, de tal manera que decidió enfocarse en su propio futuro. Es interesante notar que el asesor de la tesis de Gore en la Universidad de Tennessee fue Roger Revelle, uno de los científicos pioneros en advertir sobre el calentamiento global y el cambio climático inducidos por el hombre.

Como un ejemplo de periodismo de montón el columnista sindicado George F. Will, en mayo 2 de 1999, cita a Gore de su inusualmente fuerte y perceptivo libro *Earth in the Balance* [3] : "Los automóviles representan una amenaza mortal para la seguridad de cada nación que es más mortal que cualquier enemigo militar que podamos enfrentar jamás", a lo cual Will responde: "¿Deberíamos estar bombardeando Detroit en lugar de Serbia?" Esta demostración de ignorancia periodística es el verdadero tipo de comentario que podría sacar el asunto fuera del debate público. Tal vez actuando sobre el consejo de las lumbreras, Gore temió la pérdida de votos si seguía hablando sobre el ambiente. La política es siempre el arte de lo posible, no la ciencia de lo que es real, y Gore puede haber pensado en la estrategia de que ya tenía el voto de los verdes, así que ¿para qué tratar de zarandear el bote? Entonces él se movió hacia lo que se percibe como el centro político y abandonó el ambiente como un tema importante. Pero su sacudida de Ralph Nader, candidato del Partido Verde, puede haberle costado la elección.

¿Está el Sr. Gore todavía de acuerdo con su afirmación: "Debemos hacer del rescate del ambiente el principio central de la organización de la civilización"? El reportaje sobre el Día de la Tierra de 1999 de la revista *Time* argumentó que el ambiente debería ser el enfoque central de la campaña de Gore porque sacaría fuego a sus opositores y pondría el asunto a la atención del público norteamericano. Entonces el pueblo podría decidir, de la manera como una verdadera democracia debería funcionar. ¿O sería que ya

---

[3] Albert Gore Jr., Earth in the Balance: Ecology and the HumanSpirit, Houghton Mifflin, New York, 1992

había recibido demasiadas contribuciones de campaña de aquellos suficientemente millonarios como para lograr callarlo a él y al movimiento verde de Estados Unidos?

"He visto a Gore en la televisión una gran cantidad de veces últimamente", me escribió durante la campaña del 2000 el periodista ambiental Remy Chevalier. "Parece estar en piloto automático o fuertemente sedado. Si es cierto que él todavía siente tan fuertemente como escribió en *Earth in the Balance*, él se debe sentir vencido por todos sus compromisos. Ah, las cosas que tienes que hacer para ser un político... Pregúntale a cualquier Joe Blow en la calle y él sabe que está sacando los pozos de las compañías petroleras y que las tecnologías milagrosas están siendo suprimidas. ¡Pregúntale a cualquiera! Ellos pueden no saber mucho, pero ellos saben todo eso. Por lo tanto, ¿por qué esa actitud no coincide con la cadena de mando expresada por aquellos que se supone que representan la voluntad del pueblo? Tal vez porque el pueblo actúa y siente que esta es una batalla perdida... Un problema es que no es suficiente saber que te están apretando, sino que ¡hay que hacer la tarea y saber cómo y quién! Y esto es lo que propongo que hagamos: dejemos de proteger al público y démosles las herramientas y las municiones para que vean con sus propios ojos."

## Restaurando la Sostenibilidad

Hemos visto en el último capítulo que todo lo que necesitamos hacer para revertir el cambio climático y la contaminación ambiental es cambiar la manera en la cual usamos la energía. En este capítulo veremos otras formas de restaurar la vitalidad de la biosfera. Recuperar la biodiversidad, la vida silvestre, las tierras de cultivo, los pastos, los bosques, los mantos acuíferos, los océanos, la vida marina, las minas y el material de desecho es un conjunto de tareas mucho más complejo. Institucionalmente estamos relacionándonos con organizaciones que tienen mayor complejidad y son menos monolíticas que el negocio de producción de energía, por lo que tanto el problema como la solución son menos susceptibles a un redireccionamiento simple o centralizado. De todas maneras, encontraremos que las soluciones en todas las áreas son abundantes. Para decirlo de nuevo, los descubrimientos de la ciencia y la sensitividad hacia la naturaleza pueden ayudarnos en el proceso de *terraformar* la Tierra, de tal manera que sea más parecida a la Tierra de la manera en que era antes.

"Los principios ecológicos de sostenibilidad están bien establecidos, basados en ciencia sólida", escribieron Lester Brown y Jennifer Mitchell[4]. "Así como una aeronave debe satisfacer los principios de la aerodinámica si va a volar, de la misma manera una economía debe satisfacer los principios de la ecología que va a respaldar. Las condiciones ecológicas que necesitan ser satisfechas están claramente definidas. En el largo plazo las emisiones de carbono no pueden exceder la fijación de dióxido de carbono; la erosión del suelo no puede exceder el nuevo suelo formado mediante los procesos naturales; la cosecha de productos del bosque no puede exceder la producción sostenible de los bosques; el número de especies de plantas y animales perdidas no puede exceder la cantidad de nuevas especies formadas a través de la evolución; el bombeo del agua no puede exceder la producción sostenible de los acuíferos; la pesca no puede exceder la producción sostenible de la vida marina."

Los investigadores de Worldwatch sin duda están en lo cierto, en una primera aproximación. Pero también deben mirar hacia tópicos más sensibles que involucran la calidad de nuestra vida. Por ejemplo, ¿queremos reemplazar los bosques primarios con diversidad de maderas preciosas que todavía existen con fincas de árboles homogéneos, que es lo que quisieran que hagamos los grandes intereses madereros? Esto puede satisfacer el criterio de reemplazar madera cortada con nuevos árboles para una nueva ronda de consumo, preservando, al mismo tiempo, un mecanismo de eliminación de dióxido de carbono; pero ¿cómo se siente caminar a través de un bosque densamente sembrado de pino por el ser humano? ¿Se tiene la misma experiencia de diversidad natural de especies, de la calidad de la vida? Los bosques homogéneos hacen muy poco por la biodiversidad o por el naturalista que hay en nosotros.

¿O qué hacemos del agua reciclada para la agricultura al usar estanques de irrigación y bombas de agua y sistemas hidroeléctricos si estas acciones destruyen la calidad original del agua y de la tierra? Los sistemas de agricultura y de riego deben ser sostenibles, pero ¿qué hay de la calidad de los alimentos y del agua o de le estética

---

[4] Lester R. Brown y Jennifer Mitchell, capítulo 19 en *Estado del Mundo 1998*, Norton, New York, 1998

del ambiente en el lugar de nacimiento o corriente abajo? Estos son los tópicos que estaremos debatiendo por algún tiempo. Pero al menos Worldwatch nos está dando un escenario mínimamente limpio: restaurar los sistemas ecológicos mayores es sostenibilidad.

Perturbar la ecología natural de la Tierra es como pelar las capas de una cebolla, dicho esto bastante literalmente. Por ejemplo estamos desnudando violentamente nuestros suelos, más allá de las posibilidades de reparación. Y luego cada capa pelada sucesivamente representa un aumento en la crudeza de lo que hemos hecho, "suficiente como para hacer que nuestros ojos lloren", como dice Meredith. Por ejemplo cuando los europeos vinieron a América por primera vez, una ardilla podía viajar a través de bosques primarios que se extendían desde el Océano Atlántico en el Sureste hasta los Grandes Lagos y el Valle del Mississippi sin tener que tocar el suelo. Entonces los pioneros empezaron a cortar árboles, que parecía que iban a estar ahí para siempre, para construir haciendas y sembrar cultivos. Durante el siglo XIX las siembras de algodón y de tabaco elevaron las apuestas al reducir los suelos y distraer las aguas de su cauce natural. Durante el siglo XX hemos exacerbado la situación al industrializar el paisaje con plantas eléctricas, fábricas, molinos textiles, desarrollos urbanos descontrolados, sistemas de redes y la agricultura del algodón, el tabaco, las pasturas y otras prácticas enemigas del ambiente. Ya desde el tiempo de William Vogt en el siglo antepasado, el envenenamiento del ambiente ha escalado cada vez más, proveyendo una receta para el desastre si no revertimos lo que estamos haciendo. La experiencia de la vida silvestre de siglos idos se ha desvanecido para siempre. Conforme nuestras memorias desaparecen nos volvemos cada vez más insensibles y nuestros estándares caen aún más.

El cambio hacia la energía limpia es un símbolo importante para lo que debemos hacer, pero solo es el principio. En las secciones siguientes veremos lo que podría traernos de vuelta la más significante capa de la cebolla: debemos preservar y restaurar nuestros principales sistemas hacia la sostenibilidad, diversidad y belleza. A pesar de la cerradura política que hay sobre estos temas, alienta saber que hay un vertiginoso arreglo de soluciones, muchas de las cuales ya están siendo implementadas por individuos y grupos valientes e innovadores en varias áreas locales alrededor del mundo. Lo que sigue es una pequeña muestra de las clases de cosas que podemos hacer.

# Biodiversidad

La extinción masiva causada por el hombre de especies planetarias está en escalada, a pesar de las advertencias de los biólogos como Edgard O. Wilson de Harvard y Thomas E. Lovejoy de Smithsonian. "Entre las repercusiones que el efecto invernadero es probable que tenga, la más dura de mitigar es la pérdida de diversidad biológica", escribió Lovejoy. "Hoy día la diversidad biológica está señalando que la cantidad enorme de gente combinada con los efectos que ocasionamos al ambiente casi han alcanzado el punto de no retorno"[5] Los pequeños aumentos en temperatura, por ejemplo, han sacado mucho del zooplancton de las aguas costeras de California, la más importante fuente de alimentación para una gran cantidad de vida marina, la cual se ha alejado. Las mariposas Monarca que se encienden en cultivos manipulados genéticamente a menudo mueren como resultado de los productos químicos en el cultivo de alimento derivado de los pesticidas. Pájaros de todo tipo huyen y mueren como resultado del desperdicio tóxico y del envenenamiento de la atmósfera. Las ranas están desapareciendo o mutando grotescamente.

Mientras tanto, los humanos parecemos estar haciendo todo lo posible para reducir la diversidad de especies de nuestro planeta, aumentando el riesgo de contaminar el alimento y barrer el abastecimiento de medicina natural. Los humanos consumimos cerca de un 40% de la productividad biológica de la Tierra, de acuerdo con John Tuxill de Worldwatch. "Estamos erosionando los mismos fundamentos ecológicos de la diversidad de plantas y perdiendo para siempre valiosísimos bancos genéticos, especies y hasta comunidades enteras de especies", escribió Tuxill.[5] "Es como si la humanidad estuviera pintando un cuadro del próximo milenio con una paleta que se encoge – el mundo siempre tendrá color verde, pero en tonos cada vez más uniformes de monocultivo". Una de cada ocho especies está directamente amenazada.

Para hacer las cosas aún más difíciles, la diversidad genética de la provisión de alimentos continúa decreciendo. Con el prurito de aumentar la eficiencia agrícola, grandes proveedores centralizados de semilla reducen las opciones para los finqueros y aumentan el riesgo de que mayores cultivos sean barridos por plagas o por el mal

---

[5] John Tuxill, Capítulo 6 de *Estado del Mundo 1999*, Norton, New Cork, 1999

tiempo. Los finqueros pierden su independencia en la medida en que son amarrados a enormes corporaciones químicas multinacionales que suplen las semillas para los cultivos anuales. El producto resultante contiene los productos químicos de los pesticidas con implicaciones inciertas para miles de millones de consumidores. Ya sabemos lo que le está sucediendo a las mariposas. En este momento hay un debate en Estados Unidos sobre si los alimentos genéticamente alterados deben ser etiquetados como tales. Ahora no lo son.

La creciente influencia de Monsanto y de otros gigantes de la biotecnología provee los medios para reducir la decreciente diversidad de cultivos. El destino de nuestra salud colectiva y de nuestro abastecimiento alimentario podría tornarse precario, de acuerdo con muchos relatos de la literatura[6-7-8]. La única ganancia reciente parece ser la creación de cultivos más resistentes a pesticidas aplicados externamente. Pero los riesgos son muy grandes.

"Estos días estamos relacionándonos con…golpes de estado secretos y no reportados", escribió el reportero investigador Jon Rappoport. "…(por ejemplo) la promoción de cultivos alimenticios, alrededor del mundo, producto de la ingeniería genética. La propiedad de todas las más grandes compañías de semillas alimenticias por corporaciones químicas está alterando estas semillas para que absorban más pesticidas y hagan nacer un único cultivo (tecnología de exterminador), forzando a los finqueros a venir a la corporación a comprar más semillas cada año." [6] Rappoport dio numerosos ejemplos de la manipulación de los medios de publicidad y de los políticos que hacen las corporaciones sobre este tema.

"Al final", dijo Tuxill de Worldwatch, "la diversidad de plantas puede ser mantenida con toda seguridad con solo proteger los hábitats nativos y los ecosistemas donde las plantas han evolucionado." Aquí hay una razón obligada para dejar la tierra no desarrollada tal y como está. ¿Cómo podemos no preservar lo que nos queda a la vez que recuperamos lo que hemos dañado? Este debe ser un cambio inmediato de política de prioridad uno: *Poner un moratorio en cualquier desarrollo adicional de cualquier hábitat nativo*. Este es un buen proyecto tempranero para capital altruista privado y protección de público iluminado, como en el caso de los

---

[6] Jon Rappoport, Notas sobre Escándalos, Conspiraciones y Encubrimientos, Truth Seeker, San Diego, 1999, p.48

[7] Lester R. Brown, Capítulo 7 de *Estado del Mundo 1999*, Norton, New York, 1999

[8] Vandana Shiva, *Cosecha Robada*, South End Press, Cambridge, MA, 2001

Parques Nacionales. Para preservar la biodiversidad, los valores estéticos y la calidad de la vida, necesitaremos comprar tales tierras para su preservación para la eternidad, o, la menos, por un período tan largo como el que duremos administrando el planeta.

También se requeriría un banco de semillas diversas para los finqueros. "La diversidad de plantas (tanto silvestres como cultivadas) se mantiene mayormente en los países en vías de desarrollo, pero los beneficios económicos que genera están desproporcionadamente capturados en las naciones industrializadas... El derecho de subsistencia de los finqueros para salvar y adaptar las semillas que plantan todavía no ha sido reconocido por muchos gobiernos." Tuxill siente que la solución debe radicar en "parte de un proceso más grande de darle forma ecológicamente a las sociedades civiles instruidas que están en balance con el mundo natural." [5]

## Abastecimiento alimentario y Agricultura

No solo el abastecimiento mundial de alimento se está volviendo más uniforme, y, por tanto, más vulnerable, sino que el exceso en el uso del agua, el agotamiento del suelo, el sobreuso de fertilizantes y pesticidas, el aumento de población y la desertificación del planeta están conspirando para hacer la situación mucho más peligrosa si no realizamos cambios fundamentales en nuestras políticas en la agricultura. La tierra y el agua son recursos limitados que han ido más allá del nivel de sostenibilidad. Pero intensificar la agricultura al estilo Monsanto ciertamente no es la manera de hacerlo. Simplemente hay demasiados riesgos, demasiados productos químicos y demasiado control centralizado. "La mayor contribución de la ingeniería genética a la agricultura del futuro", escribe Lester Brown, "probablemente está en la reproducción de variedades resistentes a las enfermedades y a los insectos. Esto contribuirá a la producción adicional solo si estos controladores de peste biológicos son más efectivos que los controladores químicos ahora en uso." [7]

Brown advierte que las ganancias impresionantes en la agricultura en los últimos años del siglo XX ya se están nivelando. Lo que es más serio es que "hemos pegado con la pared" en la disponibilidad adicional del agua debido al triple incremento en la irrigación de cultivos y praderas en los últimos cincuenta años. El agua remanente casi se ha ido, mientras que las tablas de agua caen y algunos de los grandes ríos del mundo no logran llegar al mar. También el suelo está arruinado con los fertilizantes, nueve veces más del nivel que tenía en 1950. William Vogt estaría espantado con estas estadísticas, de seguro. Brown argumenta que actualmente no tenemos manera de alimentar a una creciente población.

Afortunadamente podemos intensificar la agricultura mediante acercamientos ecológicamente más amistosos. Un libro particularmente intuitivo, grandemente aclamado y poco conocido que explora soluciones es *Get a Life: How to Make a Good Buck, Dance Around the Dinosaurs and Save the World While You Are At It* [*], de Wayne Roberts y Susan Brandum [9]. Yo los conocí en un retiro de Yoga en Canadá y encontré su información no solo crucial sino oportuna. En una forma mucho mayor, este libro da muchas ideas específicas sobre lo que debemos hacer para restaurar la biosfera y sobre la necesidad de una nueva camaradería en la humanidad para poder sortear estos pesados tiempos.

Ellos citan, por ejemplo, una poco conocida agencia que se llama Oficina de Transferencia Tecnológica Adecuada para las Áreas Rurales (ATTRA, por sus siglas en inglés). El Servicio de Pesca y Vida Silvestre de Estados Unidos empezó esta operación cuando descubrieron el gran impacto sobre la vida silvestre de la práctica de vertido de los productos químicos agrícolas tóxicos. ATTRA les da consejo a los finqueros para mantener sus prácticas sustentables. "La sostenibilidad es un viaje, no un punto de llegada", dice Bart Hall-Bayer de ATTRA. "Somos un puente entre los finqueros y las rápidamente cambiantes tecnologías de manejo de fincas."

Sobre el asunto de la agricultura, Roberts y Brandum exploran una amplia gama de tópicos, incluyendo agricultura orgánica respaldada por la comunidad (eliminando la necesidad de transporte de grandes distancias, lo cual consume energía), los peligros de los productos agroquímicos, el alto costo ecológico de comer carne y la bendición de la biodiversidad, el estiércol, la permacultura y el cáñamo.

---

[*] Consiga una Vida: Cómo Hacer Buen Dinero, Bailar Alrededor de los Dinosaurios y Salvar al Mundo Mientras Usted Está en Él. *Nota del Traductor.*

[9] Wayne Roberts y Susan Brandum, Get a Life: How to Make a Good Buck, Dance Around The Dinosaurs and Save The World While You´re At It, Get a Life Publishing House, Toronto, Canada

La permacultura puede literalmente poner de regreso la cubierta a la cebolla del suelo perdido y del agua (al mismo tiempo que podría producir cebollas, también) mediante la preservación del suelo superficial de las labores de labranza y de la invasión química de fertilizantes, pesticidas, herbicidas y de cultivos manipulados genéticamente. La permacultura trabaja mejor en áreas arborizadas en las cuales una variedad de cultivos pueden vivir juntos en armonía con la naturaleza y en las cuales el agua natural no es perturbada. "La idea es orquestar un ensamble de relaciones mutuamente beneficiosas", escriben Roberts y Brandum (p.125).

Los autores retratan a Jeremy Rifkin, cuyo libro *Beyond Beef*[*] describe el costo de "atragantamiento de energía" de comer carne en el mundo de la agroindustria[10]. "Para devorar sus 65 libras de carne al año", dijeron Roberts y Brandum, "los norteamericanos se han atado a un sistema alimenticio en el extremo equivocado de la ley de retornos disminuidos... El ganado pisotea una base de suelos que podría producir 5, 10 ó 26 veces más de proteína de alta calidad, de fibra y de nutrientes si se utilizara para producir granos, frijoles o espinaca, respectivamente... Una libra de carne consume siete veces la cantidad de agua que se necesita para producir una libra de vegetales, lo cual raramente se nota debido a dos mil millones de dólares en subsidios para irrigación que reciben un pequeño número de pequeños rancheros del oeste." (p.114)

Es triste decirlo, pero grandes áreas de bosques son taladas en los trópicos para dar campo a los pastizales. En las zonas más temperadas, la tierra se está encogiendo por la desertificación y por el agua desviada de ríos alguna vez vibrantes y de las tablas de agua. Mientras tanto, están brotando enormes fincas porcinas en el Medio Oeste y en el Sureste. De acuerdo con el Club Sierra, una de estas fincas produce tanta agua residual como la ciudad de Los Ángeles.

Un ejemplo extremo de bienestar corporativo, contaminación local y crueldad con los animales es la Corporación Seabord, una agroindustria con utilidades brutas anuales de casi dos mil millones de dólares. Mientras sus granjas porcinas ocasionalmente dan trabajo en los pueblos del Medio Oeste, cuyos residentes inicialmente estaban felices de ver el negocio establecerse ahí, más tarde se movió, dejando atrás un enorme desorden y una comunidad

---

[*] Más allá de la Carne, en español

[10] Jeremy Rifkin, *Más allá de la Carne*, publicado en 1992 y citado por Roberts y Brandum [8]

empobrecida, tal y como fue descrito en una patética exposición reportada en la revista *Time* de 30 de noviembre de 1998.

Durante la década de 1990, la Seabord logró que se le pagaran "incentivos económicos" de fuentes federales y estatales, por más de ciento cincuenta millones de dólares. Los cerdos eran tratados de manera inhumana, forzándoseles a morir apestosamente a una taza de docenas cada hora y se recogían solo ocasionalmente en camiones. Los pocos con la suerte (o mala suerte) de sobrevivir eran trasladados a plantas de procesamiento – en una locación cuarenta mil puercos están atiborrados en cuarenta y cuatro edificios metálicos, donde son engordados para la muerte final. El hedor es tan horrible que la gente que vive en las cercanías debe usar máscaras de gas y cerrar sus puertas, ventanas y chimeneas. Los trabajos tienen salarios bajos y son volátiles. Si el beneficio corporativo para reubicarse en cualquier otro lugar se torna atractivo, la compañía despedirá a todo el personal, abandonará su desorden y se moverá a cualquier otro pueblo a cientos de millas de ahí.

Mientras tanto, los dueños ausentes viven cerca de Boston, amasando los cientos de millones de dólares de riqueza privada. ¿Es esto justo? Ciertamente no. Pero, resulta triste decirlo, Seabord es solo un ejemplo de la manera en que los grandes negocios son subsidiados con el dinero ganado duramente de nuestros impuestos y luego se les permite abusar de la inviolabilidad de la vida. La situación podría ser aliviada terminando el sistema de subsidios, poniendo impuestos a los contaminadores y proveyendo incentivos donde realmente se debe hacer: en las iniciativas ambientalmente amistosas.

## Ahora las buenas noticias: El Cáñamo

Imagine un mundo en el cual la producción de troncos se realiza solo en fincas de bosque ya existentes y en el cual el papel y los materiales de construcción son abundantes. Imagínese reemplazando el petróleo con metanol, neutral para el efecto invernadero, mientras esperamos la llegada de una economía basada en hidrógeno o en otra fuente de nueva energía. Imagine que el buffer de dióxido de carbono que resulta de la combustión de esta nueva forma de energía ayude a estabilizar la atmósfera de la Tierra contra el calentamiento global y el cambio climático causados por el hombre. Imagínese reemplazando el algodón (que significa el cincuenta por ciento de la contaminación de los productos agroquímicos en Estados Unidos de hoy) con un cultivo que no necesita ni libera productos químicos de desecho. Imagínese migrando de productos petroquímicos contaminantes hacia productos químicos sustitutos, aceites y plásticos producidos a partir de biomasa sostenible. Imagínese creando nuevos alimentos y medicinas a bajo costo.

De manera sorprendente, una sustancia puede satisfacer todos los requerimientos citados arriba: el cáñamo. Es un recurso sustituto que es "tan norteamericano como el pastel de manzana", según reportó el autor Jack Herer [11]. La historia del cáñamo cannabis es extraordinaria, retrocediendo en el tiempo 2000 años. Aún cuando George Washington y Thomas Jefferson lo plantaron, borradores del acta de independencia fueron firmados sobre él, la primera bandera norteamericana fue producida con él y ropa, velas, aceite y cuerdas de cáñamo se produjeron por siglos, este cultivo versátil ha desaparecido de la escena norteamericana y mundial desde los años de 1930. ¿Por qué? Por una mezcla de xenofobia de la marihuana y de los temores de que el monopolio de una industria maderera atrincherada, que suplía al mundo de papel y de materiales de construcción, llegara a su fin. Durante veinte años el crecimiento anual de un acre de cáñamo pudo proveer la misma cantidad de pulpa de fibra de celulosa que producían cuatro acres de bosque. Herer presenta un caso de política e industria vuelta loca, bloqueando de esta manera una posibilidad promisoria.

La mayoría de la xenofobia viene de la relación entre el cáñamo comercial y el fumado de la marihuana. Aunque ambos son de la misma familia, el consenso es que se debe fumar una tonelada de cáñamo comercial para lograr un leve mareo. Y, en lo que toca a la posibilidad de disimular cultivos de marihuana entre el cáñamo, eso no es posible: la polinización cruzada destruiría los aspectos que alteran la mente. Entonces, ¿de dónde tanto ruido? Intereses industriales egoístas. Afortunadamente varios estados de Estados Unidos están levantando las prohibiciones que por años han pesado sobre la producción de cáñamo. Las compañías se están alineando para hacer uso de este milagroso cultivo, el cual fue

---

[11] Jack Herer, *El emperador anda desnudo*, AH HA Publishing, Van Nuys, CA, varias ediciones desde 1985 hasta 1998

injustificadamente sacado de circulación antes de que la mayoría de nosotros naciéramos. El uso de la marihuana, considerada por los fanáticos de la lucha anti-drogas como una droga ilegal de alta prioridad, resulta en el encarcelamiento de cientos de miles de gentes que, de otra manera, serían inocentes. A pesar de eso, fumar marihuana ha mostrado ser más benigno que inhalar tabaco e ingerir licor. Los votantes californianos y otros estados han aprobado la marihuana como un efectivo anestésico contra el dolor prescrito por médicos.

Una vez más Europa está adelante con respecto a Estados Unidos en sus políticas públicas. Por ejemplo los científicos holandeses tienen un presupuesto de cuarenta millones de dólares para investigar el uso del cáñamo como un sustituto de la madera en la producción de papel. La comunidad económica europea apoya a los finqueros que lo siembren a una tasa de $400 por acre[9]. Algunos estados de Estados Unidos han empezado a aprobar la legalización del cáñamo para usos comerciales. Este sorprendente cultivo, al unísono con la energía nueva y renovable, puede convertirse en una etapa central en la revolución para restaurar la biosfera. El cáñamo es un sustituto perfecto para la madera, el papel, el algodón, el tabaco, los productos petroquímicos y la biomasa competitiva. Es muy amable con el suelo y es agrícolamente sostenible, lo cual ha sido demostrado después de muchas plantaciones y cultivos. Pero la pausa global de sesenta años sobre la investigación y el uso del cáñamo debe levantarse. Entonces podríamos producir semillas más robustas para una vibrante economía del cáñamo. Podríamos re-calificarnos a nosotros mismos como candidatos a re-heredar la Tierra si desarrolláramos conceptos sostenibles libres de los sesgos industriales o políticos, El cáñamo provee una gran pieza en este rompecabezas.

En la raíz de todo este asunto está la búsqueda de cultivos que puedan ser sustitutos de productos que destruyen el ambiente. Los hidrocarburos que provienen del suelo consisten en moléculas formadas por carbono e hidrógeno. Cuando se queman, crean una gran contaminación. Por otro lado, los carbohidratos que crecen en los campos están formados de moléculas que contienen carbono y agua. Cuando estos son quemados, los resultados son mucho más limpios, especialmente cuando extraemos el hidrógeno como combustible. Con miras a completar la tarea, deberemos movernos de una economía de hidrocarburos hacia una economía de carbohidratos, hidrógeno y nueva energía.

"El cáñamo será el barco insignia de la economía de los carbohidratos y el matador de gigantes (de la dominación de las multinacionales)", escribieron Roberts y Brandum [9]. "Hace que el alimento, el combustible y la fibra sean accesibles prácticamente en todo lugar del continente, minando el control monopolístico sobre los recursos escasos... Libera a los bosques de una tala innecesaria, hace innecesaria la importación y el transporte de productos masivos y convierte la energía solar difusa y de bajo nivel en productos de alta energía. Pero no es el único bote en la armada verde. La paja, por ejemplo, que ahora se quema como desecho, predominará en el papel y la madera manufacturada, porque puede ser colectada a precios que abaratarían al cáñamo como material dominante" (p.201)

En 1997 pasé una semana en el Centro de Yoga Sivananda en Québec y compartí el dormitorio pardo de paja con Roberts y Brandum. El más grande de Norteamérica en su tipo, este edificio ha probado ser más barato, mejor aislado, más silencioso y económicamente más amistoso que cualquier estructura de madera. Ha llegado la hora de que nos atrevamos a pensar diferente.

Y luego tenemos la Azomita, un polvo asombrosamente fino que se obtiene en Utah y que contiene minerales de los que en trazas hacen tanta falta en los suelos agotados de hoy. Bautizado por su descubridor Rollin Anderson, contiene "de la A a la Z de los minerales" y ha mostrado mejorar en gran medida la salud y la productividad de frutales y de otros cultivos. También mejora el suelo para pastura de animales. Citado en el libro *Secrets of the Soil*[*] de Peter Tompkins y Christopher Bird, Anderson concluyó sobre su descubrimiento: "Sabemos ahora que la Azomita ayuda al suelo que ha sufrido agotamiento de minerales y deficiencias provocadas por el uso continuado durante largos períodos. El suelo sin humus está medio muerto y, sin la acción bacterial, el humus está muerto. La razón por la cual la bacteria en el suelo deja de funcionar adecuadamente es la falta de trazas de elementos naturales y de catalizadores."[12]

En suma, las ideas están ahí: solo debemos tener un buen sentido para respaldar la investigación requerida y la puesta en práctica de las recomendaciones. Debe haber una redefinición de cómo podemos intensificar con seguridad nuestra agricultura, hacer sostenibles nuestras tierras de cultivo y mejorar la calidad de los

[*] Secretos del suelo, en español

[12] Peter Tomkins y Christopher Bird, *Secretos del Suelo*, 1998

alimentos. Es posible, en principio, alcanzar estas cosas. Pero deberemos movernos más allá de los intereses parroquiales de las grandes agroindustrias.

## Haciendo nuestros bosques sostenibles

Con tales sustitutos como el cáñamo, tenemos una oportunidad de cambiar nuestra actitud de destructores sistemáticos y subsidiados del tesoro que en la Tierra representan los bosques. Veamos algunas estadísticas relevantes: Más del noventa por ciento de los bosques de Estados Unidos han sido cortados por lo menos una vez, lo que significa que hemos perdido la mayoría de nuestros grandes bosques primarios.

La mayoría de la deforestación de nuestros días está ocurriendo en los trópicos. Cerca de un sesenta por ciento de los bosques lluviosos tropicales ya se han perdido, la mayor de ellos por operaciones de voltear y quemar, pasturas e industria maderera. La tasa continúa a un alarmante promedio de media hectárea por segundo, de un uno a un dos por ciento de los bosques remanentes por año - más o menos el área de Inglaterra. Estos bosques están destinados a extinguirse mucho antes del 2100. Cuando los árboles se pierdan, también se perderá el suelo, la fresca sombra del bosque, la absorción del dióxido de carbono, la retención del agua, la prevención del fuego del bosque (restante) y de la vegetación y la preservación de la biodiversidad, las culturas indígenas y la medicina natural. La deforestación de Indonesia ha sido particularmente alarmante, contribuyendo con la generación de fuegos descontrolados que en 1997 causaron tal bruma maligna que miles de personas murieron de enfermedades de los pulmones y un avión jet se estrelló en la densa atmósfera de Sumatra matando a los 232 pasajeros.

De manera muy interesante, solo ciertos tipos de bosques y cultivos pueden actuar eficientemente como un buffer para reducir el dióxido de carbono de la atmósfera terrestre. Un estimado hecho de datos compilados por el Instituto de Investigaciones para Futuros Globales en el Reino Unido [13] sugiere que plantando árboles que

[13] Instituto de Investigación en Futuros Globales, Boletín de Futuros Globales, www.rofa-cfan.org, 1999

cubran un área un tercio más grande que nuestra área de bosque actual sería suficiente para absorber el exceso de dióxido de carbono. Cuando se combine con la preservación de los bosques existentes, estas áreas replantadas podrían re-estabilizar la atmósfera, en tanto tomamos los pasos decisivos para terminar la era de los combustibles fósiles. Por lo tanto, podríamos desarrollar una estrategia de cambiarnos a combustibles renovables y de plantar nuevos árboles en los terrenos despejados, en las praderas de pasturas agotadas, en las tierras agrícolas no productivas y en las nacientes y las cuencas de los ríos. Los bosques re-plantados podrían proveer también nuevos hábitats y fuentes de alimento de permacultura a la vez que mitigarían las inundaciones, los incendios forestales y las condiciones meteorológicas extremas. En algunos casos limitados ellos podrían convertirse en fincas productoras de madera que podría ser utilizada para producir productos de madera difíciles de obtener partiendo de otras materias primas, siendo replantados de manera cíclica. Entonces podríamos empezar a terraformarnos, dejando que la naturaleza se hiciera cargo de los cambios climáticos. ¿Quién, aparte de aquellos con intereses monetarios, no estaría a favor de esto?

Hay otra manera de remover el exceso de dióxido de carbono de la atmósfera. Los oceanógrafos han descubierto que reemplazar pequeñas cantidades de algas de fitoplancton con gránulos de sulfato de hierro acelera dramáticamente la reformación del alga que absorbe dióxido de carbono y regresa la forma de vida marina a alimento [14]. En un experimento los científicos rociaron 1000 libras de sulfato de hierro sobre un área de 25 millas cuadradas reducida en fitoplancton. En dos semanas la nueva biomasa estaba absorbiendo 2500 toneladas de dióxido de carbono del aire. Ellos estiman que si se lleva a cabo el experimento a nivel del 11 por ciento de los océanos del mundo podría dejar en cero el calentamiento global en un período de treinta años.

Mientras este desarrollo podría proveer una importante solución de corto plazo al calentamiento global y al cambio climático, no debería servir de excusa, a los norteamericanos o a cualquier otro contaminador, para ignorar los estándares de emisión establecidos en Kyoto y en La Haya. Los europeos han dejado muy claro que soluciones tipo "curita" al problema de las emisiones no se

---

[14] Philip W. Boyd et al, "Florecimiento de Fitoplancton Mesoscale en el Océano Polar Sur Estimulado por Fertilización de Hierro", *Naturaleza*, vol. 407, pp.695-702, 2000

pueden aplicar en el largo plazo, por lo que deben ser aplicadas en la fuente de la emisión. Para ponerlo muy simple, hay demasiados problemas con la contaminación de hidrocarburos como para confiar solamente en encontrar tragaderos para gases de invernadero seleccionados. Lo que es más, los rizos de retroalimentación son muchos y muy complejos como para estar jugando a dios con Gaia; la única solución elegante en el largo plazo consiste en cortar el problema por la raíz.

Regresando a la tares de preservar y replantar nuestros árboles, debemos tomar conciencia de que la propiedad de nuestros preciosos bosques está ampliamente distribuida y sujeta a explotación. De hecho, solo ocho por ciento de los bosques del mundo están protegidos. [15] Las consecuencias de continuar las actuales prácticas son graves y un sistema internacional de protección debe exceder los esfuerzos irrisorios que realizan las Naciones Unidas. Necesitaremos un gobierno mundial que salve este mermado y esencial recurso antes de que nuestro planeta se convierta en un gran desierto. El expresidente de Estados Unidos Ronald Reagan dijo que una vez que uno ha visto una sequoia las ha visto todas. Esto se usó como justificación filosófica para cortar una gran cantidad de ellas, lo cual representó, tanto para él como para su sucesor George Bush padre, un fuerte respaldo de los intereses madereros. Ninguno de los dos comprendió la profundidad del asunto; ni el actual presidente Bush.

En páginas anteriores mencioné que preservar los bosques que aún existen es absolutamente esencial para restaurar y mantener la biodiversidad. Los humanos debemos revertir la enorme extinción masiva que tristemente hemos provocado por nosotros mismos. Ahora tenemos razones adicionales para hacer eso, algunas de las cuales incluyen prevenir inundaciones, la erosión, la desertificación, los incendios forestales, las sequías, la producción de carbono que va en aumento y el cambio climático, a la vez que preservar agua, alimento, madera, papel, petróleo y recursos minerales. Pero hay que tomar también en cuenta la calidad de vida de experimentar directamente estos hábitats en armonía con la naturaleza. Necesitaremos valorar nuestros bosques de manera que se haga prohibitivamente caro talarlos.

Debemos encontrar maneras de detener la tala y la quema de los bosques primarios y de mantenerlos intactos como si nuestras

---

[15] Janet N. Abramovitz y Ashley T. Matón, capítulo 4 de *Estado del Mundo 1999*, Norton, New York

vidas dependieran de ellos. (¿Recuerdan a Julia Butterfly, quien pasó un año viviendo en una sequoia de California para evitar que lo cortaran?) Tenemos que lograr que la madera solo se pueda conseguir en ciertas fincas forestales designadas y manejadas para ello. El simple dinero o la propiedad o el uso legal o ilegal de la tierra no pueden dictar nuestro futuro nunca más. En un tiempo en que vivíamos en las laderas de los bosques de Oregon, el dueño ausente del lote adyacente al nuestro, mientras estábamos de viaje, mandó a cortar todos los árboles que tenía. La acción sobre ese mágico pedazo de bosque lleno de pinos, abetos, robles, pedruscos, musgo, raíces y flores resultó devastadora para el hábitat y para nosotros. Los efectos devastadores de la tala de los bosques se pueden ver en todas partes, como símbolos de nuestra avaricia y de nuestra insensatez.

Una cantidad de grupos públicos y privados ya ha empezado un proceso de preservar lo que nos queda, aunque la mayoría de nuestros bosques y hábitats permanecen en peligro de extinción. Los ejemplos positivos que vemos ahora pueden tomarse como un modelo de lo que debería suceder. Un grupo, Conservación Internacional, ha marcado áreas de selva tropical y varios "puntos calientes" en los cuales hay suficientes bosques como para proteger de la extinción muchas especies (Revista *Time*, diciembre 14, 1998, pp. 64-65). El grupo Conservación de la Naturaleza ha comprado el atolón Palmyra en el Pacífico y 1.3 millones de acres de bosques en Estados Unidos, mientras que el magnate de los medios de comunicación masiva Ted Turner compró otros 1.7 millones de acres en el oeste norteamericano en quinientos millones de dólares (*The Christian Science Monitor*, mayo 4 y julio 5 de 2000). Pero este es solo el comienzo de lo que se debe hacer en el mundo.

La mayoría de los prístinos hábitats que nos quedan en los bosques están en los trópicos. Los esfuerzos para lograr una tala sostenible en esas zonas no encuentran los mismos resultados exitosos que el que se logra en áreas más templadas. Solo unos pocos árboles como la caoba son deseados. Una vez que esos han sido cortados, los investigadores han determinado que el hábitat efectivamente se destruye. Más aún, las operaciones de extracción de madera han abierto la tierra a nuevas carreteras que luego son usadas para operaciones de corta y quema, repastos y producción local de carbón (*U.S. News and World Report*, junio 29, 1998).

Aún más para pensar fue la reciente decisión del gobierno brasileño de pavimentar el último tramo de 435 millas de carretera que penetran el bosque tropical húmedo que une al Río Amazonas con el sur de Brasil, poniendo en riesgo de extinción un tercio del bosque denso remanente en el mundo[16]. Sucumbiendo a las presiones económicas, los políticos brasileños también están considerando destinar una mayor porción de su bosque tropical húmedo a la destrucción y el desarrollo en manos privadas. Por tanto, parece que no hay una salida fácil para este dilema, excepto un cambio cultural que prohíba la tala de los bosques primarios. Hoy es más importante que nunca encontrar recursos de emergencia para adquirir la tierra. Necesitaremos cientos de veces más dinero que el que invirtieron Conservación de la Naturaleza y Ted Turner. Los recursos financieros y humanos están ahí, pero debemos atrevernos a soñar sobre las maneras en las cuales capitales privados y públicos puedan ser liberados con este propósito. Una inversión del orden de los millones de millones de dólares que ahora se hace en energía sucia, altísima en costos, y en guerras, podría tener un enorme efecto si se utilizara para preservar de una vez para siempre el hábitat de nuestros bosques globales. Y, a propósito, las inversiones en tierra son muy buenas.

También debemos encontrar formas de renovar la tierra devastada por las operaciones de corta-y-quema que se utilizan en la producción de alimento y en la industria maderera. Necesitaremos re-pensar integralmente nuestras prácticas agrícolas y silvícolas. Démosle la espada al finquero y al leñador. Empecemos a plantar nuevos árboles, como en el caso de China que se describe más adelante. Mantengamos los bosques como una fuente de un cuarto de todas las medicinas del mundo, un lugar para un ecoturismo limitado, permacultura y una herencia para las culturas indígenas que podrían, al fin, agradecernos por anticipar un cambio – justo a tiempo.

Una cultura como la descrita en el párrafo anterior, los Cogi, se las han arreglado para mantenerse aislados de la civilización occidental por la vía de retirarse a los lugares más remotos de las altas montañas colombianas. Hace poco nos reunimos con Alan Ereira, el productor del documental de la BBC "Desde el Corazón del Mundo", el cual fue premiado. Los Cogi consideran las costumbres derrochadoras de la civilización occidental como las acciones de sus "hermanos menores". La sequía sin precedentes que ellos han sufrido en sus tierras precipitó las señales de advertencia de

---

[16] Eugene Linden, "La carretera al Desastre", Revista *Time*, 16 de octubre de 2000

los ancianos Cogi en el sentido de que la Tierra está muriendo y no puede tolerar más los abusos del hermano menor.

Un viaje que emprendí hace un tiempo por el Amazonas, partiendo desde Iquitos, Perú, me permitió enfrentar los efectos de la deforestación en pequeña escala. Mientras el cauce principal del río lucía esplendoroso en toda su envergadura por las tierras de la sabana, sus bancos habían sido talados. Me sentí particularmente golpeado cuando subimos la corriente por un tributario rodeado de bosque primario. Los escarpados troncos de los árboles y su diversidad y el coro de criaturas de día y de noche, el poderoso trueno y la lluvia me brindaron una experiencia de la naturaleza cuya grandiosidad nunca olvidaré. Simplemente no podemos aplicar motosierras y antorchas a ninguno de estos monumentales refugios nunca más. Como la producción de petróleo del mundo, la cual alcanzará su pico máximo en esta década, la tasa de extracción de los bosques tropicales del mundo es mucho mayor en estos sombríos días. En ambos casos ya hemos agotado cerca de mitad de la capacidad, por lo que, inevitablemente, los precios van a subir y la oferta se reducirá para siempre.

Aun las leyes ecológicamente crudas de la economía dictan que los precios por nuestro desorden subirán, haciendo que el mismo desorden parezca un acto de tontos, cuando hay tantas otras formas de hacer la tarea de conseguir alimento, madera y combustible. Mientras tanto tendremos que encontrar maneras de reemplazar la leña para la vasta población del mundo en desarrollo, de tal manera que ella también pueda ser preservada. La rápida diseminación de las estufas solares, la nueva energía y/o la tecnología de hidrógeno, una vez disponible, respaldará en gran medida el esfuerzo de restauración biosférica total.

Podemos ver lo que sucede en aquellos casos en que los bosques son talados hasta el punto en el cual una región o una isla se convierten de la noche a la mañana en basureros. La Isla de Pascua fue en una época una tierra de rica vegetación. Pero su cultura polinesia cerca del tiempo de la mayor riqueza terminó cortando la mayoría de sus árboles. Los antropólogos están de acuerdo que la desnudez de la Isla de Pascua fue, probablemente, un factor primario en el posterior ocaso de esa cultura. También vemos en los tiempos modernos el ejemplo de las Filipinas, el noventa por ciento de cuyos bosques fue talado, en su mayoría para exportar madera. El resultado fue "la nación se ha convertido en un importador de madera y 18 millones de habitantes de los bosques se han convertido en pobres."[15]

¿Quién se benefició y qué harán con el diez por ciento restante? La pregunta más elemental que se puede hacer a aquellos responsables por los ecosistemas y las economías no sustentables es: ¿Por qué hicieron esto? ¿Fue solo por las utilidades?

Una forma similar de miopía también plaga Indonesia, donde la industria maderera ha creado erosión masiva, incendios forestales, inundaciones, migraciones y nieblas tóxicas asesinas. Unos pocos individuos ricos han obtenido enormes ganancias en el corto plazo con estas prácticas, pero el pueblo ha pagado muy caro y la Tierra se volvió desnuda y fea. Para mejores resultados, necesitaremos crear un orden internacional obligatorio para prevenir que destrozos de este tipo se vuelvan a producir.

China está empezando a hacer progresos, a pesar de su propia miopía en la preservación de los bosques. Su cambio fue provocado en 1977 por enormes inundaciones y deslaves de barro a lo largo del Río Yangtse, las cuales mataron a miles de personas, afectaron la salud y los hábitats de cientos de millones y destruyeron miles de millones de dólares en tierras de cultivo. Las causas del desastre fueron trazadas hasta la explotación del 85% de los bosques en las partes superiores de la cuenca, terrenos que se convirtieron en una desolación de barro que corrió ladera abajo hasta el río.

En una época las raíces de los árboles amarraban el suelo fértil; ahora todo eso se perdió. Estos eventos atrajeron el interés del gobierno chino. Ellos detuvieron la industria maderera y re-emplearon un millón de leñadores para que depusieran las hachas y tomaran las espadas. Estos nuevos sembradores se han convertido en los nuevos campeones de la restauración de los mantos acuíferos. En una veloz acción los chinos fueron capaces de empezar la tarea de preservación y restauración. El resto de nosotros podría aprender un par de lecciones de todo esto. En lugar de sentarse a llorar por empleos, nosotros, el público, necesitamos que se escuche nuestra opinión sobre lo que esos puestos deben ser para el interés común. La voluntad de la gente deberá tener precedencia sobre el interés individual de las compañías y de los ricos dueños de las tierras, los cuales están en el negocio para la explotación y las ganancias temporales.

Resumiendo, el esfuerzo total para salvar los hábitats y los recursos de nuestros bosques se debe mover en muchas direcciones, con el mismo sentido de urgencia con el que enfrentamos las preguntas sobre energía, agricultura y uso del agua. Las nuevas direcciones incluyen:

1. *Preservar lo que aún queda de todos los hábitats y bosque naturales comprando la tierra y poniendo una moratoria sobre la industria maderera, las operaciones de corte-y-quema para las fincas y la recuperación de la leña, aparte de los bosques especialmente sembrados para cortar su madera*

2. *Buscar maneras de reemplazar la madera con el cáñamo, la paja, el bambú y con energía libre y renovable*

3. *Recuperar los hábitats dañados plantando árboles y trabajando más inteligentemente con el agua; y*

4. *Continuar protegiendo, restaurando y sustentando los hábitats, de tal manera que se puedan preservar para siempre*

¿Una tarea imposible? Sí y no. Nuestro enfoque ahora es consumir aún más recursos y hacer que nuestro dinero crezca más y más rápido. Por tanto, debemos declarar contra la ley nuestra destrucción de Gaia en todos los niveles significativos y reasignar esos recursos a la restauración. Debemos preservar lo que nos queda e invertir en lo que claramente será nuestro más preciado recurso: la impresionante generosidad y diversidad de la Tierra.

*Nuestro mantra tiene que ser preservar, restaurar y hacer sustentable.*

Como especie, necesitaremos crear un cambio moral en las actitudes, de tal manera que podamos organizarnos y cumplir la tarea. Esto será el enfoque del siguiente capítulo. Nuestra prioridad inmediata debería ser comprar la tierra amenazada. Luego, darle un alto valor y mantenerla para las actuales y las futuras generaciones. Pero también debemos darle respaldo a todo aquel que pueda ser desplazado en el proceso. No podemos distraernos de estas metas y acciones, porque pararemos con un terrible destino. La necesidad es la madre de la invención. En esta oportunidad la invención no está desplegando ninguna nueva tecnología física para le energía; es un simple acto de voluntad y reverencia al cambiar nuestras prioridades. Resumiendo:

> La *preservación* involucra una inversión financiera por aquellos que pueden comprar y preservar, antes de que sea demasiado tarde, nuestros bosques y otros hábitats naturales que constituyen "puntos calientes" identificados. Debemos permitir que la naturaleza corra a su antojo en estar regiones.
>
> La *restauración* significará la inversión de millones de millones de dólares y crear puestos de trabajo en las áreas que más se necesita. Seguir el ejemplo de China es una forma de hacer la tarea. Los intereses de la industria de la madera y de los finqueros se convertirán en intereses de conservación y re-siembra.
>
> Una vez más, la sostenibilidad debe ser fácil: dejemos que la naturaleza haga su trabajo y continuemos haciendo de la Tierra un mejor lugar para vivir. Preservemos estos preciosos lugares para nuestra supervivencia y para nuestra calidad de vida, de tal manera que la Tierra misma no se convierta en otro lamentable ejemplo de lo que sucedió en la Isla de Pascua, las Filipinas o, tal vez, incluso Marte o Venus.

## La Magia del Agua

Escribo esto mientras visito la propiedad de Dennis Weaver en Colorado, en un día caliente y nublado a principios de agosto de 2000. La hierba está curiosamente café, los arroyos se están secando, solo pequeñas manchas de nieve se ven en las laderas septentrionales de los picos de catorce mil pies de altura y los deslumbrantes colores de las flores silvestres de la estación solo se pueden ver en marchitos parches cerca de los más altos riachuelos. Algunas tardes nos saluda un chubasco que representa un par de gotas de éxtasis furtivo. Los incendios forestales están ardiendo cerca del Parque Nacional Mesa Verde, ensuciando el normal azul del cielo.

Sí, el cambio climático global está sobre nosotros mientras las corrientes de aire cruzan al lejano norte canadiense. Aún durante un normal y húmedo verano las aguas de esta región del país son manipuladas y desviadas hacia los pastos ganaderos, las minas, los campos de golf, los cultivos y las crecientes ciudades que se encuentran corriente abajo.

De acuerdo con una investigación reciente de Lester Brown y otros, un obstáculo mayor para la sostenibilidad y la obtención de alimentos es nuestro reducido abastecimiento de agua. Ya hemos distraído a nuestras áreas de producción de alimentos casi todo lo que hemos podido de nuestros – una vez caudalosos – ríos, cuyas desembocaduras se han tornado cenagosas, llenas de barro y, en algunos casos, secas. Las tablas de agua están cayendo rápidamente en muchas áreas agrícolas significativas. Ciertamente hemos pegado con pared en todo este asunto: el consumo global de agua se ha triplicado desde 1950. La verdad es que tanto la calidad como la cantidad de nuestra agua se han degradado a tasas alarmantes en los años recientes. Tenemos en nuestras manos otro mega-problema que demanda una mega-solución, antes de que sea demasiado tarde. Las tendencias son ominosas. Peter Phillips, profesor asociado de sociología en la Universidad Estatal de Sonoma, cita planes de Monsanto, Enron y Bechtel de comprar abastecimientos de agua a lo largo y ancho del mundo (www.projectcensored.org). Como en los casos del petróleo, el gas natural, el alimento y la madera, estos gigantes corporativos anticipan inesperadas ganancias en vista de la escasez incremental. Los gobiernos están cediendo contractualmente a estas compañías su control sobre el agua doméstica. Esta toma de poder privado de otro recurso esencial que dábamos por un hecho que era de todos, agrega una nueva dimensión al problema de entregar el capital natural y de soborno a los reguladores. *El control de nuestros recursos naturales debe ser potestad* (vested, en inglés, en el original) *del público.*

El reto del agua tiene muchas sutilezas adicionales que corren más profundamente, en tanto los ríos superficiales, los lagos y los embalses continúan perdiendo su pureza y su vitalidad. Las capas de la cebolla en este aspecto son muchas. Primero, tenemos la tierra erosionada y desértica como producto de un abastecimiento insuficiente y no sostenible. Tenemos represas hidroeléctricas que pueden crear feos lagos hechos por el hombre, desplazar millones, evitar que los ríos fluyan de manera natural y saludable y proveer muy poco en el sentido de control para contrarrestar las inundaciones provocadas por el cambio climático causado por la humanidad. Tenemos alrededor del mundo un sistema de acuíferos contaminado y no sostenible que requiere ser limpiado y redireccionado en modos tales que reflejen de manera más parecida su anterior estado natural. Me recuerdo en mi juventud nadando en los limpios ríos y lagos de New England y sumergiendo mi copa de Sierra Club en las corrientes de las altas montañas de occidente para tomar un refrescante trago de agua limpia. Eso no se puede hacer ahora, a menos que se quiera conseguir una enfermedad estomacal producto de los animales que pastan corriente arriba. La mayoría de nuestra agua potable está tratada y ha sido despojada de sus nutrientes para que sea tomable. El agua embotellada de manantial puede costar más que la misma cantidad de petróleo o de cerveza, un prospecto impensable cuando yo estaba creciendo.

Este desorden que hemos creado se mueve directamente dentro de los océanos, donde tanto el abastecimiento como la diversidad de la vida marina están muriendo, principalmente por el exceso en la pesca, los desechos tóxicos y el calentamiento global que mata el coral y el fitoplancton. Los linieros del océano ilegalmente vierten basura, los supertanqueros siguen derramando petróleo y la marina expande el sonar desde Hawaii, enviando lejos y probablemente barriendo a las ballenas, los delfines, y a cualquier otra especie que pudiera estar en el camino de la amenaza. Gracias a una multiplicación por cinco veces de la pesca desde la mitad del siglo pasado, una vez más estamos en el pico más alto de la producción, casi a punto de empezar la picada que nos lleve para siempre más allá de la sostenibilidad. Esta enorme extracción de alimento marino pronto empezará a disminuir, como ha sucedido con los remanentes mundiales de petróleo, árboles y agua disponible. Los arrecifes coralinos están muriendo y las que fueran aguas biodiversas en California se han convertido en desiertos, por la sensibilidad de los organismos en la cadena alimenticia a temperaturas ligeramente cálidas. De nuevo, hemos dado con la cabeza en la pared en mucho aspectos mayores, una muestra de nuestra temeraria explotación sin precedentes de los recursos naturales de la Tierra.

Enfrentando estos retos de cantidad y calidad de hábitats de agua y de usos del agua requiere que nuestra mayor atención - ¡ya!. Las desertificaciones humanas de la Tierra, la declinante calidad y disponibilidad de agua y la preservación de la acuacultura global son, cada uno en sí mismo, tópicos mayores que demandan investigación urgente como políticas públicas, que deben ser direccionadas por una democracia verde global descrita en el siguiente capítulo.

## La calidad del agua

Aún cuando estemos familiarizados con su química y con muchas de sus propiedades únicas, el agua es algo mágico. Toda la vida, como la conocemos, depende del agua líquida para sobrevivir. Estamos hechos, en mayoría, de agua. La necesitamos para beber. El agua cubre dos terceras partes de la superficie de la Tierra. Tiene cualidades sutiles, que dan vida. Por la manera en que hemos estado redireccionando, explotando y contaminando nuestra agua, parece que tenemos un muy pobre sentido de cuánto vital es este recurso para nosotros y para la red de la vida. Debido a su abundancia, hemos tratado al agua como si fuera algo seguro.

Caminatas recientes que he hecho en las Montañas Rocosas en Colorado me han permitido ver con claridad que el agua que desciende en corrientes naturales es burbujeante, cantarina, feliz. El agua que corre por los canales excavados por el hombre parece salobre o agitadamente picante. Las tuberías y los lagos represados son feos y perturban el flujo natural.

En los primeros años del siglo XX, Víctor Schauberger (1885-1958), un guardia forestal austriaco, hizo algunos descubrimientos importantes sobre el comportamiento del agua en la naturaleza. El notó que el agua fresca que corre en arroyos naturales cubierto por el bosque provee condiciones que dan vida y que se pueden deteriorar y tornarse enfermas cuando el agua corre por canales, tuberías y represas hidroeléctricas hechas por el hombre.

Mediante la exploración y experimentos controlados, Schauberger encontró que el agua necesita revolverse y agitarse de la manera en que lo hace en las corrientes naturales para estar saludable. Estos hallazgos trascienden los cambios químicos ordinarios, aunque estos también pueden suceder, porque el agua se puede transformar hacia una mayor pureza cuando es agitada. Mis propios experimentos con Marcel Vogel verifican que los jugos de fruta que son pasados a través de un tubo espiral rodeado por un cristal de cuarzo especialmente cargado pueden mantener moho flotando por meses sin reaccionar con el moho, mientras que muestras de control sin tratamiento inmediatamente se contaminaron y ennegrecieron. [17]

Las propiedades básicas del agua que le dan la calidad de mágica no están bien conocidas por los científicos, pero no son menos reales. En el capítulo 6 veremos algunos experimentos extraordinarios que demuestran que el agua tiene memoria y puede responder a nuestras intenciones. William Tiller, científico en materiales de la Universidad de Stanford, ha conducido exitosos experimentos en los cuales la acidez y otras cualidades básicas del agua pueden alterarse a través de la intención humana transmitida por un equipo electrónico que contiene la memoria de esa intención. [18] En el capítulo anterior vimos en experimentos en la fusión en frío que los átomos de hidrógeno dentro del agua o del agua pesada a temperatura ambiente pueden ser atraídos en reacciones que producen nuevos materiales nucleares y la liberación de grandes cantidades de energía, en contradicción aparente con la física nuclear tradicional. Alternativamente, la celda de hidrógeno de Mills parece producir energía anómala cuando se calienta en la presencia de un catalizador. El combustible limpio y el desecho, en ambos casos, es agua.

Varios experimentos definitivos y reproducibles muestran que varias medicinas homeopáticas pueden ser biológicamente más efectivas a diluciones muy altas de agua, tales que ni una molécula de la medicina original permanece en solución. [19] De alguna manera el agua responde a, y mantiene, las energías sutiles de la consciencia que viene de la naturaleza y de los humanos. Hay algo dentro del agua y de su hidrógeno constituyente que puede proveer el medio para una ciencia y ecología del futuro.

El autor Callum Coats refresca muchas de las ideas de Schauberger, el cual, en los últimos años de su vida, hace cincuenta años (como William Vogt) previno severamente sobre las implicaciones de nuestra escalada en denegar el ambiente.[20] La muy simple receta de Schauberger: “imitemos a la naturaleza”. Este importante principio contradice el paradigma prevaleciente de ver el agua simplemente como una solución en la cual derramar basura y desechos para tratar químicamente y para desviar en muchas maneras

---

[17] Brian O’Leary, *The Second Coming of Science*, North Atlantic, Berkeley, CA, 1992

[18] William A. Tiller, Science and Human Transformation, Pavior, Walnut Creek, CA, 1997

[19] Michael Schiff, The Memory of Water: Homeopathy and the Battle of Ideas in the New Science, Thorsons, 1998

[20] Callum Coats, *Living energies*, Gateway Books, Bath, U.K., 1996

burdas. De tal manera que pocos de nosotros aun en la corriente principal del movimiento energético apreciamos los matices aparentemente más sutiles del agua que la naturaleza produce y la humanidad destruye.

Por ejemplo Schauberger mostró que los canales rectos o angulares y los acueductos guían al agua en un movimiento no vortical (no rotativo), el cual reduce de manera medible la calidad y la pureza del agua. Para verificar esto, he conducido experimentos controlados con Vogel en los cuales el sabor y la capacidad de mojar* dieron muchos mejores resultados con el agua agitada. Los proyectos hidroeléctricos arruinan aún más el agua de los ríos cuando la hacen estallar contra las cuchillas de las turbinas, con lo que pierde su vigorizante contenido de oxígeno. Las tuberías de metal y de concreto no proveen los materiales necesarios para conducir el agua pura. Los canales y las tuberías para irrigación hacen la misma cosa, contaminando aún más nuestros alimentos.

Coats describe los conceptos de Schauberger de tener un adecuado abastecimiento de agua para tomar. "Aparte de nuestro propio consumo de ella", escribe Coats[20], "esta misma agua también se utiliza para hacer crecer todo lo que comemos. Si queremos vivir sanos y felices, entonces la entidad viviente – el agua – debe ser altamente reverenciada y se debe tener con ella el más sensitivo cuidado." (p.193)

Desafortunadamente, los actuales métodos de tratamiento de agua matan al agua y a menudo incluyen la adición de cloro y flúor venenosos, reduciendo así nuestra resistencia a las enfermedades. Schauberger ha encontrado maneras de repurificar el agua muerta mediante el diseño de varias configuraciones que imitan a la naturaleza. Pero para llegar a las raíces del problema, realmente necesitaremos expandir esta ciencia que ha sido tan denegada, mientras continuamos insistiendo que el agua es solo agua – con lo que burdamente se la manipula y se la trata químicamente. ¿A quién le importa, nos han llevado a pensar, qué forma toma el agua, mientras esté filtrada o purificada químicamente o usada como vertedero de basura o escurrida de la tierra, los ríos, los lagos o los océanos?

La relación simbiótica entre el agua y nuestros preciosos bosques no se puede sobre-enfatizar. "Sin fotosíntesis", dice Coats[20], "no podríamos sobrevivir, de tal manera que la continuación de

---

* *Dowsing* en inglés, en el original. *Nota del Traductor*

nuestra existencia depende exclusivamente de este gran regalo que es el oxígeno, el cual solo los árboles y otra vegetación puede suplir. Si no hubiera árboles, no habría vida animal, vida humana o (la gran variedad de ) vida micro-orgánica sobre este planeta. Cuando los árboles son talados indiscriminadamente, no solo les hacemos daño a ellos, sino que nos hacemos daño a nosotros mismos, también, porque, al hacer eso, reducimos la cantidad de oxígeno y de agua disponible para nosotros." (p.210)

Con relación a la continua extracción de los bosques y al uso incremental de bosques prematuramente cosechados y uniformemente sembrados, Coats escribió esto: "La rotación se reduce a un mínimo absoluto y biológicamente hablando representa una negativa para el futuro, porque a ningún árbol se le permite llegar a la plena madurez. Es un proceso semejante a matar a un niño. Mientras la edad de un sequoia maduro es de alrededor de 2000 años, hoy día se lo corta después de 60 años de crecimiento. Esto significa que ha sido cortado cuando solo un 3% de su potencial se ha realizado y antes de que pueda ser fructífero. Como un acto de violencia esto es equivalente a asesinar a un ser humano con una esperanza de vida de 70 años cuando apenas ha sobrepasado los 2 años de edad. Como resultado, ya no se consiguen semillas maduras y gradualmente la base genética de la semilla se deteriora hasta el punto de infertilidad. Las consecuencias de esta locura no son fáciles de predecir, porque, mientras la diversidad biológica es desprovista de sus organismos de mayor calidad, lo mismo sucede con las calidades, energéticas y de otra clase, que dan respaldo a las formas superiores de vida. La destrucción de los bosques va mano a mano con la destrucción del agua y... las consecuencias de esta locura son espantosas." (p.226)

Schauberger resumió al problema: "Si los bosques mueren, entonces los arroyos se secarán, los prados se convertirán en paisajes inhóspitos y muchos países serán tomados inevitablemente por el descontento social de tal manera que se puede presagiar intranquilidad para todos nosotros."[21]

Con relación a nuestros insensibles acercamientos a la agricultura, Schauberger dijo: La agricultura contemporánea trata a la Madre – Tierra como si fuera una prostituta y la viola. Durante todo el año le arranca la piel y la envenena con fertilizantes

[21] Viktor Schauberger, *The Dying Forest*, Tau Magazine, vol. 151, Nov. 1936, p.30 y citado por Coats.

artificiales, por el cual debe agradecerse a una ciencia por haber perdido toda conexión con la naturaleza." (Citado por Coats, p.261). Es triste darse cuenta de que, desde que Schauberger y Vogt hicieron estas afirmaciones, a mediados del siglo pasado, el uso mundial de fertilizantes se ha multiplicado por nueve.

Claramente vamos a necesitar convertirnos en más educados sobre tantos aspectos de nuestras maneras destructivas de barrer bajo la alfombra en el nombre de las ganancias y de las (inadecuadas) pretensiones hacia la sostenibilidad. Puede no ser suficiente que reciclemos nuestros acuíferos. Porque el agua es la fuente de vida de toda la naturaleza y tiene muchos misterios que revelar con solo que le echemos un vistazo antes de que su esencia en la naturaleza de desvanezca. La rudeza con que estamos tratando estos abastecimientos rápidamente menguantes va aún más allá del hambre, el cambio climático y la insistencia de proveer una corriente floreciente de productos desde las plantaciones.

Ahora debemos cuestionarnos la existencia de una infraestructura compleja de proyectos de manipulación de agua para producir energía y alimento. Y debemos cuestionar nuestra confianza en la química tradicional y en la filtración como métodos de lograr purificación. La trama de la vida depende de la abundancia del agua y de su calidad, y las soluciones que debemos buscar pueden parecer desalentadoras, pero no tanto como si ya hubiéramos empezado a ver lo que hemos estado considerando hasta ahora en las áreas de energía, agricultura y reforestación. Este interés particular se refleja en todos los demás y demanda soluciones sofisticadas emparejadas con lo mejor de nuestra inteligencia y el respeto por la naturaleza, nuestra herencia y nuestro futuro.

También estoy al tanto de algunas investigaciones *avant garde*[*] en agua, las cuales se describen en Internet y otros lugares, que prometen purificar las aguas de una vez y para siempre. [22] Todavía no he visto demostraciones, pero no me sorprendería ver resultados positivos llegando en la medida en que la investigación se expande. Las viejas infraestructuras necesitarán ser cuestionadas y nuevas ideas consideradas en la manera en que manejemos y usemos el agua antes de que podamos empezar a recalificarnos a nosotros mismos como candidatos para re-heredar la Tierra. Necesitamos vigorosos

[*] *Avant garde*: del francés: de avanzada (N. del T)

[22] Los ejemplos incluyen la Revitalización del Agua de Johann Grander, de Austria, y el Agua Perfecta de Ayhn Douhuk, de Turquía

programas de investigación para probar las teorías de Schauberger y otros y para encontrar maneras de restablecer y conservar las vías fluviales del mundo. Necesitamos conservar, reciclar y repurificar el agua y detener la contaminación que se hace de ella con fertilizantes y pesticidas. Y debemos ver el potencial de desalinizar el agua de mar como una fuente de agua en una economía de nueva energía. Como en el caso de la debacle de la energía de combustible fósil, necesitaremos considerar soluciones innovativas al dilema del agua que hemos creado, el cual está empezando a salir a la luz. Es interesante notar que las propiedades mágicas del agua misma podrían proveer una importante respuesta a los retos de tener energía abundante, alimento y recursos forestales, mientras conservamos el aire, el agua y los prados puros y naturales.

## Reciclado y eliminación de desechos

Por último, pero no lo menos importante en nuestro plan de restaurar la biosfera, está nuestro consumo conspicuo y desecho de materias primas. Veo cada día las bolsas y los empaques de plástico y papel tirados en rellenos de tierra en expansión, la intensidad de energía de los empaques, el transporte y la eliminación de nueva basura y el más serio problema de la eliminación de la basura tóxica que contamina aún más nuestras vías fluviales. Dos economistas de la Universidad de Yale estiman que el occidental promedio consume irrevocablemente unos $100.000 de recursos naturales, como un 30% del Producto Interno Bruto de esas naciones. [23] Esto no incluye los efectos del calentamiento global, los cambios de clima o el agotamiento del ozono.

Tal vez es simbólico que una tecnología sumamente letal y que todavía podría matarnos a todos – la energía nuclear – ha sido usada para la generación pacífica de electricidad, pero con el altísimo precio de generar materiales de desecho mortalmente radioactivos que pueden permanecer en el ambiente por decenas de miles de años antes de transmutarse en sustancias benignas. Este reto se ha encontrado con un sinfín de problemas, en tanto los proyectos federales tratan de manejar este costo (oculto) de la energía nuclear.

[23] William D. Nordhaus y Joseph Boyer, presentado el 15 de febrero de 1998 en la reunión de la Asociación Norteamericana para el Avance de las Ciencias y reportado en CNN de 23 de febrero de 1998

En Estados Unidos se ha encontrado una solución, aunque no muy elegante: los desechos con alto nivel de radioactividad se están enterrando en cavernas profundas en Nevada. El costo ha alcanzado las decenas de miles de millones de dólares y no se ve el final para los subsecuentes costos ambientales y económicos de continuar con los vertidos. El combustible radioactivo gastado viene de materiales en las plantas nucleares que nos han dado un pequeño porcentaje de electricidad, además de la producción y apilamiento sin sentido de armas suficientes como para enviarnos a un juicio final. Con los entierros radioactivos, ¿qué sucedería con un terremoto o con un evento en el agua que afectara la corteza terrestre? Una vez tirado en el vertedero, el desecho radioactivo se nos sale de las manos. ¿Qué sucederá con las futuras generaciones que tendrán que vivir con esa basura muchos años después de que hayamos muerto? ¿No es nuestra exagerada indulgencia un poco desquiciada? ¿Cómo se podría sentir la misma Gaia con esta inyección de veneno de larga vida?

Parece haber maneras más elegantes de manejar el problema, incluyendo la posibilidad de transmutar los desechos usando las tecnologías de fusión en frío que se mencionan en el último capítulo. Los primeros experimentos muestran resultados positivos para convertir los subproductos radioactivos y otros subproductos tóxicos en sustancias benignas. Esto sería una solución elegante. En otro nivel, tenemos el enorme costo social del desecho tóxico en nuestros canales, océanos, minas y vertederos. Estas medidas han creado un enorme número de amenazas a la salud pública que están apuntalando el brazo más vigoroso del movimiento ambiental: demandas de parte de los individuos agraviados contra los contaminadores. Al final la solución debe recaer en crear una jurisdicción global para detener la contaminación y reciclar los desechos – no solo en extensos y costosos procedimientos legales a niveles locales.

Disponer de los desechos tóxicos y nucleares es la punta sensacionalista del iceberg de una pesadilla. Más tarde o más temprano tendremos que reciclarlo todo. En Estados Unidos la mayoría de los estimados apuntan hacia el hecho de que hemos estado tomando medidas para llevar el reciclado hasta un 10%, pero la meta necesitará llegar a ser el 100%. No me siento orgulloso de ser un ciudadano del país líder en producción de desechos. Estados Unidos usurpan una tercera parte de los bienes consumidos en el mundo. En promedio, cada uno de nosotros tira a la basura más de nuestro propio peso cada día: ¡101 kilogramos! [24]

Pero las compañías de energía y los individuos no son los únicos que botan basura. "La minería ha contaminado miles de kilómetros de ríos y corrientes solo en Estados Unidos", escriben Gary Gardner y Payal Sampat de Worldwatch, "y la corta de la madera amenaza el hábitat vital, a menudo de especies en peligro de extinción. La contaminación del aire y del agua producida por plantas manufactureras ha enfermado a millones, en muchas ocasiones acortándoles la vida. Algunos de los 100.000 productos químicos sintéticos introducidos este (sic) siglo son una bomba de tiempo cuyo contador avanza, afectando los sistemas reproductivos de animales y humanos, aún la generación siguiente de la que tuvo la exposición inicial. Y el esfuerzo para hacer desaparecer los desechos – enterrándolos, quemándolos o sumergiéndolos en el océano – ha generado gases de invernadero, dioxina, fugas tóxicas y otras amenazas para la salud ambiental y humana". [24]

La actitud de extraer, poseer y descartar tantos materiales, la cual sentimos como un derecho de nacimiento, es fundamentalmente incorrecta. La nueva percepción requerirá cambios radicales en nuestros hábitos de consumo para movernos hacia una economía del reciclaje. Al final, debemos insistir que todos los materiales usados sean sostenibles. Nosotros, los consumidores ofensores, vamos a pelear con valentía esta batalla en todos los ámbitos, desde el reciclado de todo hasta no ser propietarios de tal variedad de cosas como cortadoras de césped que se usan solamente de manera ocasional por una familia, en lugar de ser compartidas. Hemos sido tan exagerados en valorar y acumular cosas. Pero la situación mundial demanda que el modelo se reverse.

"Reconocer el absurdo de nuestro pasado intensivo en materiales", escriben Gardner y Sampat, "es un primer paso en dar el salto hacia una economía de materiales racional, sostenible. Una vez que se alcance a comprender esto, las oportunidades para desmaterializar nuestras economías estarán muy cerca. Las sociedades que aprenden a despojarse de sus ataduras a las cosas y, en su lugar, a enfocarse en entregar lo que la gente necesita serán recordadas durante 100 años, a partir de ahora, como creadores de la más durable civilización de la historia."

---

[24] Gary Gardner y Payal Sampat, en el capítulo 3 del *Estado del Mundo 1999*, Norton, New York, 1999

## Reflexiones y Resumen

Reflexiono sobre la depresión que siento acerca de los cambios que tendremos que hacer pronto. Ciertamente demandará un rápido cambio de actitud hacia lo que tiene valor. Necesitará un cambio radical en el estilo de vida en Estados Unidos, particularmente sobre la administración del desecho y del reciclaje.

Sí, yo reciclo botellas y papel. Pero la basura sigue saliendo los viernes con destino a los vertederos que contaminan y dan malos olores y que alimentan nuestros mantos freáticos con más veneno y producen mayores cantidades de gas metano con efecto invernadero. Me siento culpable por la responsabilidad que me toca al acumular y tirar tanta basura, por adicionar mi propia parte al poner más dióxido de carbono en la atmósfera cada vez que enciendo un apagador, lleno la bañera o enciendo el motor de mi automóvil. Aun la impresión de este libro, a pesar de que se haga en papel reciclado, fue una agonizante decisión moral, aunque bien investigada en términos de su pequeño impacto ambiental total, en oposición a hacer viajes alimentados con combustible fósil para defender las mismas posiciones.

El punto es que primero debemos restaurarle a la Tierra la sostenibilidad. Las corporaciones no lo están haciendo, los gobiernos no lo están haciendo, mientras nos escabullimos de la meta y golpeamos las paredes en el abastecimiento y calidad de nuestros más grandes tesoros. Por lo tanto, el resto de nosotros necesitaremos hacerlo. Las soluciones ecológicas y tecnológicas que propongo aquí no son difíciles de comprender:

1. Transferir las fuentes de energía hacia fuentes nuevas, renovables, que no produzcan emisiones

2. Preservar, restaurar y sostener nuestros bosques, pastos, cultivos, canales y océanos

3. Desarrollar nuevas opciones agrícolas, tales como cáñamo, paja, azomita, agricultura orgánica y permacultura como sustitutos

4. Re-examinar el rol y el uso del agua para la salud

5. Convertir la economía de materiales a 100% de reciclado

Enfrentar estos retos puede parecer socialmente insuperable, pero se los debe enfrentar; la lógica es clara. Aunque parezca mentira, es la quinta área, reciclar nuestros recursos, la que puede encontrar la mayor resistencia de parte de la gente en términos de cambiar nuestro estilo de vida – especialmente en Estados Unidos.

Me doy cuenta de que mucho de esto puede parecer como una amenaza para las metas de la infraestructura existente y echar por tierra la ilusión temporal de un estándar de vida próspero. El crecimiento de la población exacerba las presiones. Nuevas entidades sociales pueden en ocasiones necesitar actuar de maneras autoritarias y la transición se sentirá difícil a ratos. Veremos estas preguntas en los próximos capítulos. Mientras tanto, espero haberlo convencido de que cosas físicas muy reales están sucediendo en el planeta que demandan soluciones físicas - ¡antes de que sea muy tarde!

En el lado positivo el mandato ecológico no solo nos devolverá un planeta en balance. También disparará revoluciones en nuestro pensamiento. En la medida en que limpiamos el planeta, también seremos capaces de limpiar nuestras mentes y corazones para re-descubrir los grandes seres que, en realidad, somos. Los acontecimientos en las fronteras de la ciencia, la medicina y los asuntos espirituales no solo nos dan esperanza ecológica. Literalmente transformarán nuestras actitudes y nos lanzarán hacia una nueva civilización. Los capítulos siguientes discutirán estas buenas noticias – nuestros cambios de paradigmas personales y planetario y la expansión del conocimiento sobre sus significados para el ser humano. Esas actividades se mezclan muy bien con nuestros esfuerzos para restaurar la biosfera.

# PARTE II

## Pasos de acción social y personal

# PRÓLOGO

*"En (el lugar de la filosofía) crece un imperio de piedra, acero, humo y odio – un mundo en el cual millones de criaturas potencialmente humanas corrieron a refugiarse de un lado a otro en el esfuerzo separado para existir y, al mismo tiempo, mantener la vasta institución que habían erigido, la cual, como un monstruo poderoso está resonando inevitablemente hacia un fin desconocido. En su imperio físico, el cual el hombre erige en una vana creencia de que él puede brillar más que el reino de lo celeste, todo se convierte en piedra. Fascinado por el brillo de la ganancia, el hombre mira fijamente a la cara de la codicia, parecida a la de la medusa, y se queda de pie, petrificado."*

**Manley P. Hall**

NINGÚN PARADIGMA PUEDE ser desplazado puramente por tener nuevas tecnologías o por declarar la biosfera no apta para ser habitada. Vamos a necesitar llegar a un acuerdo sobre cómo llegamos a ejecutar nuestros planes de una manera responsable, para hacer la transición con tan poco dolor y con tanta compasión como sea posible. Confiar puramente en las grandes corporaciones o en los grandes gobiernos para establecer nuestras políticas y nuestras prioridades ha demostrado ser desastroso para el ambiente y cargado de impuestos para las libertades personales. Vamos a tener que crear instituciones más fuertes pero más flexibles, de tal manera que puedan hacernos navegar a través de las turbulentas aguas del cambio.

Nuestra nueva dirección debe comenzar en casa. Las comunidades que comparten recursos y talento podrían formar puntos nodales para la comunicación global, en la red y mediante viajes, nuevas ideas y tecnologías verdes que puedan beneficiar a todo el mundo. Pero vamos a necesitar re-definir qué entendemos por valor en esta creación social que llamamos dinero y la economía. Debemos ahora ser factores en el irremplazable valor de nuestra ecología y no solo darle sostenibilidad. Necesitamos devolver a la

Tierra, restaurándola, en cualquier grado posible, al estado prístino que tenía antes.

Y debemos devolver el gobierno al pueblo, operando más a niveles locales, lo mismo que globalmente. Necesitamos madres y padres fundadores que forjen una Declaración de Interdependencia… para elegir democráticamente un Consejo de Ancianos rotativo, el cual estaría empoderado para poner en práctica el nuevo paradigma con amor profundo y comprensión de todos los seres humanos y de toda la naturaleza. También debemos eliminar de la Tierra nuestras armas de destrucción masiva. Debemos ver todas las opciones viables para reducir nuestro impacto y población, de tal manera que podamos hacer sostenible nuestro hogar, nuestra única y exclusiva Tierra.

Necesitaremos formar una república verde global con jurisdicción sobre nuestro movimiento hacia la sostenibilidad. Debemos sondear más profundamente en la forma en que nuestro malestar social nos pudo permitir destruir nuestro precioso hábitat. Debe examinarse cuidadosamente la forma en que nosotros nos organizamos a nosotros mismos de tal manera que los escasos temporalmente prósperos, y todos los demás, suframos. El malestar se disfraza inteligentemente en los medios de comunicación masiva y solo se puede superar si se logra trascender la tiranía de la economía.

En esta parte veremos la nueva ciencia de la consciencia como un principio guía para elevar nuestra ecología interior y exterior. Aprendemos sobre nuestro gran progreso en la integración de la medicina Este-Oeste y de los modelos mente-cuerpo de salud y curación. Examinamos el desarrollo de nuestros seres espirituales a través de la práctica del yoga, la meditación, y otras aproximaciones experimentales. Investigamos en nuestros seres inmortales que parecen sobrevivir las muertes de nuestros cuerpos humanos. Citamos estudios de casos que nos inspiran a re-examinar las posibilidades de que tengamos un alma que vaya a través del tiempo. Y vemos el sentido personal de nuestros descubrimientos e interacciones con inteligencias no humanas, ya sea con extraterrestres, ángeles, mamíferos marinos y otros animales, espíritus de la naturaleza o Gaia misma.

Estos nuevos modelos de nuestra experiencia transpersonal de los aparentemente inefable puede abrir sorprendentes vías de acceso a nuestro ser superior. Es animante que estas actividades no solo están disponibles para nuestra propia experiencia y demostración: muchas están también abiertas a experimentos usando el método científico. Con estas herramientas de desarrollo personal a mano, podemos empezar a explorar territorios donde lo físico se encuentra con lo metafísico, donde lo visible se encuentra con lo invisible, donde la ciencia se encuentra con lo espiritual y donde nuestra conciencia y la interconectividad de todas las cosas se convierte en el factor común de todo lo que existe. Entonces nuestros mayores propósitos para ser humanos sobre la Tierra pueden revelarse en este momento. Entonces podremos re-calificarnos para re-heredar la Tierra.

# 4

# Formar una República Verde Global

*"Pecar de silencio cuando se debería protestar, convierte a los hombres en cobardes"*
**Abraham Lincoln**

AHORA LLEGAMOS a la parte difícil: ¿Cómo podemos reunirnos los hermanos en una comunidad global para cumplir con nuestro mandato ecológico? Este paso ha sido el más difícil de tomar porque parecemos tener tanta dificultad para abandonar los poderes económicos y políticos establecidos para buscar un bien mayor. Una cosa es tomar conciencia de una realidad física y sus soluciones sustentables (deshacer la condición deplorable en que está el medio ambiente), y otra muy distinta es asumir la responsabilidad de remover de sus puestos a los que están ahora en control y restaurar la democracia.

Pueden no estar de acuerdo con algunos de mis puntos de vista en este Capítulo que explora el lado oscuro de las políticas norteamericanas y la globalización económica. Muchos de mis bien intencionados colegas han sugerido que evite el tema político por completo, porque podría ofender a algunos de mis lectores y limitar las oportunidades de mercadeo debido a mis expresiones. Ellos opinan que yo sólo debería buscar soluciones, unidad, y que de algún modo los obstáculos humanos cuidarán de sí mismos. Pero en este tiempo de supremo peligro, no podemos divorciar la realidad política y económica de lo que debe hacerse, aunque pudiéramos intentar hacerlo. Nuestro problema es más de orden humano que tecnológico.

El autor norteamericano Charles Reich atribuye nuestra inacción a lo que llama gobierno económico[1]. Grandes corporaciones sin rostro manipulan las políticas públicas en su propio beneficio, mientras colocan obstáculos delante de cualquier intento de cambio. Pero debemos cambiar, por nuestra supervivencia. Reich recomienda que debemos oponernos a "el Sistema" y reafirmar nuestra responsabilidad civil. "A la larga", concluye Reich, "vamos a necesitar una ciencia sobre cambio social. Hemos aplicado conocimientos científicos a prácticamente todas las áreas prácticas de la vida, excepto al gobierno y la economía –dos áreas aún dominadas por mitos e ideologías. Si nuestras instituciones económicas y políticas se han tornado disfuncionales, necesitaremos crear una nueva área del conocimiento que pueda tratar con mayor inteligencia los asuntos humanos". (p.6)

Me sorprende, por ejemplo, que la industria de combustibles fósiles, los políticos y los medios de comunicación hablaron todos con una misma voz, permitiendo que la codicia prevaleciera durante la crisis energética en California en el período 2000-01, en la que los precios al consumidor subieron vertiginosamente, los proveedores se apoderaron de ganancias caídas del cielo, el sistema eléctrico se vio sobrecargado, la gente perdió su poder y la contaminación continuó sin disminuir. La cuestión de energía renovable y nueva, desde el Presidente y el Secretario de Energía hacia abajo, fue suprimida de la discusión pública – aún cuando estas fuentes podrían proveer la respuesta necesaria para las crisis energéticas de California, así como para las globales. Sólo oímos hablar de las crisis pero no de las soluciones. Uno de los principales asesores de energía y contribuyente durante la campaña del Presidente George W. Bush fue Kenneth Lay, CEO del ahora infame gigante energético Enron[*],

---

[1] Charles A. Reich, *Opposing the System*, Crown Publishers, New York, 1995.

[*] Mis expresiones aquí sobre la codicia y el poder de Enron y otras grandes corporaciones y su influencia sobre el gobierno, fueron anteriores a la exposición pública del 2002. En dos ocasiones durante el año 2000 diserté en Houston y Montreal criticando duramente el papel de Enron en la estafa a los consumidores de electricidad de California. También señalé cómo Enron estaba perfectamente posicionado como para liderar una economía con hidrógeno: ellos tenían la infraestructura de tuberías para gas natural que podía adaptarse al hidrógeno, y el capital para encarar la conversión a nivel nacional. En ambas ocasiones había en la audiencia un gerente de nivel medio de Enron, y cada vez se sintieron un poco culpables y quisieron fijar una cita para que yo hiciera una presentación ante la gerencia superior, que a su vez terminó no concediéndome la cita. Supongo que estaban demasiado ocupados vendiendo acciones y manejando las cuentas off-shore como para poder ayudar al planeta.

que logró jugosas ganancias con el consumo de gas natural en California. A Lay se le dio recientemente una gratificación de 7 millones de dólares por su contribución a las filas de la corporación.

El desmembramiento de un futuro sustentable parece asegurado mientras la administración conducida por George W. Bush, que asumió el gobierno en 2001 como Presidente N° 43, permanezca en el poder. Bush está profundamente protegido dentro del Sistema. El y el Vice-Presidente Dick Cheney son petroleros que ostentan algunos de los peores récords públicos ambientales en la historia del país. Ellos no están perdiendo tiempo mientras apoyan los intereses de grandes negocios, en detrimento de un futuro ecológico sensato para la humanidad. En sus primeros meses en el gobierno han rechazado el protocolo de Kyoto, recortado fondos para desarrollar energía renovable y revertido su única promesa electoral ecologista, en el sentido de reducir las emisiones. Ellos han reunido una fuerza de tareas secreta relacionada con la energía, cuya ambición es construir nuevas plantas de combustibles fósiles y energía nuclear, disminuir las restricciones contra la contaminación, y continuar perforando en busca del escaso petróleo en el Oeste de Estados Unidos y Alaska. La codicia y los choques con las grandes corporaciones en la América de hoy son mayores que nunca. Estas acciones podrían desatar grandes problemas para nuestro futuro, pero también podrían dar oportunidades para poner en marcha una revolución ecológica.

"El gobierno se infecta de la motivación ganancias", dice Reich, "el sector corporativo usa el poder gubernamental sin freno constitucional. Ambos buscan desplazar la culpa a otros... las corporaciones ya no responden a sus dueños, así como el gobierno ya no es responsable ante el pueblo soberano" (p.67). Hasta el propio gobierno de Estados Unidos se parece cada vez más a una gigantesca corporación.

Reich afirma: "Debemos rechazar la tiranía de la economía para que se reestablezca el hábitat humano, se obedezcan las leyes de la naturaleza y se ofrezca un lugar seguro para todos los miembros de la sociedad... Es hora de restaurar la visión. Lo que necesitamos, por encima de todo, es un nuevo mapa de la realidad". (p.24)

Reich recomienda que nos opongamos a la tiranía económica, a la desenfrenada contaminación, a la privación de derechos civiles de los votantes, a un mercado libre que no es realmente libre, sino que beneficia a una elite gerencial, a una división artificial entre sectores "públicos" y "privados", que en realidad son idénticos en los niveles superiores de poder. El examina el mito de que el crecimiento económico es esencial, que los individuos son responsables de su ascenso dentro del Sistema, que su éxito depende de ello, que no necesitan protección del sistema ni contra la pobreza, que la beneficencia es un desperdicio, que superar la patología social es una responsabilidad individual y no un asunto de la sociedad, que los dos partidos políticos representan un espectro completo de todos los puntos de vista, que las cortes son justas y el árbitro final de disputas, y que no necesitamos cambios esenciales.

A lo largo de la historia norteamericana, algunos Presidentes nos han prevenido acerca de la crisis política que hoy se cierne sobre nosotros. Hace dos siglos, el Presidente Thomas Jefferson decía: "Espero que aplastemos en su nacimiento a la aristocracia de las corporaciones llenas de dinero, que ya se atreven a desafiar a nuestro gobierno a una prueba de fuerza y desafían las leyes de nuestro país".

Hace sesenta años, el Presidente Franklin D. Roosevelt decía que debemos establecer "controles prácticos sobre las ciegas fuerzas económicas y los ciegos hombres egoístas" y que sin tales controles, la tecnología se convertiría en un "despiadado amo de la humanidad". Luego, expresó ante el Congreso: "La primera verdad es que la libertad no está segura si la gente tolera el crecimiento del poder privado hasta el punto en que se torne más fuerte que el poder del estado democrático mismo. Eso, en esencia, es Fascismo...".[2]

En 1961, el saliente Presidente Republicano Dwight D. Eisenhower también previno a los norteamericanos sobre el excesivo y antidemocrático poder de lo que llamó "el complejo industrial militar". Y ¿qué les parece la cita de otro Presidente Republicano, Abraham Lincoln, de 1860, que figura al comienzo de este capítulo? ¿Qué diría el Sr. Bush sobre las declaraciones de estos estadistas? ¿Estaría de acuerdo? Es casi seguro que no, porque el gobierno de Estados Unidos está siguiendo ahora un sendero que protege los intereses de los grandes negocios en vez de equilibrarlos.

Las profecías de varios presidentes del pasado parecen estar cumpliéndose bajo la Administración Bush. Los miembros de su gabinete son hostiles al medio ambiente. La Secretaria del Interior Gale Norton fue protegida del infame James Watt, Secretario del Interior del Presidente Reagan, quien se opuso al Acta sobre

---

[2] Kenneth S. Davis, FDR: *Into the Storm*, 1937-1940, Random House, New York, 1993, p.41

Especies en Peligro y apoyó la explotación forestal, la minería y las perforaciones petroleras en tierras públicas. Junto con Bush, se ha declarado a favor de efectuar perforaciones en el Refugio Nacional de Vida Salvaje en el Ártico. Como ex - lobista de la industria de pinturas con plomo y como ex – procuradora de Colorado, defendió los derechos de los propietarios a contaminar. Se une al Sr. Bush para desandar las iniciativas del ex – Presidente Clinton sobre protección de las tierras públicas.

El ex – senador Spencer Abraham, elegido por Bush como Secretario de Energía, se ha opuesto a los programas de desarrollo de energía renovable y eficiencia de combustibles por "no producir un buen rendimiento a la inversión de los contribuyentes". Los presupuestos para investigación y desarrollo de estos programas han sido recortados. El fue uno de los tres únicos senadores que presentaron proyectos de legislación para suprimir el Departamento de Energía que ahora dirige. También apoya la perforación petrolera en el Ártico y las prácticas continuadas de explotación de carbón a cielo abierto, que contaminan el agua. En el año 2001, el Senador Frank Murkowski de Alaska introdujo una ley para subsidiar a la industria petrolera con 21 mil millones de dólares para que perforaran allí – ¡un acto ultrajante de beneficencia a las corporaciones! El único hueso que la ley arrojó al medio ambiente fue permitir a autos limpios con pasajeros únicos que viajaran por los senderos habilitados para mini-transportes de pasajeros. Cuántas de estas leyes absurdas se aprobarán no se sabe al momento de escribir esto. Pero el efecto general del golpe de estado del 2000 en Estados Unidos parece estar avanzando más rápidamente de lo que muchos de nosotros hubiéramos podido imaginar, haciendo que los preceptos de este libro se erijan en punzante contraste.

La nueva titular de la Agencia para la Protección Del Medio Ambiente de Estados Unidos, Christie Whitman, no tiene credenciales ambientalistas relevantes, además de su actitud tradicional Republicana de no interferencia pública con los contaminadores privados. Aún así, admiro sus sinceras tentativas de cumplir con la única promesa ambiental de la campaña del Sr. Bush en el sentido de reducir las emisiones de las plantas energéticas y encontrar formas para cumplir los acuerdos de Kyoto. Pero la posterior negativa de Bush a su compromiso terminó causándole a ella (y a Estados Unidos) una gran vergüenza ante sus colegas internacionales.

La Secretaria de Agricultura Ann M. Veneman, quien una vez trabajó para Bush padre en su Departamento de Agricultura, ahora supervisa la explotación en expansión de tierras públicas, incluyendo deforestación, perforaciones petroleras y construcción de caminos en bosques nacionales. También ha defendido públicamente la distribución extendida de alimentos genéticamente modificados.

La pregunta contemporánea es, ¿podemos confiar en esta gente que se reúne en secreto y "re-diseña" un futuro generador de electricidad que nos afectará a todos en el planeta? Mi respuesta a esta acción es un rotundo "no" y eso incluye la cuestión de que necesitamos un gobierno global que limite los excesos de las industrias privadas y sus simpatizantes que colaboran con ellas desde el gobierno.

Con el nombramiento de ideólogos corporativos practicantes, en vez de defensores del interés público, éste es verdaderamente un día sombrío para los asuntos norteamericanos. Mientras escribo esto, y el Sr. Bush sigue adelante presionando con su peligrosa agenda, el buque-tanque petrolero "Jessica" derrama cientos de miles de galones de combustible diesel altamente tóxico en el agua cerca de las prístinas Islas Galápagos cerca de Ecuador, y las estimaciones más recientes del calentamiento global por parte de los científicos del IPCC han alcanzado los 10 grados para fines de siglo.

Incluso está la cuestión de la legitimidad de George W. Bush en el gobierno. Aunque su oponente Al Gore ganó el voto popular a nivel nacional, y probablemente el definitorio voto de Florida, el equipo legal de Bush tuvo éxito al hacer una petición ante la Corte Suprema de Estados Unidos, que, en una decisión altamente partidista de cinco a cuatro, otorgó la Presidencia a Bush, deteniendo un crucial recuento de votos en condados con pobres equipos de votación y grandes poblaciones negras y judías. Justo luego de que Bush "ganó" la elección, lo vi por televisión bajando de su vehículo utilitario deportivo devorador de gasolina en su rancho de Texas con una sonrisa presuntuosa en su cara. Tuve la sensación de que el equipo Bush resumía el poder del Sistema. Los primeros temas de su agenda son los recortes de impuestos que beneficiarán a los más ricos y el abrir tierras públicas para explotación privada y contaminante. La pregunta que necesitamos hacernos es, ¿cuánto daño pueden hacer estos dos hombres a nuestra democracia y a nuestra tierra mientras estén en el gobierno? O ¿podría un milagro o un desastre hacerlos cambiar de opinión?

A la luz de los extraños e increíbles sucesos de fines del 2000, el prestigioso historiador, autor y embajador John K. Galbraith, de ninguna manera un Verde, ha llegado a decir que nuestro sistema político ahora imita a las grandes corporaciones que actualmente dominan los asuntos públicos. En un artículo "Contra la Amnesia: Democracia Corporativa, Irrespeto Cívico", que circuló ampliamente por Internet, Galbraith dice: "Estados Unidos dejaron atrás el republicanismo constitucional y se volcaron a otra forma diferente de gobierno. No es, sin embargo, una forma nueva. Es, más bien, un transplante sumamente familiar, de un terreno diferente de capitalismo avanzado. Esta es una democracia corporativa. Es un sistema por el cual una Junta de Directores –léase Corte Suprema- elige a un Oficial Ejecutivo en Jefe (CEO). Este Jefe, a su vez, nombra nuevos miembros de la Junta. Los accionistas, propietarios sólo de nombre, son invitados a votar en referendos periódicos. Pero su poder es sólo simbólico porque la conducción conserva una mayoría de los poderes. El CEO y la Junta nunca se permiten perder en ningún tema importante."

La reacción ante el fiasco de las elecciones por parte de la prensa fue muy blanda, pero siempre existe una perla ocasional. Particularmente interesantes son algunas reacciones del exterior, donde el pensamiento tiende a ser más independiente. Por ejemplo, tenemos esa reacción en Inglaterra de parte de Will Hutton en The Observer del 24 de diciembre, 2000, titulada "Golpe de la Derecha que Avergüenza a América". "Lo que ha pasado va más allá de una afrenta", escribe Hutton. "Es el mal uso del poder por parte de una élite conservadora para servir abiertamente sus intereses – y todos nosotros deberíamos temer las consecuencias... El abuso incuestionable es que Bush ha accedido al poder a pesar de perder y críticamente él sólo logró realizar esta proeza porque los Republicanos controlan la Suprema Corte."

## Superando Nuestra Tiranía Económica

En mi intento de comprender el grado en que la tiranía económica ha superado e inmovilizado al público para que ignore las soluciones de la Parte I, recomiendo fervientemente los trabajos de David C. Korten, ex -miembro de la Escuela para Graduados en Comercio de la Universidad de HARVARD. En su libro de 1995

"*When Corporations rule the World*"[3], Korten con gran lucidez describe la alianza entre una poderosa minoría de racionalistas económicos, libertarios del mercado, gerentes corporativos y sus apoyos financieros que han promovido con éxito una ideología de la codicia capitalista como la más alta expresión de lo que significa ser humano". Esta escuela promueve el mito de que "la persecución inexorable para adquirir y obtener ganancias lleva a resultados socialmente óptimos, y es en el mejor interés de la sociedad estimular, honrar y recompensar estos valores".[3]

Las credenciales de Korten como autoridad en economía y negocios bien lo califican para abordar estos temas. El ve a la gran corporación como "una entidad extraña con una meta: reproducir dinero para nutrirse y duplicarse a sí misma. Los individuos son prescindibles." Nos recuerda la rara cultura de los Borg de Guerra de las Galaxias, que sistemáticamente asimila los individuos para su propio provecho canceroso. "El poder en aumento de los carteles", dice Korten, "ha degradado seriamente la integridad y utilidad social de la economía... que viola sus propios fundamentos teóricos... Está creando un mundo que difícilmente desearían legar a sus hijos." (Ref. **3**, p.74)

Korten documenta que este "monstruo" que hemos creado ha colocado los derechos y libertades de las corporaciones por encima de los que les corresponde a los individuos: "Presentada como una agencia económica, es, en realidad, una agencia de gobierno." Por ejemplo, la relajación por parte de la Comisión Federal de Comunicaciones de Estados Unidos de las regulaciones que rigen los conglomerados mediáticos y recientes decisiones de tribunales federales están ahora garantizando los derechos de estas corporaciones a consolidar su poder, como si debieran tener los mismos derechos de libertad de palabra como los individuales. El resultado es la diversidad cada vez más decreciente de opiniones públicas en las ondas aéreas, en los periódicos y en revistas. Korten continúa: "Es casi como si estuviéramos siendo invadidos por seres extraños que pretenden colonizar nuestro planeta, reduciéndonos a siervos, y luego excluyendo a la mayor cantidad de nosotros como sea posible."

Los estudios de Korten de casos, estadísticas y conclusiones son recordatorios escalofriantes que podrían conducir a la gente

---

[3] David C. Korten, *When Corporations Rule the World*, Kumarian Press, West Hartford, Conn., 1995, The Post-Corporate World, ibid, 1999

razonable o proclive a pensar, a ejercer sus derechos como ciudadanos públicos para terminar con la tiranía, antes que sea demasiado tarde. Korten afirma que, como cultura, hemos desfigurado la esencia positiva del rol correcto del mercantilismo de Adam Smith, que consiste en pequeños compradores y vendedores en un intercambio equilibrado. En su lugar, hemos creado la misma clase de monopolios y carteles que Smith hubiera repudiado.

Hay una tendencia creciente por parte de las corporaciones a Fusionarse, Comprar y Dominar a escala global. Estas acciones están llevando claramente a que nuestra especie des-herede la Tierra. En este Capítulo consideramos la necesidad de crear una democracia mundial concientizada y esclarecida para detener la marea del desenfrenado poder económico globalizado. Debemos sobrepasar la hipótesis de que somos unidades competitivas, separadas y egoístas en un mundo gobernado por despiadados gigantes. La especie humana sólo puede volver a heredar la Tierra a través de una organización social sin precedentes que asegurará que somos parte de un sistema mayor sustentable, unificado en su diversidad.

"Cuanto más dominante se ha convertido el dinero en nuestras vidas", escribe Korten, "menos lugar ha quedado para cualquier percepción del lazo espiritual que es el cimiento de una comunidad y la relación equilibrada con la naturaleza... la tarea del desarrollo centrado en la gente en su más amplio sentido debe ser la creación de sociedades centradas en la vida, en las que la economía es sólo uno de los instrumentos para vivir bien –no el propósito de la existencia humana. Como nuestros dirigentes se encuentran atrapados por los mitos y sistemas de recompensas de las instituciones que encabezan, el liderazgo en este proceso creativo de regeneración de instituciones y valores debe provenir de la sociedad civil." (Ref. **3**, pp. 6-7)

El segundo libro de Korten "El Mundo Corporativo" propone soluciones fuera del encasillamiento del capitalismo corporativo y del globalismo. Su modelo es considerar sistemas de vida sustentables basados en la cooperación, en vez de sistemas mecanicistas basados en la competitividad. Para construir modelos futuros, creo que vamos a necesitar mirar más allá de los sistemas de vida sinergistas e ingresar al significado espiritual de nuestra interconexión y los resultados de la ciencia holística como ingredientes significativos para hallar las soluciones. Una nueva ciencia de concientización puede proveer el cimiento necesario para llegar a conocer verdades mayores, para las que, ni la economía mecanicista ni los sistemas biológicos proveen modelos adecuados – aunque los sistemas de vida son ciertamente más sabios que nuestros líderes corporativos.

En un sentido práctico, los argumentos de Korten son contundentes. Él propugna que el capitalismo no puede globalizarse sin una democracia que le sirva de contrapeso. Aquí es de gran importancia el principio que el poder de ningún sistema económico puede exceder los controles y equilibrios con participación pública, que reconozcan la tiranía de la globalización económica y la unidad de toda la vida en la Tierra. Korten proporciona muchas soluciones a corto plazo para nuestro dilema: regular las corporaciones y mercados financieros a escala internacional; eliminar por etapas a la Organización Mundial de Comercio (WTO), el Fondo Monetario Internacional y el Banco Mundial; restaurar la democracia política en las naciones; terminar con el bienestar corporativo; desmenuzar las grandes corporaciones y ayudar a las pequeñas empresas; ayudar a las comunidades, las familias y los trabajadores; prohibir, limitar o gravar con impuestos la especulación, las compras y fusiones a presión; adoptar monedas locales y restaurar legalmente los derechos de la persona sobre los de la propiedad. Estas medidas son buenos candidatos para la Política Simultánea Global que mencionaba en la Introducción.

En mi libro "*The Second Coming of Science*" demostré que debemos colocarnos fuera del casillero de la ciencia occidental materialista antes de poder comenzar a dar forma a la importancia de la nueva revolución científica, en medio de la cual estamos –a pesar de las violentas objeciones de los científicos de la corriente central, apoyados por los gobiernos, universidades y medios de comunicación. Lo mismo se aplica al gobierno económico en sí: uno debe distanciarse de él para comenzar a comprender su tiranía. Me uno a Reich y Korten en su creencia que al dar este pequeño paso, podemos dejar expuesto al Sistema por lo que es, libres de los cautivantes clichés, como "libre comercio", "crecimiento económico", "propiedad", "terminación de grandes gobiernos", "nada de nuevos impuestos", "conservadorismo compasivo", "gastadores generosos" y "responsabilidad personal" que pueden ser muy engañosos o simples mentiras. Incluso la palabra "conservador" es un nombre inapropiado porque los políticos más conservadores no conservan nada de lo natural. Más bien, ellos preservan un sistema disfuncional antagónico a cualquier clase de medidas de conservación.

Entre las propuestas de Reich está el concepto de "Voluminoso Costo Doméstico" por contaminar. La nueva disciplina que tendrá que suplantar a las economías ordinarias es lo que Dennis Weaver llama "ecolonomía" –una economía que aprecie nuestra herencia natural. Necesitamos un impuesto a la contaminación, y el lugar para comenzar sería trasladar los subsidios públicos y fondos para investigaciones de los contaminadores hacia iniciativas verdes y nuevas formas de energía. La asistencia pública a corporaciones de la clase contaminante es uno de los ataques más disparatados a nuestro sentido común y debe cesar. Dos lugares donde se puede encontrar un público deseoso de soluciones sociales son las recientes demostraciones y el movimiento Verde internacional.

Las protestas de 1999 contra la Organización Mundial del Comercio (WTO, por sus siglas en inglés) en Seattle y el surgimiento de Ralph Nader como candidato a Presidente por el Partido Verde de Estados Unidos son recientes ejemplos de oposición al Sistema desde afuera de sus límites. La WTO es una organización "privada" que actúa como un gobierno falto de responsabilidad que cuida los intereses de los grandes negocios y de las naciones más ricas, proveyéndoles oportunidades comerciales a nivel mundial. Este brazo del Sistema atrajo demostraciones tipo Gandhi de miles de ciudadanos preocupados, que se sienten indignados por el poder rápidamente creciente de la elite económica agrupada en el WTO. La mayoría de los medios de comunicación de EE UU trataron de pintar a los protestantes como "anarquistas sin cerebro" o "izquierdistas violentos", sin preguntarse qué podría haber motivado las protestas en primer lugar, o el hecho de que fueron, en su mayor parte, inteligentemente manejadas y pacíficas. Un ejemplo del cinismo de los medios es el ensayo de Charles Krauthammer "El Retorno de los Ludistas", publicado el 13 de diciembre de 1999 en la revista Time. El título lo dice todo.

El mito del "libre comercio" representado por la WTO a menudo puede ser una excusa para contaminar Países del Tercer Mundo que, bajo la presión de sus deudas, deben entregar recursos naturales a sus amos financieros del extranjero. "La deforestación", escribe Alex Falconer, Miembro del Parlamento Europeo, "es el resultado inevitable de las políticas de rápido crecimiento económico adoptadas por muchas naciones en desarrollo, en respuesta a las demandas de las instituciones financieras globales". [4]

"El imperativo de crecimiento (insostenible) impregna todos los problemas con que nos encontramos. Nos hace ver al mundo a través de una lente distorsionada. La productividad se mide en términos que ignoran la contaminación por productos químicos tóxicos y el cambio de clima. Cuando la agricultura moderna, basada en combustibles fósiles y fertilizantes químicos, usa diez calorías de energía no renovable para producir una caloría de alimentos, ¿es realmente un adelanto respecto a sus prácticas tradicionales que rinden dos calorías de alimentos por cada caloría de energía renovable usada?"

Las corporaciones transnacionales, dice Falconer, son más poderosas que naciones enteras y "pueden incluso presentar batallas y ganarlas contra instituciones supranacionales, como la Unión Europea. Los supuestos reguladores del comercio y las fuerzas internacionales, tales como la WTO, están en la práctica cautivos de la agenda de las Transnacionales."[4]

Falconer está buscando activistas para apoyar la necesidad de globalizar la ecología igual que el comercio. La fuente local de donde podría extraerlos en Escocia incluye las Naciones Unidas, las Organizaciones No Gubernamentales (ONGs), iglesias y grupos de trabajo. Junto con los ambientalistas, ésta es la clase de gente que se unificó para las demostraciones contre la WTO en Seattle. Tales coaliciones, además de otros nuevos pensadores, formarán el núcleo de una robusta democracia verde global, que supervisaría la conversión hacia una ecolonomía y un futuro de justicia.

## La Política Estadounidense y el Partido Verde

Durante la campaña presidencial en EE UU del 2000, el candidato a la Presidencia del Partido Verde, Ralph Nader, desafió las posiciones de la corriente principal Bush – y – Gore, que ignoraron los temas más importantes del medio ambiente, las condiciones laborales, el cuidado universal de la salud, los gastos militares, las crecientes desigualdades entre ricos y los demás, la

[4] Alex Falconer MEP, "The Shape of Things to Come", *The Social Crediter*, Edinburgh, July-August, 1998, p.28

reforma del financiamiento de las campañas, la prevención del crimen, el aceleramiento de la pensión de ciudadanos, los derechos de las minorías y los abusos del sistema judicial y legal. Los dos candidatos de los partidos mayoritarios parecían actores robóticos y bien pagos compitiendo sobre la falta de temas y tratando de apoderarse de un centro político sin sustancia. Así que, como resultado, se las arreglaron para repartirse por la mitad justa los votos emitidos por un electorado confundido y a veces privado de sus derechos. El final poético de la victoria de Bush fue sumamente interesante, pero a la vez alarmante. Muchos de nosotros aún tenemos síntomas de retraernos para no mirar esta televisión de CNN transmitiendo una maratón deportiva de 37 días.

No voy a disculparme. Soy un Verde y voté por Nader. Como cualquier movimiento político, tiene sus errores, pero la filosofía de los Verdes es básicamente sólida en temas públicos. Debemos recordar que Nader sacó 3% de los votos nacionales y de Florida, suficiente para hacer una diferencia en las elecciones del 2000 y para seguir creciendo. Todo esto ocurrió casi sin fondos, cobertura mediática y habiendo sido excluido de los debates presidenciales. Nader cuadruplicó sus votos de 1996 en el 2000. ¿Qué podría ocurrir en el futuro? También es alentador que sólo se necesitó un 3% de los estadounidenses durante los tiempos Revolucionarios para reunir el coraje de oponerse a la tiranía del rey. No hace falta una mayoría para incitar al cambio, pero sí para consumarlo como una democracia que funcione. Con todos sus errores, los EEUU pronto se unirán a los europeos para activar el movimiento verde. Esto se hará necesario para que formemos una república verde que supervise los cambios que necesitaremos hacer. Uso minúsculas para "verde" para incluir no sólo a los Verdes, sino a otros grupos que necesitaremos para construir la nueva coalición mundial.

Estimo que tenemos unos pocos años para planear un nuevo sistema. Durante ese tiempo podemos contemplar a la administración Bush hacer sus cosas a la vista de todos, acicateándonos e incitándonos en el proceso. Podemos aprender más sobre la esencia del Sistema en forma directa observando a alguien que lo practica a fondo. Así podemos visualizar lo que debe transformarse en algo de valor social. Los Demócratas (el menor de los males en mi opinión) pueden lamer sus heridas, repasar sus prioridades y planear estar en el poder. Sería sabio de parte de ellos hablar con Nader y los Verdes la próxima vez, o podrían perder nuevamente.

Si usted ha tenido el coraje de digerir la Parte I, no se le puede escapar el hecho de que el Sistema es tan profundamente defectuoso que está destruyendo nuestro medio ambiente. Debemos por lo tanto ponerlo en evidencia con el ridículo e irreverencia que merece, y luego organizarnos por fuera de él para construir un nuevo sistema, parte del cual debe ser hecho desde las bases. El Sistema es como un Banco de Tontos, cuyo capitán sin rostro podríamos imaginar como un marinero borracho que de alguna manera llegó al timón de la Nave Espacial Tierra. El capitán está ahora conduciendo la nave hacia la clase de peligro que sufrieron el Titanic, el Exxon Valdez, el Jessica, el Kursk, el Namouri y el USS Cole.

En el proceso de nuestro capitalismo tipo "el ganador se lleva todo", podemos haber derrotado al comunismo y conectado al mundo con un Disneylandia de privilegios que ofrecen delicias no renovables al consumidor, mientras la banda sigue tocando. Podemos agradecer al capitán por sus contribuciones y reemplazarlo gentilmente por un nuevo capitán, cuyas prioridades deben ser muy diferentes. Durante los próximos años necesitaremos crear un nuevo sistema. En las siguientes secciones esbozo cómo podría ser ese sistema y cuáles podrían ser sus primeros proyectos.

Charles Reich ha hecho algunas sugerencias sobre lo que podría incorporar un nuevo sistema. Primero, necesitamos preguntar ¿Para qué es un sistema económico? ¿A quién sirve? Dice Reich "Tenemos el poder de diseñar un sistema que hará cualquier función que le pidamos. No estamos limitados a modelos del pasado". (ref.**1**, p.194)

Estoy de acuerdo con Reich en que el sistema funciona como una máquina que se concentra en los medios de producción y en el consumo, totalmente distanciado del valor que representa ser un ser humano que vive en la Tierra. Él cita a Lord Tennyson, que escribió: "Nuestros pequeños sistemas tienen sus momentos. Tienen sus momentos y dejan de ser".[5] Ahora debemos tener el coraje de dar un paso fuera de la casilla y ver el Sistema por lo que es, y luego movernos hacia las soluciones.

El segundo remedio de Reich aborda la cuestión de recuperar el control. No queremos nunca más trabajar dentro del Sistema ni queremos incitar a una revolución violenta. Necesitamos un terreno intermedio en el que podamos crear un sistema que sea

[5] Alfred, Lord Tennyson, "In Memoriam A.H.H."

"posteconómico", que proteja a los ciudadanos de la tiranía económica y reactive nuestro rol como ciudadano-accionista, siguiendo los ideales del individualismo democrático en la tradición de Emerson, Thoreau, Whitman y John Dewey.

Tercero, dice, es hora de renovar la Constitución de Estados Unidos. No sólo ha sido abusada por el Sistema, sino que muchas cosas han cambiado en los últimos doscientos años que no pudieron ser imaginadas por sus redactores. La tiranía se ha desplazado de la monarquía al gobierno económico, así que necesitaremos una nueva declaración de derechos que aplicar para revertir el control privado de los recursos, la propiedad y el lugar de trabajo, así como el derecho a aire limpio, agua pura, estabilidad climática y vivienda digna. Ampliando las ideas de Reich, también necesitaremos una Declaración de Interdependencia, el reconocimiento de que debemos reunirnos en la aldea global para declarar la necesidad de una estructura gubernamental verde sobre asuntos de preocupación común a todo el planeta. Ningún gobierno nacional podría hacer ese trabajo.

Reich concluye que necesitaremos un nuevo contrato social con la gente. Los directivos aún en el poder deben hacerse responsables de proveer oportunidad económica a cualquier que la busque y de restaurar el trabajo con significado y estipendios generosos por el tiempo empleado en el desarrollo humano individual. Lamentablemente, los intereses de los ciudadanos y los de la comunidad global en cuanto a medio ambiente limpio no han sido bien atendidos bajo ningún sistema político reciente, sea capitalismo, socialismo o comunismo. Necesitamos construir un nuevo sistema que se aleje de cualquier adhesión rígida a cualquiera de las tres filosofías políticas. Más bien, podemos elegir tomar lo mejor de cada una y crear estructuras que sean enteramente nuevas.

## Encontrando el Dinero para Comenzar

A medida que comencemos a reunirnos y movernos dentro de estos cambios de sistema, tanto en los EE UU como a nivel mundial, tenemos ahora el asunto práctico de encontrar los recursos para re-heredar la Tierra. Podría llevar un tiempo formar una república verde global, pero se necesita extraer dinero ahora para los proyectos más urgentes. Hemos visto que se necesitarían algunos cientos de miles de millones de dólares para invertir en tierras que aún permanecen prístinas, otras decenas de miles de millones para investigar, desarrollar e implementar una economía de energía renovable, y un número indeterminado de billones para restaurar la biosfera: leñadores, granjeros, contratistas y trabajadores del petróleo desplazados en el proceso podrían ser re-empleados para plantar árboles y cáñamo, por ejemplo.

Así que, ¿de dónde vendrá el dinero? Primero, tenemos recursos privados de billones de dólares. No nos debe sorprender que la mayor parte del dinero está atrapado dentro del Sistema mismo, porque los multi-millonarios son producto del Sistema y han usado el dinero prudentemente para elevarse a la cumbre. Ellos estarán entre los últimos en cambiar. Pero aún necesitamos encontrar gentes de fortuna que pueden haber experimentado un cambio de visión, quienes podrían ver, por ejemplo, que la compra de vastas cantidades de terreno sería una gran inversión, tanto para ellos como para el planeta Tierra.

En los sectores públicos, vemos qué podría ocurrir si nosotros, el pueblo, y nuestros representantes en el gobierno decidiéramos cambiar el destino de los subsidios. En EE UU, los informes de "tijeras verdes" que nos llegan de Amigos de la Tierra y otros grupos ambientalistas propusieron recortar más de 50 mil millones de dólares en 72 programas federales que apoyan investigaciones que benefician a industrias contaminantes. El proyecto tijeras verdes ha sido recientemente extendido para incluir recortes propuestos a reducciones impositivas que ascienden a cientos de miles de millones anuales a favor de grandes empresas adversas al medio ambiente – recortes a menudo superiores a lo que estas compañías pagan de impuestos. Estos privilegios sobresalen en desnudo contraste con las cargas de impuestos personales a los ingresos soportadas en su mayoría por la clase media.[6] Finalmente, tenemos otros cientos de miles de millones de dólares que van a parar a provocativos y derrochadores proyectos militaristas, tales como armas espaciales "Guerra Galáctica" favorecidos por la administración Bush. Estos fondos podrían ser transferidos a proyectos verdes, especialmente ahora que la Guerra Fría ha terminado.

Pero podría haber fuentes aún más potentes de recursos de afuera de los EE UU. Es probable que el Sr. Bush vetará cualquier

---

[6] Alexander Stille, "Ideas", *New York Times*, November 11,2000

iniciativa del Congreso para modificar subsidios e impuestos, así que puede que necesitemos buscar en el extranjero en el futuro cercano. Una fuente de financiamiento podría provenir de la llamada tasa Tobin, concepto que es particularmente popular en Europa. En 1972, el laureado economista estadounidense James Tobin propuso que se aplicara una tasa impositiva a las transacciones financieras internacionales que pondría algunos límites a la especulación de monedas improductiva e inestable (el llamado "Casino Global"). "Unos 1.3 billones de dólares cambian de mano cada día, mediante transacciones de moneda extranjera. La sugerida tasa Tobin de 0.25 por ciento recaudaría alrededor de 250 mil millones de dólares por año - más de cinco veces el nivel actual de toda la deuda internacional".[7] Estos fondos no sólo podrían usarse para equilibrar las deudas externas; también podrían pagar una renovación de la biosfera a nivel mundial. Si fuera aprobada en Europa, por ejemplo, esta asa trascendería las fronteras nacionales y sería un medio conveniente para financiar los nuevos proyectos.

## Hacia una República Verde Global

A la larga, necesitaremos un gobierno global con ciertos poderes específicos para supervisar los cambios necesarios. Cuáles van a ser esos poderes está abierto a debate, pero ciertamente una de sus primeras misiones sería restaurar la Tierra a su sustentabilidad. Arne Naess, el fundador de la filosofía "ecología profunda", señaló que el movimiento verde internacional comprende tres movimientos: el movimiento de paz, el movimiento de justicia social y el movimiento ecológico, incluyendo el objetivo de sustentabilidad ecológica. También concluyó que la sustentabilidad debería ser nuestra prioridad número uno porque es lo más urgente para nuestra supervivencia.[8]

A un futuro gobierno verde global se le confiaría convertir nuestros recursos para que sean sustentables, procesar a criminales internacionales actualmente protegidos por naciones-estados al margen de la ley, redirigir los masivos presupuestos militares e industriales contaminantes hacia una limpieza planetaria, la

---

[7] www.foe.org, 1999 – 2000

[8] Arne Naess, "Politics and the Ecological Crisis", Revision, vol. 13, no. 3, 1991; "The Three Great Movements", *The Trumpeter*, vol. 9, no. 2, 1992, pp. 85-86

protección de los derechos humanos y la búsqueda de una más profunda comprensión de nosotros mismos y de nuestro lugar en el universo, libres de las tendencias culturales e intelectuales de los tiempos. El libro "PlanetHood" de Benjamín B. Ferencz y Ken Keyes Jr. resume así la situación: "Todos tenemos derecho a vivir con dignidad en un medio ambiente sano, libres de la amenaza de la guerra".[9] El rápido camino a la destrucción es una catástrofe nuclear, dicen, y el camino lento es nuestro actual camino de contaminación – que ya no es tan lento actualmente.

¿Cómo sería una plataforma verde internacional progresiva? Sugiero cinco áreas de atención que también resumen algunos de los puntos de vista que hemos examinado hasta aquí:

1. Sustentabilidad ecológica y belleza:

Como hemos visto, este objetivo de amplia base requerirá un programa Apolo de máxima intensidad para preservar lo que queda, restaurar lo que ha sido destruido y sostener y embellecer la biosfera por tanto tiempo como seamos administradores de la Tierra. El significado de sustentabilidad y belleza deberá ser debatido entre los ciudadanos del mundo y sus representantes en el gobierno global.

2. Una paz duradera y que se pueda hacer cumplir y un gobierno mundial:

Siguiendo la prescripción de "Planet Hood", podríamos reemplazar la anarquía de las naciones-estados guerreros y de flagrante contaminación industrial por un nuevo gobierno mundial representativo que nos garantizara una co-existencia pacífica y amistosa y un medio ambiente limpio. Un movimiento Verde dirigido por EE UU y Europa ya en marcha podría dar el ímpetu necesario. También podemos querer redactar una Declaración de Interdependencia que daría forma a las leyes de ecología y a cuál debería ser la relación de los humanos con el mundo natural en una sociedad cívica global sustentable. Tal Manifiesto (Cap.**7**) podría abrir más enfoques espirituales, tales como los del candidato presidencial por el Partido de Ley Natural de EE UU, John Hagelin y las encuestas públicas del sociólogo Paul Ray, en el sentido de que casi una cuarta parte de la población estadounidense se consideran a sí mismos "creativos culturales" en oposición a nuestro actual

---

[9] Benjamin B. Ferencz y Ken Keyes, Jr. PlanetHood, Love Line Press, Coos Bay, Oregon, 1991

sistema bipartidista [10] que vergonzosamente ha resultado en que 55% de los votantes habilitados decidan no votar. Los creativos culturales incluirían un aspecto verde y una actitud de "puede hacerse" al tener la visión de un futuro positivo.

3. Justicia social y equidad para todos :

La historia nos enseña la importancia de iguales derechos para todos. Los prejuicios respecto a raza, género, credo, posición económica y preferencia en estilo de vida siempre han jugado un papel desproporcionado en la toma de decisiones políticas y corporativas. Las protestas contra la WTO en Seattle señalan vívidamente el lado oscuro del libre comercio y la globalización de oportunidades de negocios. Con la ayuda de fusiones corporativas, los ricos e están haciendo cada vez más ricos y los pobres se están empobreciendo aún más. Los resultados obvios son condiciones laborales declinantes y destrucción del medio ambiente, particularmente en el tercer mundo. El movimiento verde internacional necesitará abrazar estos temas que se superponen y proveer los medios para controlar la excesiva codicia económica. Necesitaremos estrictas medidas contra los monopolios.

4. Transformación ecolonómica de contaminación, guerra y gobiernos economistas a iniciativas verdes.

Durante 1967 y 1968 ayudé al candidato presidencial Demócrata George Mc Govern con las plataformas de defensa y aeroespacio "conversión económica" que proveerían re-entrenamiento e investigación y desarrollo de iniciativas verdes, simbólicamente convirtiendo las espadas en arados y las fábricas en Edenes. Estos conceptos fueron más ampliamente desarrollados en mi trabajo con los candidatos Morris Udall en 1975 y Jesse Jackson en 1988. Aunque las políticas de conversión nunca prendieron realmente en el mundo político, podrían desempolvarse, revisarse y podrían tener un papel significativo en la creación de nuevas oportunidades e iniciativas públicas y privadas. Bajo un gobierno verde, podríamos de inmediato trasladar subsidios y exención de impuestos de las industrias contaminantes y masivos proyectos militares hacia esfuerzos más benignos, tales como desarrollo de energía limpia y protección de la vida silvestre. Estas políticas

---

[10] Paul H. Ray, "The Rise of Integral Culture", Noetic Sciences Review, no. 37, Spring, 1996: Cultural Creatives, Three Rivers Press, New York, 2000

podrían ir muy lejos para reordenar nuestras prioridades ecolonómicas, al tiempo que se preservarían las oportunidades para todos: ¡nuevos empleos! Como en el caso de China, los leñadores pueden convertirse en plantadores de árboles.

5. <u>Investigación y desarrollo de soluciones tales como energía gratis y renovable, cáñamo, curación,</u> concientización <u>y la purificación del agua.</u>

Las actuales prioridades de Investigación y Desarrollo (R&D) del Departamento de Energía de EE UU, por ejemplo, se enfocan en combustibles fósiles y energía nuclear. Pero a través de decretos públicos necesitaremos desplazar los subsidios federales y el apoyo de R&D de la energía contaminante hacia la energía limpia. Renovables tradicionales, como la solar, el viento y la prometedora economía a hidrógeno han recibido algo de apoyo, pero no el suficiente para llegar a ser competitivas. Nuevas investigaciones sobre fusión en frío, células de gas de hidrógeno y conceptos de punto cero podrían proporcionar una solución limpia fundamental para la crisis energética, pero han sido negadas y suprimidas. Como proyecto público es hora de investigar cada opción viable libre de las distorsiones de las estructuras económicas y políticas existentes. Necesitamos limpiar la casa. Aún el movimiento verde podría caer en la trampa de oponerse a posibilidades "remotas"; en consecuencia aún necesitamos tener un debate de amplia base, continuo y abierto, sobre políticas de energía ambiental. [11]

Digamos que ninguno de los nuevos proyectos ecolonómicos podrían avanzar en los EE UU y otras naciones debido a lo cerrado del Sistema. Así que podemos elegir recaudar algún tipo de impuesto Tobin y financiar los proyectos desde afuera. No hay razón por la que necesitamos negociar con el Sistema, incluyendo el propio gobierno – excepto respecto al cumplimiento del control de contaminación. Tenemos el talento y las habilidades innovadoras de incorporar personas y fondos para hacer el trabajo. Probablemente será mejor emplear ciudadanos del mundo calificados que han estado fuera del Sistema por algún tiempo, para que los nuevos esfuerzos no sean corrompidos o diluidos. "Hay suficiente para todo el mundo", dice Peter La Vante, presidente fundador de Ecosense Solutions en Columbia, Missouri. "No es una cuestión de escasez, sino de manejo

[11] Brian O'Leary, "The Green Movement and Social Change", Ecolonomics in Action, Sept./Oct. 2000

y distribución de los recursos". Miembro del Directorio del Instituto Dennis Weaver de Ecolonomía, La Vante sugiere muchos de los mismos proyectos y políticas señaladas aquí. "Necesitamos desarrollar un positivo plan de acción para poner a la comunidad humana en armonía con la Tierra... debe crearse una organización"[12]

Dennis Weaver predice una Revolución Ecolonómica. "La Revolución Industrial fue energizada y propulsada por la competencia... en su mayoría del tipo despiadado. La Revolución Ecolonómica no descarta la competencia, pero comprende que la energía más poderosa y eficiente es la cooperación. Con la Revolución Industrial, el desperdicio es inevitable; una parte natural de hacer negocios. Con la Revolución Ecolonómica, el desperdicio es eliminado por diseño. La Revolución Industrial es lineal en su pensamiento..., la Revolución Ecolonómica es cíclica en su pensamiento... Imita al eco-sistema de la naturaleza y crea tecnologías ecolonómicas... La Revolución Industrial mantiene la filosofía que el negocio del negocio es negocio. La Revolución Ecolonómica comprende que el rol del negocio es algo más que el simple negocio. Comprendiendo que es la institución más fuerte y de mayor influencia en el planeta hoy, el negocio ecolonómico considera su rol en un contexto mayor. Se preocupa por la comunidad, los trabajadores y el bienestar general de la sociedad". [13]

Parece que la solución social a largo plazo para un mundo en problemas es mezclar la república verde global con negocios ecolonómicos. Entonces, todo el mundo ganaría. Pero, ¿cómo podemos hacer esto? ¿Cómo podemos trascender el increíble poder de los grandes negocios y crear una nueva entidad global que responda a la sociedad cívica?

## La Gente está Allí para hacer el Trabajo

Tendemos a olvidar que somos muchos más en número que los que comandan los recursos masivos de corporaciones gigantes y la política. Los creativos culturales de Paul Ray incluyen alrededor de 50 millones de estadounidenses y 70 millones de europeos que podrían formar una coalición de amplia base, cuya influencia

[12] Peter LaVaute, "Enough for Everyone", Institute of Ecolonomics, Ridgway, Colorado, 2000
[13] Dennis Weaver, editorial, "Ecolonomics in Action", Sept./Oct.2000

potencial podría eclipsar la oscuridad de nuestro tiempo. Simplemente aún no estamos suficientemente organizados.

"En Estados Unidos", escribe el analista de negocios Paul Hawken en la Internet, "más de 30.000 grupos de ciudadanos, organizaciones no-gubernamentales, y fundaciones, están encarando el tema de sustentabilidad social y ecológica en el más amplio sentido de la palabra. En todo el mundo, su número excede los 100.000... Este nuevo movimiento de sustentabilidad no comenzó así. Los que lo apoyan no concuerdan en todo –ni deberían hacerlo- pero es notable que comparten un conjunto básico de comprensiones fundamentales sobre la tierra, cómo funciona, y la necesidad de justicia y equidad para toda la gente que forma parte de sus sistemas dadores de vida... se está extendiendo por todo el país y por el mundo. Nadie comenzó esta visión del mundo, nadie está a cargo de ella, ninguna ortodoxia la está limitando. Creo que es el movimiento más poderoso y de mayor crecimiento en el mundo de hoy, irreconocible para los medios porque no está centralizado, ni está basado en el poder, ni conducido por hombres blancos carismáticos".

De modo que la gente y el dinero están allí, sólo necesitamos hacerlo. La Internet y los viajes aéreos pueden acelera el proceso de reunirse en una comunidad global para organizar e implementar la sustentabilidad. Pero, como veremos en los dos próximos capítulos, dos elementos adicionales podrían aportar el ímpetu necesario: el primero, es prestar atención a nuestras propias ecologías personales (en cuerpo, mente y espíritu). El segundo es ampliar nuestra base de conocimientos que actualmente están siendo suprimidos por poderosos intereses establecidos. Debemos ahora movernos más allá del materialismo y apoyar el nacimiento de una nueva ciencia de concientización que refleje la unidad de toda la creación. (Cap. **6**)

## Qué Debemos Hacer

A veces parece que yo podría sólo desear que una república verde global pudiera emerger naturalmente para asumir su propia autoridad sin resistencia y sin temor a las consecuencias de oponerse al paradigma existente. No solamente no quieren los intereses establecidos que esto suceda, sino que el resto de nosotros necesitará reunir el coraje para avanzar. La nueva conducción deberá evitar las falacias de sus egos humanos, que demasiado a menudo parecen bloquear la visión colectiva. Dividir para reinar está triunfante, y estamos profundamente temerosos de fracasar. Mejor diablo conocido que diablo por conocer, pensamos. Pero ya hemos visto que no podemos permitirnos dejar que esto continúe, así que la sofisticación de la nueva organización social tendrá que ser mucho mayor que la de ningún proyecto de la historia conocida. Esto incluye a la oligarquía corporativa organizada, a la que nos deberemos oponer. Nuestra misión es sin precedentes. Como nunca antes, debemos gritar pidiendo justicia global unidos en un propósito común. Necesitamos una democracia verde global.

Producir los cambios requerirá una cantidad de pasos innovadores. Ciertamente incluirán los siguientes: el lanzamiento de foros mundiales sobre sustentabilidad; el desarrollo de ciencias de cambio social y ecología para ayudar a programar nuestro rumbo; la creación de alianzas y coaliciones entre grupos de ciudadanos, organizaciones no-gubernamentales, fundaciones, iglesias y creativos culturales de todo el mundo; y el gobierno temporal de los mayores. En nuestras deliberaciones no podemos permanecer atados a las hipótesis del viejo paradigma. Imagino que necesitaremos comenzar nuestro trabajo en forma independiente de prácticamente todas las viejas instituciones con agendas, incluyendo las Naciones Unidas. Organizaciones como éstas pueden usarse para contribuir con datos y experiencias para ayudar en el esfuerzo general, pero necesitaremos comenzar las deliberaciones políticas y cívicas desde una perspectiva enteramente fresca. Así que aquí están los primeros pasos:

1. Crear foros mundiales sobre sustentabilidad

   Aquí discutimos y debatimos cómo vamos a implementar la meta de la sustentabilidad desde sus raíces ecológicas hasta su implementación práctica. A no equivocarse: habrá conflictos de jurisdicción con los intereses de grandes corporaciones y algunos gobiernos nacionales. Pero los crecientes 120 millones de nosotros necesitaremos señalar las consecuencias de acciones humanas abusivas y la indispensable pérdida de poder de la confederación gobernante de los oligarcas corporativos. Tenemos que confiar en que los valores sustentables prevalecerán al final.

Un ejemplo es el Foro Social Mundial que se reúne cada año en Brasil. "El Foro Social Mundial", escribe el autor estadounidense Noam Chomsky en la Internet, "ofrece oportunidades de importancia sin paralelo para reunir fuerzas populares de muchas y variadas composiciones de países más ricos y pobres por igual, para desarrollar alternativas constructivas que defenderán a la abrumadora mayoría de la población mundial de los ataques a derechos humanos fundamentales, y proseguir para destruir concentraciones ilegítimas de poder y extender los dominios de la justicia y la libertad. El Foro Social Mundial será un nuevo espacio internacional para la creación e intercambio de proyectos sociales y económicos que promuevan los derechos humanos, la justicia social y el desarrollo sustentable".

Como dato interesante, este grupo se reúne al mismo tiempo que el Foro Económico Mundial en Suiza a fines de enero. Como contrapunto gráfico, este último grupo representa lo que Chomsky llama "el sistema emergente del 'mercantilismo corporativo', con decisiones sobre la vida social, económica y política en forma creciente en manos de una concentración de poder privado que no rinde cuentas, que son 'las herramientas y tiranos del gobierno', memorable frase de James Madison (ex presidente de EE UU) advirtiendo de las amenazas contra la democracia que percibía hace dos siglos". El contraste entre el actual ejercicio del poder y el futuro desarrollo de justicia social puede percibirse claramente al mirar estos foros concomitantes.

Otra organización preocupada por la sustentabilidad es el Foro Estado del Mundo co-fundado por Mihail Gorbachev y el abogado estadounidense Jim Garrison. Hablé en el otoño de 1999 ante el Foro en San Francisco, que resultó ser una reunión espectacular, plagada de estrellas de pensamientos nuevos. El Foro ahora está enfocado en vigorizar su Comisión sobre Globalización. "La Comisión", escribe Garrison, "explorará el rol crítico que el gobierno global debe jugar si la familia humana y la comunidad de naciones quieren crear un futuro equitativo, justo, no violento y ecológicamente sustentable". (www.worldforum.org/commission)

El Príncipe Carlos es otra figura mundial que ha abogado por un futuro sustentable. En el discurso de cierre de la Serie Anual de Discursos Reith, dijo: "Nunca lograremos la sustentabilidad sin un redescubrimiento de lo sagrado". Charles propone una mezcla de soluciones científicas (tales como terminar con las emisiones que causan el efecto invernadero) y aproximaciones intuitivas a la naturaleza, en vez de arrasarla –por ejemplo, volver a la granja orgánica en vez de producir alimentos genéticamente modificados. Estas palabras se levantan en agudo contraste con el silencio de la realeza, empapada en el control del dinero y los recursos del mundo.

Mientras yo estoy del lado de un cambio radical versus una reforma gradual, necesitaremos crear más encuentros como los descriptos más arriba para discutir remedios. Sin duda los debates en el foro de sustentabilidad producirán muchas facciones dentro del movimiento general. Esto no debe alejarnos de nuestra visión general mientras seguimos coincidiendo en nuestra misión de sustentabilidad. Por ejemplo, una fracción podría preferir un acercamiento moderado, tal como proveer un campo de acción nivelado para tecnologías sustentables subsidiándolas, mientras se ignoran las políticas de contaminación. Otra fracción podría decir que no tenemos tiempo para todo esto, que necesitamos aprobar y poner en vigencia nuevas medidas estrictas diseñadas para protegernos de la contaminación, y que se debía comenzar de inmediato con un programa Apolo para desarrollar nueva energía y para preservar, restaurar y sostener la biosfera. Por esto, necesitaremos ser sensatos en las formas de debatir, estar abiertos a nuevas ideas y ser inclusivos con todos los civiles que quieran participar. Estas serán las reuniones de pueblos en las comunas de la aldea global. Necesitaremos arbitrar entre diferentes puntos de vista y dejar nuestros egos en la puerta de entrada de estas reuniones, sin desviarnos jamás de nuestra meta principal.

Mencioné en la Introducción una excelente idea propuesta por John Bunzl de Inglaterra llamada la Política Simultánea (www.simpol.org) en que los grupos dentro del electorado votan únicamente a aquellos líderes que adopten medidas que serían implementadas cuando el tema sea puesto a consideración.

Debemos desarrollar un consenso sobre lo que significa sustentabilidad y crear un plan de acción de medidas futuras, incluyendo presupuestos y plazos para hacerlas implementar. (La mayor parte de la actividad será a nivel local y variará de acuerdo a las necesidades regionales, pero seguirá guías globales básicas, tales como niveles aceptables de emisiones). Necesitaremos definir la estructura de la nueva democracia reformando constituciones existentes y elaborando un nuevo anteproyecto de constitución para el mundo.

Los comuneros globales podrían agregar metas adicionales a la sustentabilidad, tales como terminar con el hambre, la contaminación regional, las adversas condiciones de trabajo, la guerra, la proliferación de armas, las violaciones a los derechos humanos y animales, el secreto y la supresión de nuevos conocimientos. La sustentabilidad arrastra consigo estos otros valores y ellos podrían también formar parte de la nueva agenda de la democracia emergente.

2. Expandir las ciencias del cambio social y sustentabilidad ecológica

Aquí adoptamos la sugerencia de Charles Reich, así como la definición de qué se entiende por sustentabilidad, de modo de poder encontrar pautas y monitorear el progreso del movimiento de sustentabilidad. Debemos programar un curso exitoso en forma muy parecida a aquella en que se llevaron a cabo los proyectos de ingeniería como el del Apolo. Los ecologistas Paul y Anne Ehrlich se enfocan en la falta total de conocimientos científicos entre la población general en su libro "Traición de la Ciencia y la Razón".[14] "La mayoría de los norteamericanos", escriben, "fácilmente captan los temas que se relacionan con algo familiar y tangible como el depósito local de basura, pero tienen considerablemente más dificultad con temas relacionados con variaciones genéticos o la dinámica de la atmósfera. Así, es relativamente fácil movilizar apoyo contra un potencial relleno de terreno e infinitamente más difícil imponer una tasa al carbono que podría detener el calentamiento global". De esta forma el vacío de poder se ve llenado por la codicia.

Sin embargo, los ecologistas mismos están ansiosos por tomar un papel más activo en la decisión de políticas. Un ejemplo son los climatólogos del IPCC que han predicho el calentamiento global y el cambio climático. Ahora pediríamos a los científicos que den estos pasos adicionales: a) formular guías sensatas (apolíticas) que limitarían las emisiones lo suficiente para revertir el impacto en la humanidad y restaurar la sustentabilidad, y b) analizar la vasta gama de soluciones, incluyendo todas las opciones de energía limpia y renovable. A partir de eso, podrían construir futuros escenarios de entre los cuales la república verde global podría elegir. También se necesitará de los científicos sociales que han estudiado cambios de paradigmas; podríamos aprovechar la sabiduría y perspicacia alcanzada por los que han visto estos temas en profundidad. Me vienen a la mente Arne Naess, Marilyn Ferguson, Barbara Hubbard, John Naisbitt y Paul Ray.

3. Formar Alianzas y Coaliciones entre Grupos de Ciudadanos ya existentes, Grupos de Acción Locales, Grupos Eclesiásticos, Fundaciones, Organizaciones No Gubernamentales y Creativos Culturales.

Este paso es esencial y debe implementarse de modo de ser inclusivo de sus propias agendas y asegurar su participación en el nuevo cuerpo gobernante –al igual que adoptar la Política Simultánea. Algunos grupos locales podrían querer

---

[14] Paul R. Ehrlich and Anne H. Ehrlich, "Betrayal of Science and Reason", Island Press, Washington, D.C., 1996

apartarse de cualquier organización global debido al registro histórico de tiranía en el poder centralizado. Al igual que la tecnología y la economía, las fuerzas de arriba pueden actuar como máquinas sin cerebro, cuya comprensión de los asuntos que impactan las necesidades del medio ambiente local es insensible y contraproducente. No podemos dejar que eso suceda: podríamos arrojar al bebé junto con el agua del baño si hacemos tales generalizaciones sobre el gobierno. La nueva democracia debería ser cuidadosamente controlada respecto a cualquier exceso y corrupción. Estaría diseñada de esa manera.

4. Traslado de Poder a Gobiernos Locales en lo Posible

   La democracia verde global y la Política Simultánea estarían limitadas en sus cartas constitutivas para proveer recursos y líneas de acción para implementar un futuro sostenible y asuntos relacionados con la salud pública, los derechos y la justicia. Pero los locales tomarían la mayoría de las decisiones finales en cuanto a qué se haría en sus regiones. Sólo donde hubiera infracciones, tales como las cometidas por terratenientes que se creen con derecho a contaminar, o donde los gobiernos locales se apropiaran indebidamente de sus recursos, un equipo de coacción intervendría.

   La idea básica aquí es sacar el poder a la "hipocresía codiciosa global" y ponerlo en las manos de la democracia verde global y empresas y gobiernos locales. En este escenario post-industrial, desaparecerían las influencias de los estados-naciones y las grandes corporaciones.

5. Elegir un Consejo de Ancianos Rotativo

   Como todos somos tan cautelosos respecto a las corrupciones del poder, necesitaremos estar vigilantes acerca de a quiénes elegimos para dirigir esta nueva democracia. Yo sugeriría limitar la duración de los cargos a unos pocos años –incluyendo los judiciales y puestos que no sean de carrera. También sugiero formar gobiernos fantasmas y electorados a medida que se forma la nueva jurisdicción. Y, por favor,

¡nada de donativos para campañas o fraude electoral! Tomemos lo mejor de la democracia de EE UU y otras y dejemos atrás el resto. En cuanto a quién debería dirigir, he aprendido que la mayor sabiduría e innovación proviene de los ancianos. En mi trabajo sobre nueva energía, por ejemplo, he identificado a más de una docena de individuos mayores de setenta años que pueden prestar extraordinarios conocimientos para este esfuerzo. Muchas de estas personas son profesores eméritos de universidades, cuyas administraciones y la facultad a que pertenecen son a menudo críticos de su trabajo y les gustaría verlos irse porque sus ideas se oponen a la ortodoxia académica en vigencia. Pero como no tienen largas carreras por delante, se sienten libres de expresar nuevas ideas con un nivel refrescante de honestidad intelectual, vasta experiencia e ilimitado entusiasmo. Estas son probablemente las únicas personas en quienes puedo confiar como mis mentores, y podrían convertirse en los mentores del cambio.

## Hacia una Ética Ecológica

*"Los mansos heredarán la Tierra"*

**Jesús de Nazareth**

Todos los principales movimientos políticos se han basado en cimientos filosóficos llamados visiones del mundo o paradigmas. La ética ecológica no es una excepción. También es importante comprender y definir lo que se entiende por sustentabilidad desde la perspectiva científica y filosófica más básica posible. Esto se llama ecología profunda. Desde los movimientos capitalista, socialista y comunista de hace un siglo o más no nos hemos visto confrontados con un cambio tan potencial. Ya exploramos en el primer capítulo que la llamada Era de la Información denominada como la nueva ola por la mayoría de nuestros futuristas es sólo una empresa materialista que podría mejorar la eficiencia de las comunicaciones pero que no aporta nada sustancial para transformar la condición humana y terrestre. "Creo que la tecnología de la información electrónica", escribió el psicólogo Ralph Metzner, "es sólo la última y más abstracta expresión de la mentalidad mecanicista y tecnológica y no representa un verdadero cambio de valores, como lo demanda la crisis ecológica y del medio ambiente".[15]

"La filosofía de la ecología profunda", continúa Metzner, "enseña valores biocéntricos o ecocéntricos, en los que los humanos son vistos como parte de la naturaleza, no por encima de o contra ella... los ecologistas profundos más radicales ni siquiera se sienten cómodos con la noción de administración, ya que sigue implicando que los humanos tienen conocimientos ecológicos superiores y por lo tanto tienen derecho a cuidar de la Tierra". Suena muy humilde. Respecto a nuestra actual filosofía materialista, Metzner dice: "Los ciudadanos globales de un mundo unificado en transición catastrófica no pueden permitirse aferrarse a los paradigmas fragmentarios de la cultura industrial europea... La tecnología, en vez de ser usada para alimentar un ciclo desbocado de explotación y consumismo ("más y más para más y más"), deberá ser redireccionada hacia la protección y restauración de los ecosistemas dañados".

El teólogo-ecologista Thomas Berry ha señalado que mientras tenemos enseñanzas morales para el homicidio y el suicidio, nos están faltando para el biocidio y el geocidio. Mary Evelyn Tucker y John A. Grim, editores de la antología Puntos de Vista Mundiales y Ecología, han descrito la situación de esta manera: "Nuestras éticas han permanecido siendo mayormente antropométricas (la creencia que sólo los humanos cuentan) e indiferentes al destino del mundo natural. Esto está cambiando gradualmente a medida que re-examinamos la naturaleza de las relaciones humanos-Tierra y comenzamos a construir las bases para una vida sustentable en el futuro... se va a necesitar una nueva ética global ambientalista... no podremos preservar lo que no respetamos". [16]

---

[15] Ralph Metzner, "The Emerging Ecological Worldview", en Worldviews and Ecology, edit. M.E. Tucker and J.A. Grim, Orbis Books, Maryknoll, New York, 1994

[16] Mary Evelyn Tucker and John A. Grim, preface to Worldviews and Ecology, ibid

Tu-Wei-Ming, profesor de la Universidad de Harvard de Historia y Filosofía China, ha rastreado nuestra actual violación del medio ambiente hasta la mentalidad del Iluminismo del siglo dieciocho, "alimentada por el impulso Faustiano de explorar, conocer, conquistar y subyugar que persistió como ideología reinante del Occidente Moderno... esta máquina destructiva sin precedentes ha hecho por primera vez en la historia que la viabilidad de la especie humana sea problemática ...Necesitamos una ética significativamente diferente al modelo social Darwiniano basado en el interés propio y la competitividad. Debemos superar la mentalidad de que la promesa de crecimiento no tiene límites y la provisión de energía es inextinguible. La destructividad del "humanismo secular" reside no en su secularidad sino en su antropocentrismo... La crisis de la modernidad no es la secularización en sí, sino la incapacidad de experimentar la materia como receptáculo del espíritu... Una llave para el éxito de este proyecto de unión espiritual es reconocer la conspicua ausencia de la idea de comunidad, sin hablar de la comunidad global, en el proyecto del Iluminismo... La dicotomía entre materia/espíritu, sagrado/profano, hombre/naturaleza o creador/criatura debe trascenderse para permitir que valores supremos como la santidad de la tierra, la continuidad del ser, la interacción benéfica entre la comunidad humana y la naturaleza y la reciprocidad entre humanidad y cielo puedan recibir la prominencia que merecen en filosofía y teología".[17]

Incluso Al Gore tuvo algo que decir sobre nuestra explotación de la biosfera, antes que el velo de la política cayera sobre sus expresiones. "Cuanto más profundamente busco las raíces de la crisis ambiental global", dijo en 1992, "más me convenzo que es una manifestación externa de una crisis interna, que es, a falta de una mejor palabra para describirla, espiritual".[18] Ahora que su campaña terminó, el mundo será un mejor lugar si el Sr. Gore toma esas palabras

[17] Tu Wei-Ming, "Beyond the Enlightenment Mentality", ibid

[18] Albert Gore, Jr., Earth in the Balance: Ecology and the Human Spirit, Houghton Mifflin, New York, 1992

seriamente y se une el equipo verde. Él es un aliado natural para la coalición que formará una república verde global. Otro es el Príncipe Carlos, si podemos confiar en que desafiará a sus poderosos parientes para que abandonen el juego de la dominación global.

Tal vez el vocero más claro para el movimiento verde sea el filósofo académico noruego Arne Naess, fundador de la filosofía ecológica profunda. A continuación damos una parte de la Plataforma Ecológica Profunda:

"1. El bienestar de la vida humana y no-humana en la Tierra tiene un valor en sí mismo. Esos valores son independientes del mundo no-humano con respecto a los propósitos humanos.

1. La riqueza y diversidad de formas de vida contribuyen a la comprensión de estos valores y son también valores en sí mismos.
2. Los humanos no tienen derecho a reducir esta riqueza y diversidad excepto para satisfacer necesidades vitales.
3. El florecimiento de la vida humana... es compatible con una importante disminución de la población humana. El florecimiento de la vida no humana requiere esta disminución.
4. La actual interferencia con el mundo no humano es excesiva, y la situación está empeorando rápidamente.
5. Por lo tanto, deben cambiarse las políticas y éstas afectarán a las estructuras (existentes). El (futuro) será profundamente diferente al presente...
6. El cambio ideológico es principalmente apreciar la calidad de vida en lugar de adherir a estándares de vida cada vez más altos...
7. Aquellos que suscriban los puntos precedentes tienen la obligación directa de tratar de implementar los cambios necesarios".[8,19]

---

[19] George Sessions, "Deep Ecology as Worldview", Worldviews and Ecology, edit. M.A. Tucker and J.A. Grim, Orbis Books, Maryknoll, New York, 1994

El movimiento ecológico profundo no está restringido a académicos idealistas, visionarios que se han salido del sistema y culturas nativas. Mucha gente sensible con una variedad de perspectivas ha fijado sus propios compromisos. El autor estadounidense Jerry Mander ve las cosas hoy como "una red mundial entrelazada, monolítica, técnica, política de implicaciones negativas sin precedentes (p.**4**)... Todos estos actos fueron y son posibles por una racionalización fundamental: que nuestra sociedad representa la máxima expresión evolutiva, su florecimiento final. Es esta actitud, y su correspondiente creencia que las sociedades nativas representan una forma anterior... lo que parece unificar todas las perspectivas políticas modernas: Derecha, Izquierda, Capitalismo y Marxismo (p.**7**)" [20]

Mander ve la enorme influencia que tienen la televisión y la publicidad en el público. "Una vez que aceptamos la vida dentro de una realidad técnicamente mediática", escribe, "nos hacemos menos perceptivos a todo lo que la precedió. Nos es muy difícil imaginar la vida antes de la televisión y los automóviles. No recordamos un Estados Unidos de bosques y silencio. La información que la naturaleza ofrece a nuestras mentes y sentidos está casi ausente de nuestras vidas. Si buscamos naturaleza, la encontramos cercada en un "parque", una especie de zoológico de la naturaleza. No es de extrañar que encontremos incomprensible a cualquier sociedad que elija vivir dentro de la naturaleza. (p.**32**)... Actualmente la mayoría de las tecnologías están desplegadas en la forma que resulta más útil a las instituciones que se benefician con su uso; esta forma puede que no tenga nada que ver con el bien público o planetario ". (p.**74**)

"De acuerdo con la Era Publicitaria", alrededor del 75% del tiempo televisivo comercial es pagado por las cien mayores corporaciones de EE UU... sólo cien corporaciones llegan a decidir qué aparecerá por TV y qué no... (Ref. **20**, p.**78**) Esto ahora incluye la llamada televisión "pública", en la que más de la mitad de los patrocinadores son las mismas cien corporaciones. Los billones de dólares que se gastan en publicidad y relaciones públicas en el mundo excede la cantidad gastada en educación. Mientras tanto, bajo la administración Bush, los medios están cada vez más controlados por menos corporaciones.

---

[20] Jerry Mander, In the Absence of the Sacred, Sierr Club Books, San Francisco, 1994.

Otro punto de vista ecológico proviene del autor estadounidense William Ashworth. "Todos nosotros estamos sujetos a la ley natural", escribe, "Podemos manipular sus resultados pero no podemos cambiar su funcionamiento; podemos disfrazar sus efectos sobre nosotros por un tiempo, pero jamás podremos eliminarlos... echamos un vistazo a nuestras ciudades y nuestros automóviles, y nuestras computadoras y nuestras cenas con TV y pensamos que hemos creado algo. No es cierto. Todo lo que hemos hecho es usar reglas pre-creadas para poner cosas pre-creadas en nuevas formas." [21] Ashworth cree que aún los esfuerzos de preservación, así como la explotación son irrealistas porque somos parte de la biosfera y no artificialmente separados de ella. Contarnos como fuera de la naturaleza de este modo sería una violación de la ley natural. Así que vemos muchas opiniones dentro de la comunidad ecológica que deben debatirse. No obstante, todos debemos recordar que el elemento común es la necesidad de eliminar la insustentabilidad causada por los humanos.

Al final, la mayoría de nosotros tendremos que convertirnos en conversos parciales o completos del punto de vista ecológico profundo con el propósito de sobrevivir a la crisis. El movimiento creciente de la "simplicidad voluntaria" ofrece un modelo. Mi propia conversión es un ejemplo. Después de una tarea de un año en 1975 como consultor especial en el sub-comité de energía y medio ambiente en la Casa de Representantes de los EE UU, me uní a la facultad de física de la Universidad de Princeton para trabajar con el fallecido profesor Gerard O'Neill sobre el concepto de espacio para asentamiento e industrialización mientras se reestablece la sustentabilidad de la Tierra. Armado de nuevos conocimientos y experiencias en mi paso por el Congreso sobre catástrofes ecológicas causadas por energía sucia nuclear y de combustibles fósiles, estaba ansioso por indagar en las opciones renovables. Sin embargo aún tenía el deseo de participar en las aventuras humanas materialistas sobre nuevas y vastas fronteras. Explorar el espacio y los planetas me parecía como la Conquista del Oeste Norteamericano y atrapaba mi imaginación. Luego sentí que se me presentaba la opción entre dos filosofías aparentemente contradictorias. Los físicos y economistas argumentaban a favor de esta solución: materiales lunares o de asteroides podrían extraerse con poco costo y ser usados

[21] William Ashworth, The Left Hand of Eden, Oregon State Univ. Press, Corvallis, Oregon, 1999

en industrias que podrían proveer a la Tierra de abundantes recursos minerales, comida y energía.

Estos estudios sobre desarrollo espacial parecían reconciliar mi anterior visión mundial de la expansión económica y exploración por una parte, con respecto a los límites de crecimiento de los recursos de la Tierra por otra parte. Teníamos una respuesta al dilema, pensé, una reconciliación entre dos paradigmas que podrían emerger como un acuerdo entre el materialismo antropocéntrico y la sustentabilidad ecológica.

Desde entonces, he cambiado mi forma de pensar sobre esto. Me opongo a la industrialización extendida del espacio, o para ser más preciso, a la industrialización extendida de cualquier cosa. ¿Qué ocurrió en el ínterin para provocar mi transformación? Primero, la creciente contaminación del planeta desde los 70 me hizo poner en posición de combate respecto a los excesos de la Era Industrial. Comencé a cuestionar la moralidad de cualquier forma de explotación humana, aún en lugares más allá de la biosfera. Mi razonamiento me llevó a comprender que eventualmente haría un desastre allá también. Otro aspecto de mi cambio fueron las dolorosas experiencias de haber estado en una variedad de escenarios mundiales naturales y tóxicos durante décadas –algo que todos podríamos mirar desde una perspectiva personal, como explicaré en el siguiente capítulo. Pero tal vez lo que fue más importante para mí fue una creciente conciencia espiritual de nuestra propia responsabilidad como ciudadanos de un universo sustentable –una posición respecto de la cual mi conciencia no me permite ni retirarme ni hacer concesiones. La industrialización espacial resultó ser para mí una norma dual que diluiría nuestro compromiso de pisar con suavidad sobre la Tierra. Debemos encontrar una manera de reemplazar el crecimiento económico como motivo para vivir, o todos nos destruiremos a nosotros mismos y al lugar adonde vayamos.

Mi anterior investigación sobre hacer minería en los asteroides para una infraestructura espacial económica ha dejado paso a una visión mayor de una ecología universal que respete toda la naturaleza de la Tierra y más allá de ella. Tal vez podríamos ganar un poco de tiempo mudando la industria contaminante al espacio pero, tarde o temprano, necesitaremos hacer una serie de cambios más fundamentales que terminen con la contaminación humana en todas partes. ¿Por qué no hacerlo más temprano que tarde? ¿Por qué sólo mudar nuestra basura a otro lado? Ya estamos haciendo eso con los desperdicios radioactivos aquí. Creo, finalmente, que no tenemos otra opción que espiritualizarnos en vez de materializarnos a nosotros mismos y a nuestro entorno.

No me opongo a la exploración espacial y planetaria abierta. La apoyo entusiastamente si su impacto es mínimo y sus resultados son compartidos libremente con el público, porque esta actividad es una pieza importante en la expansión de nuestro conocimiento acerca del universo y nuestro lugar en el mismo. Me encantaría ver nuevos sistemas limpios de propulsión, así como energía terrestre gratis consistente con una ética universalmente sustentable, ecológica y pacífica. Al fin y al cabo, la formación de una democracia verde global va a necesitar educación, discusión y debate amplios sobre lo que se entiende por ecología universal y sustentabilidad en todos los niveles de discurso. Necesitaremos retirarle el poder a la NASA, cuyo elitismo de origen reciente, secretismo y militarismo no sólo viola su carta pública, sino que nos está ocultando mucha de la verdad de nuevos conocimientos.[22]

Para resumir, la agenda de sustentabilidad basada en una profunda ética ecológica, tal como la de Naess, necesitará incluir una simple lista de poderosos principios que conformarían una constitución para una nueva democracia global. Volveremos a tratar esos principios en la redacción de un Manifiesto para la sustentabilidad en el Capítulo 7. Mientras tanto, necesitamos comprender que nuestras ecologías personales también se están haciendo insustentables. No sólo la Tierra, sino la misma supervivencia de la raza humana, están en juego. De hecho, el cáncer colectivo que representa la humanidad podría ser removido de la Tierra en formas que ni siquiera podemos imaginar. Este hecho solo impone un gran sentido de responsabilidad personal para que nos sanemos a nosotros y al planeta. A continuación consideremos lo que debemos hacer en lo personal para calificarnos en la re-herencia de la Tierra.

---

[22] Brian O'Leary , Miracle in the Void, Kamapua'a Press, Kihei, Hawaii, 1996

# 5

# Limpiar y Mejorar nuestras Ecologías Personales

*"Tratamos a la Tierra como si fuera un negocio en liquidación"*.
**Herman Daly, Economista**

Devolver el poder al pueblo bajo una república verde global disparará un cambio social masivo. No devolver el poder al pueblo bajo una república verde global también resultará en un cambio social masivo –de la variedad intolerablemente tiránica y contaminante. En cualquier sentido que giremos, todos y cada uno de nosotros se verá profundamente afectado por nuestra capacidad o incapacidad de enfrentar los problemas que surgirán. Cualquiera sea la dirección, tendremos que afectar nuestras viejas costumbres familiares y movernos en territorios desconocidos. Si los cambios sociales del siglo veinte fueron sin precedentes y vastos, los del siglo veintiuno serán explosivos.

En su profético libro "Oponiéndose al Sistema"[1], Charles Reich subrayaba que el nuevo paradigma debe incluir tomar en cuenta las necesidades del individuo, aprovechar nuestra propia creatividad, restaurar nuestro sentido de la visión, libres de las demandas desproporcionadas del gobierno económico. Las preguntas que parecen fluir por las grietas de la cultura contemporánea incluyen: ¿Quién soy? ¿Cuál es el significado de mi existencia, de nuestra existencia? ¿Cómo puedo participar? ¿Tengo algún poder para marcar una diferencia? ¿Cómo puedo mejorar mi salud para tornarme más vibrante y más consciente de mis elecciones, de nuestras elecciones? ¿Cómo puedo mejorar mi familia y la vida de la

[1] Charles A. Reich, Opposing the System, Crown Publishers, New York, 1995

comunidad como células limpiadoras que podrían reemplazar las células tóxicas que los humanos han implantado en Gaia? ¿Cómo podemos expandir la base de nuestros conocimientos libre de los prejuicios y supresiones de la corriente principal de nuestra cultura? ¿Sobrevivimos a la muerte? ¿Estamos solos en el universo?

Este capítulo y el siguiente se enfocarán en lo que puede hacer un individuo que ha despertado su conciencia a la búsqueda de la verdad, cómo nuevos sistemas de conocimiento y compasión pueden unirnos en una armonía profundizante. El hecho es que todos necesitaremos ir más allá de la ecología profunda y aprender en un nivel más fundamental por qué estamos aquí, el significado no antropocéntrico de ser un humano en la Tierra. Nuestros líderes corporativos, gubernamentales, religiosos, mediáticos y académicos no quieren hacer eso porque las respuestas podrían resultarles embarazosas. Ellos adoptan caminos anticuados que se retrotraen a siglos. No quieren que sus burbujas estallen y van tras el corto plazo de la ganancia mientras el sol aún brilla sobre ellos. Pero por nuestra propia supervivencia necesitaremos cuestionar sus valores, nuestros propios valores. Debemos actuar en forma diferente.

Necesitamos una nueva ética. Debemos preguntar, ¿cómo nos estamos tratando a nosotros mismos, a nuestros prójimos, y a la vida en general? ¿Cómo tratamos a nuestros propios cuerpos, mentes y espíritus? ¿Cómo nos sentimos de estar en un medio ambiente tóxico? ¿En un ambiente hermoso? ¿Sobre qué normas éticas podemos coincidir para nuestros futuros individuales y colectivos? La Regla Dorada parece haberse convertido en “El que tiene el oro hace las reglas”.

En realidad, las respuestas a estas preguntas no pueden provenir de presidentes, corporaciones, doctores, leyes, maestros, profesores, eruditos, autores, periodistas, ministros religiosos, gurúes o ni siquiera de la creciente coalición verde en sí. Deben venir del interior de todos y cada uno de nosotros. Pero, ¿cómo podemos ingresar a una serie más profunda de normas éticas más compasivas, si virtualmente todos y todo a nuestro alrededor está fuera de equilibrio? Porque estamos en una carrera en la cual nuestras ecologías personales se han tornado tan insustentables como las de la Tierra. Es un pensamiento para despertarnos el que todos podríamos desaparecer de la faz de Gaia si ella decidiera sacudirnos de su cuerpo como a pulgas.

Por lo tanto necesitamos situarnos a nosotros mismos, a nuestra especie, en un contexto más amplio. La conversión más importante hacia una posición ecológica profunda puede ocurrir sólo cuando abiertamente elijamos un nuevo sendero, nos pongamos de pie con coraje como individuos y seamos contados, expresemos apasionadamente nuestra posición de que algo debe hacerse acerca de nuestro mal social. Sea por elección o por causas externas, cada uno de nosotros debe hacerse responsable de tomar parte en la restauración propia, de nuestro medio ambiente, nuestra finalidad y nuestras visiones.

Aquellos de nosotros que hemos realizado la transformación encontramos significativos cambios en nuestros estilos de vida. Esto se llama simplicidad voluntaria. Arne Naess ha señalado algunos cambios individuales comunes al movimiento ecológico profundo en términos de tendencias hacia: 1) usar medios simples; 2) anti-consumismo; 3) esfuerzos para satisfacer necesidades vitales más que deseos; 4) buscar profundidad y riqueza en las experiencias, en vez de intensidad; 5) tentativas de vivir en la naturaleza y promover la comunidad mas bien que la sociedad; 6) apreciación de las diferencias étnicas y culturales; 7) preocupación por la situación del Tercer y Cuarto Mundo y tendencia a evitar un estándar de vida mucho más alto que el de los necesitados (solidaridad global en el estilo de vida); 8) aprecio a los estilos de vida que son universalizables, que no sean imposibles de sustentar sin injusticia hacia otros seres humanos y otras especies; 9) aprecio hacia todas las formas de vida; 10) tendencia hacia el vegetarianismo; 11) protección de especies salvajes en conflicto con los animales domésticos; 12) esfuerzo para proteger ecosistemas locales; y 13) actuar sin violencia."[2]

A veces no somos nosotros los que introducimos estos cambios en el estilo de vida; nos vemos obligados a aceptarlos por sucesos externos. Esto me ocurrió a mí, cuando mi propia búsqueda de importantes oportunidades económicas se vio frustrada durante un lapso de años. Sin embargo en nuestra cultura no es "buenísimo" admitir "fracasos" en el mundo material, de modo que mi simplificación de estilo de vida fue por una cuestión de silenciosa

---

[2] Arne Naess, "Deep Ecology and Lifestyle", in The Paradox of Environmentalism, edit. Neil Evemdon, Symposium Proceeding, Faculty of Environmental Studies, York University, Ontario, 1984, pp. 57-60; George Sessions, "Deep Ecology as Worldview" in Worldviews and Ecology, edit. M.E. Tucker and J.A. grim, Orbis Books, Maryknoll, New York, 1994

necesidad, no una elección. En una palabra, me hice más humilde. En el proceso, aprendí que salirse del Sistema económico tiene sus propias recompensas y retos personales, y sospecho que muchos de nosotros estamos afectados por esta dinámica en mayor grado de lo que estamos dispuestos a admitir. Así que por experiencia propia, agregaría otro punto a la lista de Naess sobre cambios de estilo de vida: 14) para aquellos de nosotros en Occidente cuyos cambios de estilo de vida deben ser significativos, nosotros, los nuevos ecologistas profundos, no podemos dejar de lado nuestras responsabilidades éticas para retornar a esas antiguas comodidades y seguridades que están en contradicción con un futuro sustentable; debemos darnos cuenta del dolor de nuestro duelo ante la pérdida de los viejos hábitos y movernos hacia lo nuevo. Esto no nos impide continuar abiertos a una abundancia económica, si esa prosperidad puede aplicarse al esfuerzo general hacia un futuro verde. Si el dinero está allí, grandioso; pero esté o no disponible, todos podemos igualmente jugar un papel importante de una forma más simplificada y más humilde. Mi propia historia es un ejemplo de la clase de viaje que todos podemos tener que hacer, para poder trascender la tiranía de estos tiempos.

## Cambios Impuestos a mis Padres y a Mí

Hace 30 años fue la última vez que vi a mi padre. Recuerdo estar sentado a la mesa cenando con él y mi madre, quienes estaban visitando a mi joven familia en Trumansburg, New York. Esa noche, mi padre había bebido sus habituales tragos fuertes y apenas nos sentamos, tosió, se ahogó, se derrumbó sobre la mesa y perdió el sentido. Para cuando la ambulancia lo llevó a la sala de emergencias, se había despertado y se sentía avergonzado por el incidente. Sus cardiogramas no mostraron nada.

Un mes más tarde mi papá falleció de un ataque a las coronarias. Ahí estaba una clásica historia de un hombre que "murió con las botas puestas", como lo expresó mi madre. Le faltaban unas semanas para retirarse. Tal vez en algún nivel tenía miedo de lo que tenía por delante, ya que había estado sumergido en su trabajo mientras se escondía en una cueva emocional. Mi padre había sido un buen hombre, descendiente de irlandeses de Boston, que ascendió hasta la gerencia de ventas de artefactos eléctricos. Ambos padres me alentaron y patrocinaron la mejor educación disponible y una crianza con comodidades.

Afortunadamente lo dejé con una despedida esperanzadora justo antes de que muriera, porque había estado muy preocupado por mi naturaleza independiente. Yo había abandonado el programa para astronautas el año anterior para convertirme en profesor asistente de Astronomía y Ciencia Espacial en la Universidad de Cornell. En varios eventos a l os que habíamos concurrido, mi papá y yo nos codeamos con personas como Werner von Braun, Walter Cronkite, Wally Schirra y Carl Sagan. Esto le resultó muy placentero. Y yo tenía un contrato lucrativo con Houghton-Mifflin para publicar mi primer libro, "Preparación de un Ex – Astronauta". Aunque había renunciado al programa para astronautas, él igualmente se sentía orgulloso de mí. El me veía encaminado hacia el éxito en la cultura, así que nunca tuvo la ocasión de enfrentar la desilusión de que su hijo se hubiera convertido en un científico hereje o desertor de los estimados círculos tradicionales, para cuyo patrocinio él había trabajado tanto.

Mi padre resumía los valores del Sistema. Cuando yo era un alumno a menudo me había advertido que yo sería un vendedor de zapatos si no sacaba todas notas de aprobación en mi boletín de calificaciones. Me advertía que era económicamente esencial ganarse la vida en forma sustancial para estar seguro y tener éxito. En ese momento yo no estaba conciente de las demandas que el Sistema me impondría, ni seguía los consejos de mi padre –no todavía. En un sentido él tenía razón: oponerse al Sistema podía tener serias consecuencias personales en lo económico. Sin embargo llegué a aprender muchas cosas que mi padre no pudo en su situación: recientemente he tenido la ocasión de dejar las demandas diarias del Sistema y atender más profundamente mi salud y mi misión aquí.

Charles Reich cree que, en un mundo mejor, la vida personal necesita tener un valor social reconocido en la misma medida que el desarrollo de nuestros ambientes materiales, a través de una economía sensata y la participación pública. "La vida de familia, la vida espiritual, la naturaleza, la salud, la confianza, la seguridad y la estabilidad son intangibles e imposibles de medir pero esenciales para sobrevivir. A menos que se les asigne un valor en nuestro sistema económico, serán saqueados..." (Ref.**1**, p.**198**) Mi vida ha sido a menudo un acto de delicado equilibrio entre los dos. A menudo he sufrido por falta de dinero. También he podido vivir la vida a pleno en la periferia de la cultura, pero salirse del equilibrio puede causar mucha ansiedad. Pero, ¿es eso más estresante que quedarse en el Sistema y tener el destino de mi padre? Mi papá pensaba que los hombres no tenían otra opción en este asunto: se trabaja para el Sistema.

Mi madre, también, se ha encontrado recientemente sufriendo del mal de Alzheimer. Al igual que mi padre, ella había tenido altas normas y estaba preocupada por mi abandono de una carrera segura como científico dentro de la corriente principal. El mal de Alzheimer está alcanzando proporciones de epidemia en EE UU. Para la edad de ochenta, la mitad de nosotros lo tendremos, según las últimas proyecciones. Parece atacar a muchos de nuestros grandes triunfadores que han trabajado con éxito dentro del Sistema. Siguiendo el ejemplo del Presidente Reagan, el hogar para pacientes de Alzheimer donde está mi madre está lleno de ex – profesores, doctores y gente de negocios. Tal vez el Sistema ha tomado su tributo con mi madre así como con mi padre. El universo ha forzado a mis padres a rendirse a estados fuera del Sistema, ya sea por muerte prematura o deterioro cerebral. Sus ejemplos y los de decenas e millones parecen ser un mandato para que evitemos al Sistema siempre que sea posible, y nos enfoquemos en nuestras misiones y nuestras pasiones durante nuestro corto tiempo aquí, en forma física. “Sigue a tu dicha” fueron las sabias palabras de Joseph Campbell.

Las historias de mis padres fueron tristes porque podrían haberse relajado y disfrutar más de la vida. Pero a menudo se preocupaban y se sumían en sus ansiedades económicas. Mi padre también estuvo en crisis espiritual, descuidando su salud y temeroso de lo que haría para llenar el vacío tras su jubilación, a la que nunca llegó. A menudo soy un espejo de mi padre. He luchado entre dos bandos: entre la supervivencia económica y mi misión personal, a menudo con mi salud pendiente del equilibrio.

Un dramático ejemplo: Hace unos pocos años, recibí un fax que iba a cambiar mi vida de forma que nunca hubiera imaginado. Había pasado tres años trabajando con gran esfuerzo como autor y pequeño editor de mi octavo libro, “Milagro en el Vacío”. Los libros estaban ya en las librerías vendiéndose rápidamente y el momento de publicitarlos y promoverlos había llegado a su cúspide. Ya estaba planeando expandir mi empresa y a menudo imaginaba alcanzar un éxito económico duramente ganado. El fax provenía del distribuidor exclusivo de mis libros, uno de los más grandes del mundo. En él decía que se retiraba del negocio. En un breve momento de angustia, imaginé mis esfuerzos editoriales desintegrarse. Con virtualmente todas las ventas anuladas, comencé ajetreadas acciones junto con otros editores para salvar el inventario restante y buscar nueva distribución.

Pero la mayor parte del daño era irreversible y la bancarrota se asomaba. Pronto caí en cama con un pellizco en la columna vertebral provocado por el stress. Ese dolor sin precedentes no me abandonó durante todo un mes de postración e insomnio. Varios otros temas de supervivencia, tales como la casa, las relaciones y atrasos financieros hicieron más intensa la situación. Por momentos pensaba que iba a morir o lo hubiera preferido.

Es claro que debía hacer algo, pero las respuestas me eludían. Me comportaba en forma errática pero siempre cumpliendo con mis compromisos como orador. Uno de ellos hacía necesario que volara desde Maui a Bahamas por sólo tres días para dar unas charlas sobre ciencia y espiritualidad en el Sivananda Yoga Ashram. Aunque yo había pensado que era ridículo hacer un viaje tan largo entre medio de otros viajes, una tenue voz interior me aconsejaba que fuera. Así que lo hice.

Enclavado en un jardín tropical de cinco acres en la Isla Paraíso, con el club Mediterráneo a un costado, costosas mansiones del otro y cruceros anclados en el puerto con Nassau a la vista, el Ashram era un refugio de paz. Los swamis, huéspedes y estudiantes eran cálidos, amistosos y tranquilos. Al partir del Ashram, entre lágrimas, uno de los swamis sugirió: "¿Le gustaría venir a nuestra Granja de Yoga en Grass Valley, California, el próximo mes durante el curso de entrenamiento de nuestros maestros?" Sin siquiera pensarlo, dije que sí.

Así, durante cinco semanas practiqué yoga, medité, enseñé nueva ciencia y me mezclé con los aprendices de maestros de yoga. Dejé el Ashram con un cuerpo y un espíritu nuevos, reflexionando que el universo era muy sabio de haberme otorgado los desafíos que recibí. Sin ellos, nunca hubiera adoptado el yoga para mi salud general. Puede que no haya seguido el consejo de mi padre, puede que no me haya movido lo suficiente para recuperarme económicamente, puede que no haya cumplido lo suficiente con las demandas del Sistema, pero adquirí una nueva libertad para hallar un seguro de salud que ninguna costosa organización para el mantenimiento de la salud podría haberme ofrecido. Nunca hubiera abrazado el vacío que era necesario para preceder a un nuevo comienzo. En lugar de simplemente predicar los méritos de abrazar una nueva ciencia de concientización (próximo Capítulo), comencé a practicarla, para evitar sucumbir a más sufrimiento y dolor. He aprendido por el camino más duro (que, tal vez, sea el único modo) que somos seres espirituales extrañamente interconectados con un universo que, al final, puede ser compasivo y prestar su apoyo si tan sólo lo escuchamos. Mis visitas a los ashrams me están enseñando un nuevo equilibrio personal, ecológica y espiritualmente.

## Superando la Tiranía Económica en Nuestras Vidas Personales

Para realizar los cambios radicales que debemos emprender parece que ya no podemos actuar dentro del Sistema como máquinas de hacer dinero. La ganancia, el poder y la seguridad ya no deberían ser nuestros únicos motivos para vivir. Ese es el viejo paradigma. El nuevo paradigma nos trae la oportunidad de prepararnos personalmente para un nuevo milenio que no se parecerá al antiguo. Necesitaremos ser valientes, soportar las pruebas de nuestras propias impurezas, sanar viejos patrones y calificarnos para enfrentar las enormes tareas que nos esperan. Como aprendí al escribir "Milagro en el Vacío", sumergirse en las profundidades para lamentarse de la vida dentro del viejo Sistema, entrar al fuego que templa y purifica, puede darnos el coraje para transformar hacia lo nuevo –aún cuando nuestras nuevas vidas podrían ser humildes.

Comprometerse con la tiranía económica puede ser mentalmente insalubre. Por ejemplo, he experimentado en muchas ocasiones que la gente deja de ser amistosa cuando se trata de dinero. Ir tras la ganancia puede ser el tema principal en nuestra agenda personal oculta, basada en la comprensible necesidad de que hace falta algo de dinero para vivir. Pero la línea entre lo adecuado y la codicia está a menudo borrosa. Parece que a medida que nos aproximamos al dinero en efectivo para nuevos proyectos, nuestra personalidad cambia. Se rompen las promesas, a lo que sigue la desilusión, las relaciones se enfrían, y el dinero termina quedándose donde comenzó –dentro del Sistema. Esta actitud acumulativa es un clásico ejemplo psicológico del "doble – conflicto – aproximación –

rechazo", en el que cuanto más nos acercamos a nuestra meta, más repelidos nos sentimos por la perspectiva de alcanzarla. Este titubeo para cambiar debe ser abandonado por un nuevo espíritu de altruismo, una nueva ética que confiera más importancia al bien común que a la ganancia económica individual.

La autora estadounidense Susan Ford Collins describe la búsqueda competitiva de eficiencia que domina nuestra cultura como "más – mejor – más rápido". Hoy en día, dice Collins, "simplemente tienes que producir. Y en una era de gente descartable, si no mantienes el ritmo, alguien más lo hará". [3] Ella cree que podemos superar la presión de funcionar, encontrando modos más creativos de interactuar en el mundo. Desde esta nueva perspectiva, podemos verdaderamente unirnos para co-crear nuestros planes de acción. Es importante no sólo que creamos un futuro sustentable, sino que es igualmente importante cómo lo hacemos. Debemos encontrar maneras innovadoras, interactivas para desarrollar nuestros planes. El nuevo estilo y contenido va a ser muy diferente de los del panel de energía Bush – Cheney.

El temor al fracaso, el temor al cambio, el temor a no tener nunca suficiente, no son los únicos impedimentos para cambiar. Muchos de nosotros tampoco parecemos escuchar a nuestros cuerpos debido a las presiones económicas, abusamos de ellos con toxinas ambientales, microbios, comida chatarra, fumado, drogas, alcohol, azúcar, grasa y violencia televisada. Luego, cuando algo anda mal, vamos al médico por pastillas o nos hacemos extirpar y/o reemplazar una pieza defectuosa. Dróguenlos o córtenlos. Entonces algunos de nosotros nos convertimos en viejos zombies o moremos jóvenes, como mi padre. El tenía sesenta y siete. La buena noticia es que cada vez un mayor número de nosotros estamos comenzando a mirar a la salud más allá de las panaceas y síntomas inmediatos, allanando el camino hacia una medicina de conciencia.

---

[3] Susan Ford Collins, The Joy of Success, HarperCollins, New York, 2003

# Medicina Occidental, Salud Pública y Cura Holística

Cuando se trata de nuestra salud individual, me parece que nuestro futuro podría seguir alguna o todas de por lo menos tres direcciones: negocio médico como de costumbre, intervención del sistema de salud pública en las crisis, y la nueva medicina mente – cuerpo. Primero tenemos el modelo occidental de cuidado de la salud. Los profesionales médicos continúan haciendo girar costosas maravillas en nuestra dirección con las últimas herramientas de alta tecnología para diagnosticar, cirugías y productos farmacéuticos como el mundo ha ofrecido jamás. Pero el cuidado de la salud se ha tornado imposible de costear para una creciente proporción de la población de EE UU, incluido yo mismo. Esto se ha tornado en un tema político partidario, pero aún no hay solución, ya que las tradicionales batallas entre "gran gobierno" e intereses privados continúa. El gobierno económico se ha apropiado del cuidado médico hasta el punto que se ha convertido en un gran negocio más bien que un derecho de nacimiento. Muchos de nosotros no podemos permitirnos económicamente ver a un médico o ir al hospital. ¡Simplemente debemos permanecer sanos! Una vez más Europa está adelantada en esta cuestión. Ralph Nader y la senadora Hillary Clinton han defendido un cuidado médico garantido para todos en nuestro país, pero el Sistema ha comprado, suprimido y trabado cualquier tentativa de implementar dicho programa, aunque costaría menos a la larga. Queda claro que la cultura civil se está cayendo por entre las grietas – lo que recuerda los temas que ya exploramos sobre energía y medio ambiente. Para calificarnos y poder re – heredar la Tierra, el equipo verde necesitará salirse del sistema y financiar sus propias opciones de cuidado de la salud en forma preventiva e intervencional, lo que va desde la fuente del problema (incluida la contaminación) hasta sus efectos en el cuerpo humano.

Pero no importa cuáles sean las circunstancias políticas o económicas, el enfoque familiar occidental es claramente inadecuado, en vista de dos tendencias culturales que se nos avecinan, que muestran tanto un peligro extraordinario (el medio ambiente tóxico), como una oportunidad sin precedentes (medicina de conciencia y crecimiento personal). En definitiva, no sólo necesitamos interesarnos más en aquéllos que no pueden costeársela, sino que también debemos encarar en profundidad los riesgos de la salud pública y luego salirnos de la casilla para poder sanarnos a nosotros mismos y a Gaia. Sólo la tiranía económica está obstruyendo el camino.

No deseo denigrar a la práctica occidental de la medicina. Cuando mi hijo tuvo apendicitis hace años, fuimos a que se lo extirparan, lo que era la única decisión sensata. A menudo lamento haber titubeado y casi esperado demasiado durante esa crisis. Los minutos contaban. No hay duda que el cirujano del hospital salvó su vida.

Pero a veces es mejor quedarse en casa. Mi ataque al corazón hace nueve años[4] y mi problema en la espalda hace cuatro me incapacitaron durante semanas. Esta recuperación fue mejor hacerla lejos de médicos, institutos y medicamentos. Ambas enfermedades nos costaron poco. El amoroso cuidado de Meredith en casa más mi posterior mejoría en cuanto a estilo de vida superaron en mucho la curación que podría haber experimentado en una sala de emergencia, cuarto de hospital, consultorio o tomando drogas, aún en el momento de la crisis. Un estudio de la Oficina de Asesoramiento Tecnológico de EE UU llegó a la conclusión que "sólo entre 10 y 20% de todos los procedimientos actualmente usados en la práctica médica han demostrado ser eficaces en pruebas controladas." [5]

Usando técnicas de visualización, una vez me curé una rodilla luego de rechazar el consejo del médico de someterme a cirugía y medicamentos.[6] La revolución que se está produciendo en las artes de curar ya está mejorando la salud de cientos de millones de personas. Según el prestigioso "Journal of the American Medical Association", los estadounidenses realizaron aproximadamente 629 millones de visitas a practicantes de medicinas alternativas en 1997, comparadas con 386 millones de visitas a médicos de atención primaria.[7] La gente está gastando más de 30.000 millones de dólares por año en medicina complementaria y holística, solamente en los EE UU.[8] Muchos de nosotros hemos buscado estas propuestas

---

4 Brian O'Leary, The Second Coming of Science, North Atlantic Books, Berkeley, Calif., 1993

5 Jon Rappoport, Notes on Scandals, Conspiracies and Coverups, Truth Seeker, San Diego, 1999, pp. 13, 15 y 17. Él cita un reporte de la U.S. OTA como documento de comercio PB-286929, Sept. 1978.

6 Brian O'Leary, Exploring Inner and Outer Space, North Atlantic Books, Berkeley, 1989

7 Journal of the American Medical Association (JAMA), Nov. 11, 1998

8 Time, junio 24, 1996

independientes de los médicos y más allá de la protección del seguro. La revolución de la salud personal podría convertirse en el prototipo de una revolución planetaria de la salud, algo que exploraremos más adelante en este Capítulo.

Pero, a pesar del reconocimiento de la propia Asociación Médica Americana (AMA) de no – exclusividad en el cuidado de la salud, su influencia política continúa con sus donaciones de parte del Comité de Acción Política por más de 75 millones de dólares a candidatos favorables en las últimas dos décadas. La industria farmacéutica sola donó 230 millones a candidatos políticos en el 2000. En vez de dar la bienvenida a nuevos enfoques para el cuidado de la salud, escribe el autor Jon Rappoport, AMA continúa "enfocando su atención en drogas, cirugía y vacunas, aunque el núcleo básico del juramento médico es curar usando cualquier cosa que sane." [5]

"El mejor análisis de la historia sobre enfermedades en este planeta ha llegado a la conclusión que el agua limpia, las medidas públicas de higiene mejoradas, una mejor alimentación y niveles de vida más altos... han sido factores determinantes en la disminución de enfermedades a través del tiempo. No los antibióticos, no las vacunas, no otras drogas, no la cirugía, no los hospitales... Las sociedades médicas están en el negocio de asegurarnos que nuestro problema real son los gérmenes, no la desnutrición, ni el agua contaminada que se bebe en el Tercer Mundo, ni los productos químicos industriales y agrícolas, ni ninguna de las causas obvias de enfermedad y muerte."

Recientemente, mi madre se rompió una cadera poco después de cumplir 90 años, al comienzo de una reunión familiar. La cirugía fue exitosa, pero de no ser por el hecho que sus tres hijos geográficamente diseminados se encontraban allí como su apoyo durante el proceso post – operatorio, le hubiera sido imposible recuperarse, debido al sorprendente ambiente del hospital y a los tratamientos conflictivos. Al igual que el gobierno y la ciencia económicos institucionalizados, la medicina institucionalizada se está aproximando a un punto de retornos disminuidos en cuanto a lo que verdaderamente podría ayudarnos. Pero está apareciendo un nuevo paradigma de salud, porque este tema nos es tan afín a tantos de nosotros. Podemos percibir más fácilmente que nuestros cuerpos nos están dando las primeras señales de lo que está ocurriendo en nuestro medio ambiente. Ambos son preciosos y están siendo abusados. Así como adentro, es afuera. Así como afuera, es adentro. Cuando nos curemos, también podríamos sanar al planeta, usando técnicas y prácticas análogas.[6] Pero para poder hacer esto, primero vamos a tener que trascender al "establishment" médico enfocado en las ganancias, a las compañías farmacéuticas y a las industrias del seguro que bloquean el cambio. Es tiempo de proveer atención médica de calidad para todos en el planeta bajo un nuevo sistema que ofrezca opciones y cuidados económicamente posibles. Algo de financiamiento tendrá que provenir de los nuevos presupuestos verdes.

"Probablemente todos convendríamos", escribe el profesor emérito de Stanford, William Tiller, "en que un simple prerrequisito para ser un buen custodio de un planeta es ser un buen y conciente custodio de nuestro propio cuerpo".[9] Ciertamente estoy de acuerdo en aplicar las mismas herramientas a nuestros cuerpos físicos y al cuerpo de Gaia, pero ambas actividades necesitarán ser concomitantes e incansables. Para re - heredar la tierra necesitaremos re - heredarnos en un proceso simultáneo. No parece que tengamos tiempo para dedicarnos a curarnos nosotros primero.

Las sesenta libras de aire que respiramos cada día, la radiación ultravioleta y las picaduras de insectos que penetran nuestra piel y el agua y comida que ingerimos tienen más influencia en nuestro bienestar que lo que podríamos imaginar. El cambio climático, la disminución de ozono, el aire contaminado, el agua sucia y menguante, los desperdicios radioactivos y químicos, la propagación de enfermedades nuevas virulentas, así como de otras antiguas – transportadas por el aire, el agua, por los aviones y barcos – están haciendo estragos en nosotros. La salud pública parecería ser nuestra prioridad uno para crear un futuro sustentable, al nivel de intervención directa con nuestros cuerpos. Pero tristemente, nuestro mundo envenenado refleja nuestra propia incapacidad para lidiar con efectividad con la fuente del problema. Estamos tratando de darle sentido a todo esto mientras luchamos para recrear la salud personal contra desventajas en aumento. A veces parecería como si estuviéramos reacomodando las sillas de la cubierta en el Titanic.

Mucha gente encuentra difícil encarar el tema de la salud pública, incluyéndome. Un lado oscuro está al acecho. La mayoría de nosotros preferiríamos creer que el peligro es exagerado, está

---

[9] William A. Tiller, Science and Human Transformation, Pavoir Publications, Walnut Creek, CA, 1997

ocurriendo en algún remoto y no a mí, y el problema desaparecerá. Por ejemplo, en la Universidad de Harvard, la facultad de medicina recientemente creó una serie de tres seminarios sobre salud humana y el medio ambiente global. "El primer seminario", escribe Ross Gelbspan, "estaba desbordante de jóvenes estudiantes de medicina llenos de energía, alertas, interesados.

Inexplicablemente, sin embargo, la segunda sesión estuvo llena a medias. En el seminario final sólo media docena de estudiantes aparecieron... cuando el perplejo profesor anfitrión preguntó a los estudiantes por qué la concurrencia cayó tan abruptamente, sus respuestas fueron idénticas. El material era apremiante, dijeron, pero engendraba reacciones personales abrumadoras. Los problemas eran tan inmensos –y la capacidad de los estudiantes para modificarlos era tan remota- que para poder lidiar con sus sentimientos de frustración, indefensión y depresión sólo lo podían hacer manteniéndose alejados."[10]

Tuve una experiencia similar en 1999, mientras hablaba en una conferencia sobre soluciones (e.g. energía libre y cáñamo) a la crisis global ambiental en mi alma máter del Doctorado en Filosofía en la Universidad de California en Berkeley. Había una desacostumbrada apatía allí. Sólo un puñado de personas concurrieron, en su mayoría no estudiantes. Mis esfuerzos para obtener una copia del "Estado del Mundo" de Worldwatch no tuvieron éxito mientras revisaba las grandes librerías cercanas a la otrora activista esquina de Telegraph y Bancroft. En su reemplazo vi una atmósfera yuppie de centros de compras en el campus y calles y bares que me retrotrajo a los días de estudiante en Williams College, cuando vagábamos por Harvard Square durante los 50. Berkeley parecía ahora el opuesto de cómo era cuando había estado allí durante el Movimiento por la Libertad de Expresión en los 60. También descubrí que la librería de la Universidad de Berkeley había descontinuado su stock de "Estado del Mundo" como texto en 1995.

Nuestras principales instituciones educativas se han unido a la mayoría del resto de nosotros y no parecen querer hablar de estas cosas. Dejen que otros se encarguen, pensamos. El péndulo ha girado hacia la apatía; no obstante, de alguna manera necesitamos un terreno intermedio de acción civil efectiva para poder presentar y discutir y resolver los temas globales más candentes de nuestro

---

[10] Ross Gelbspan, The Heat is On, Perseus Books, Reading, Mass., 1997

tiempo. Berkeley ya no estaba a la vanguardia. El Sistema ha suprimido con éxito la educación sobre salud pública y su relación simbiótica con el medio ambiente tóxico.

## ¿Cuáles son mis Experiencias en Medio Ambientes Tóxicos e Idílicos?

No nos resulta fácil imaginar las consecuencias de árboles que caen en Brasil, incendios que arden en Sumatra, o tormentas que rugen en Bangladesh. Tampoco es fácil percibir una atmósfera que se calienta lentamente, o una nube castaña sobre Los Ángeles que produce nuevos casos de cáncer de pulmón, o una feroz lluvia ácida que quema los ojos y los pulmones de gente en Alemania, o el florecimiento de algas procedentes de un barco de carga chino en un puerto peruano desatando un brote de cólera, o un enjambre de mosquitos transmisores de fiebre amarilla o dengue que lograron extenderse hacia el norte desde América Latina a Texas, o una plaga de Ebola o malaria en África, o nuevos casos de cáncer producidos por la dioxina bombeada por una fábrica química a un río de New Jersey o llevada por el viento de una instalación de desechos nucleares...

El hecho es que tenemos un medio ambiente crecientemente enfermo, pero aún la mayoría de nosotros no nos hemos dado por enterados, especialmente los líderes elegidos y gerentes corporativos que tienen el control. Por eso ayuda que cada uno de nosotros reflexionemos sobre nuestras propias experiencias, con medio ambientes tóxicos, cómo nos sentimos, cómo podríamos comenzar a comprender cómo sería vivir en ambientes insalubres todo el tiempo. También es útil reflexionar sobre ambientes sanos, cómo podría mejorar la vida en un mundo prístino o restaurado. De esta forma, podemos comenzar a tornarnos más sensibles a la salud del otro – basados en experiencia personal directa más que por un trozo de noticia sobre sufrimiento en un lugar remoto que podríamos olvidar con facilidad. ¿Cuáles han sido sus medio ambientes más y menos tóxico y cómo se sintió respecto a ellos?

Una de mis propias historias de mejor – y – peor medio ambiente provino de un viaje que hice al Pacífico Sur en 1986 para encontrarme con el Cometa Halley y muchas islas exóticas. Había sido invitado como conferencista de astronomía a bordo del "Society Explorer" en ruta de la Isla de Pascua a Tahití. La Isla de Pascua es uno de los lugares más desolados de la Tierra, a cinco horas de vuelo de Santiago, Chile hacia el Oeste u otras cinco horas desde Papeete, Tahití hacia el Este. Allí me encontré con mi compañero de cuarto Bengt Danielsson, antropólogo sueco y autor, considerado como el mayor experto occidental en la Polinesia. Danielsson resultó ser un tesoro en información sobre la evolución de estas culturas y sus a veces devastadoras interacciones con europeos y americanos. El había acompañado a Thor Heyerdahl en su histórico viaje en el Kon Tiki desde Isla de Pascua a Perú.

La historia de la Isla de Pascua es fascinante. Mucho Antes de que llegara el primer barco europeo por primera vez, la cultura Polinesia, una vez vibrante, había declinado, probablemente por el despojo de sus bosques, como lo señalaron tanto Danielsson como Worldwatch. [11] Hoy, recorriendo las millas de caminos por toda la isla, se aprecian tierras de pastura sin árboles y afloramientos rocosos. Las ocasionales palmeras aparecen en las playas junto a misteriosas estatuas antiguas paradas sobre plataformas como centinelas guardando las áreas ceremoniales cercanas al mar. Isla de Pascua es un prototipo de lo que podría tornarse el mundo.

Pero la verdadera acción del viaje comenzó cuando pusimos proa hacia el oeste, hacia la Polinesia Francesa. Nuestra primera parada fue sumamente exótica. Anclamos fuera de los arrecifes de coral que rodean al deshabitado Atolón Ducie Island, a cientos de millas de cualquier lugar en el vasto océano. Navegamos con éxito en una laguna en nuestros botes zodíaco y pasamos un día en este paraíso que puede no haber sido visitado en años o décadas. Nos dimos cuenta que éramos una rara visita cuando descubrimos botellas con notas adentro que fueron llevadas hasta allí por el mar a través de años. Qué experiencia fue caminar por esta isla de una milla en forma de media luna con pequeños arbustos nativos que sostenían los nidos de enormes pájaros fragata. Flora y fauna son aventureras especies únicas que llegaron soplados a través de vastos trechos del mar hace mucho tiempo y que aún están preservados allí. El sentimiento prístino de la experiencia en este lugar excede a las palabras. El cielo, arena y mar tenían una luminosidad que muchos de nosotros notamos. Ahí estaba un frágil y bien definido

---

[11] Lester R. Brown and Christopher Flavin, A New Economy for a New Century, State of the World, Worldwatch Institute, Norton, New York, 1999.

ecosistema que había logrado escapar a los ataques de los intereses militares, políticos e industriales del mundo. Sentí un inmenso respeto mientras caminaba suavemente por la arena y la resaca para rendir homenaje a esta simple obra maestra creada por Gaia. Ducie Island fue la buena noticia.

El impacto del viaje nos llegó varios días más tarde cuando llegamos a Mangareva. La isla más al este de la Polinesia Francesa parecía al principio un paraíso cuando el barco entró a la laguna junto a una amplia y arrolladora playa en forma de media luna. En el extremo izquierdo había una catedral sin terminar algo más grande que la mitad de Notre Dame en París. A la derecha había unas barracas de cemento construidas para albergar apretadamente a los isleños para protegerlos de las explosiones directas de pruebas nucleares atmosféricas realizadas por Francia en las cercanías durante los 60.

Ambas estructuras son monumentos a la locura humana, precursores de nuestra actual invasión de planeta. Ellas simbolizan el cruel diezmo de la población en dos ocasiones separadas de la ocupación francesa. Lo que fuera una feliz y estable cultura de unos pocos miles de polinesios, Mangareva primero tuvo que lidiar con un sacerdote misionero francés excesivamente fervoroso durante el siglo diecinueve que había encomendado a los nativos construir la catedral. La construcción finalmente se detuvo cuando los obreros, no acostumbrados al trabajo duro, caían como moscas. El siglo veinte vio un segundo diezmo porque la explosión nuclear envenenó la cadena alimenticia hasta llegar a ellos. Los nativos tradicionalmente atrapaban y comían sus pescados y no estaban dispuestos a escuchar a las autoridades francesas después de su prueba nuclear. Muchas de las personas que vimos en esa isla estaban enfermas y deformadas por las toxinas. Estas historias poco conocidas dan un ejemplo importante de explotación, contaminación y prácticas negligentes que afectan la salud pública.

Inclusive Tahití, el principal paraíso de la Polinesia Francesa no ha sido inmune a la devastación por parte de la raza humana. En 1994, en una visita a Danielsson en su casa en las afueras de Papeete, percibí su amargura mientras me contaba lo que estaba ocurriendo en el medio ambiente tahitiano. Como en Maui, la mayor parte del agua ha sido desviada para agricultura y turismo, secando arroyos y cascadas. Peor aún, las cloacas sin tratamiento desaguando en ríos y el océano han hecho que en la mayoría de las zonas de Tahití no se pueda nadar. Sumado a esto, el Niño y otros efectos del cambio climático han envuelto a Tahití dentro de las calmas ecuatoriales, creando un clima caliente, pegajoso, sin brisa, nublado, con el nuevo agregado de tormentas eléctricas. Danielsson había vivido en Tahití por décadas pero jamás había visto tal tipo de clima hasta los 90. Generalmente, el clima allí era agradable con vientos alisios frescos y chaparrones.

¿Presagia esto un futuro inestable para las igualmente frágiles Islas Hawai? Tal vez. Maui está enfrentando una cantidad de problemas ambientales, tales como escasez de agua, deforestación, la introducción de flora y fauna extrañas al medio, un irregular crecimiento urbano e industrial, sequías, arrecifes coralinos muertos y contaminación auditiva y del aire. La arcaica práctica de quemar caña de azúcar produce una nieve negra irritante y hollín que congestiona los pulmones y que a menudo cae sobre la ciudad turística de Kihei. La Compañía Eléctrica de Maui planea construir una enorme y sucia planta de energía a diesel con un costo potencial de 400 millones de dólares, que haría parecer a la quema de caña de azúcar un picnic para los pulmones de los residentes que viven viento abajo. Y, a pesar de las protestas de los entomólogos, los proyectistas quisieran extender la principal pista de aterrizaje del aeropuerto para dar la bienvenida a nuevos vuelos sin escala de Asia y el medio oeste Americano, aumentando considerablemente el ingreso y extensión por todo Maui de especies foráneas de flora y fauna – siguiendo el ejemplo de Oahu y su puerto internacional de Honolulu.

En resumen, nuestra salud pública está en peligro no importa adónde vayamos, incluyendo algunos de los más idílicos y remotos asentamientos del planeta. Muchos otros lugares que he visitado se han vuelto lastimosos. Calcuta, Delhi, Bombay, Bangkok, Chernobyl y Beijing son recordatorios. Todos hemos experimentado a veces los efectos director de ambientes contaminados –ahogos, resuellos asmáticos, dolores de cabeza, nauseas y estrés. Creo que es útil reflexionar y compartir con otros nuestras experiencias más positivas y más negativas.

## La Plaga que Viene

Los profesionales de la salud pública del mundo están enfrentando a una bestia con cabeza de hidra, tan compleja y siniestra como la situación ecológica. Nuestros medio ambientes internos y externos están invitando a viejas y nuevas cepas. En un libro de 1959 "Milagro de Salud", que yo había leído como texto de estudio hace cuarenta años, el biólogo Rene Dubos advertía: "El destino humano está encaminado a ser un juego de apuestas, porque en algún momento impredecible y de alguna manera imprevisible, la naturaleza devolverá el golpe." [12] En ese entonces yo desconocía la gravedad de su afirmación profética, al igual que un estudiante de Harvard o Berkeley de hoy tampoco lo sabe. Se da prioridad a una carrera de negocios, derecho, medicina o ciencia. Irónicamente, estos jóvenes puede que no lleguen a poder desempeñar sus carreras en la forma que esperaban debido a futuras represalias ambientales por nuestro silencio combinado respecto a lo que es realmente necesario hacer.

Cualquiera de las múltiples enfermedades está esperando su oportunidad ecológica. La bióloga-periodista Laurie Garrett presentó cientos de ejemplos sobre cómo el deterioro ambiental y la globalización aumentan las posibilidades de que se reproduzcan y propaguen enfermedades mortales, en su reciente libro "*La Plaga que Viene*". "Que la humanidad", escribe, "había groseramente subestimado a los microbios ya ano era cuestión para dudar. Los microbios estaban ganando... el extraordinario y rápido crecimiento de la población de homo sapiens, junto con su apetito voraz por el dominio planetario y su consumo de recursos, había puesto a todos los sistemas biológicos y químicos mensurables en un estado de desequilibrio." [13]

Ella resume una reciente conferencia de preocupados científicos de esta manera: "los virus estaban mutando a ritmos veloces; las focas estaban muriéndose de grandes plagas según coincidían los investigadores; más de 90% de los conejos de Australia murieron en un solo año posterior a la introducción de un nuevo virus; grandes pandemias de gripe estaban recorriendo el mundo animal; la cepa Andrómeda recién reaparecía en África en la forma de virus de Ebola; mega-ciudades estaban surgiendo en el mundo en desarrollo, creando nichos de los cuales "cualquier cosa podría surgir", los bosques lluviosos estaban siendo destruidos, forzando a los animales e insectos portadores de enfermedades a refugiarse en zonas pobladas por humanos y haciendo crecer la

[12] Rene Dubos, *Mirage of Health*, 1959

[13] Laurie Garrett, *The Coming Plague*, Farrar, Straus and Giroux, New York, 1994.

posibilidad muy real de que misteriosos microbios letales infectaran, por primera vez, a la humanidad en una gran escala y pusieran en peligro la supervivencia de la raza humana." Garrett cree que la situación real se parece más a una novela de Michael Crichton que a esas noticias, rápidamente olvidadas, que siempre parecen afectar a otros, no a nosotros.

Mientras escribo esto, los titulares sobre la situación del SIDA no son alentadores. Los tratamientos existentes que emplean poderosas drogas pueden haber disminuido temporalmente los índices de mortalidad, pero aún esos están perdiendo eficacia en los EE UU, según un informe de Associated Press del 30 de agosto de 1999. La disminución de muertes por SIDA se redujo a la mitad en 1998, y el SIDA continúa siendo una epidemia, con más de 17.000 muertes al año. Aún no ha sido hallada una cura para este despiadado asesino.

Después de más de una década de periodismo investigativo sobre el SIDA, Jon Rappoport cree que su continuado número de bajas humanas puede rastrearse lasta la codicia industrial. Muchos expertos han llegado a la conclusión de que el SIDA es una categoría general de enfermedades de inmunodeficiencia, más que un virus en particular en busca de una vacuna. Drogas fuertes como el AZT en realidad aceleran el aumento de síntomas en sus etapas primeras, basándonos en estudios de hombres con HIV positivo en San Francisco, que se negaron a tomar la droga y pudieron prevenir los síntomas de SIDA durante años.

En un irreverente y perceptivo "monólogo soñador", Rappoport imagina que el Presidente Ejecutivo de una gran compañía farmacéutica podría estar pensando en la situación general... "El SIDA es realmente una colección de diferentes formas de inmuno supresión por diferentes causas en todo el mundo. Sé que en muchos casos las causas son químicas, o se relacionan con las horribles hambrunas en el Tercer Mundo. Pero mi compañía no hace dinero con eso. Tenemos que mantener la ilusión de una única condición médica causada por un solo germen. Entonces podemos encontrar una droga y una vacuna y venderlas. En el caso del SIDA, vimos el AZT presentarse como la droga elegida, y se hicieron miles de millones de dólares de ganancia. La vacuna contra el SIDA, si alguna vez llega al mercado, podría significar beneficios de doscientos o trescientos mil millones de dólares. Por una suma de dinero así, necesitamos mantener nuestra posición en la mente de la gente, como autoridades en el terreno de la enfermedad..." [5]

El testimonio de Laurie Garrett sobre el problema del SIDA fue el siguiente: "A través del prisma del SIDA", escribió, "fue posible a los expertos en salud pública del mundo ser testigos de lo que ellos consideraron ser hipocresías, crueldades, fallas e inadecuación de las sagradas instituciones de la humanidad, incluyendo su establishment médico, la ciencia, la religión organizada, los sistemas de justicia, las Naciones Unidos y los sistemas de gobierno individuales de todo el espectro político. Si el HIV fue nuestro modelo, concluyeron los principales científicos, la humanidad está en graves problemas... en los últimos cinco años, científicos –particularmente en EEUU y Francia- han hecho oír su preocupación de que el HIV, lejos de representar una aberración en la salud pública, puede ser una señal de lo que vendrá. Ellos advierten que la humanidad ha aprendido poco sobre el estar preparada para responder a nuevos microbios, a pesar de la feroz tragedia del SIDA. Y piden que se reconozcan las formas en que los cambios en el micro-nivel del medio ambiente de cualquier nación pueden afectar la vida en el macro-nivel global." [13]

Los científicos presentes en la conferencia a la que Garrett concurrió, se preguntaron cómo podría la historia juzgar los recientes desempeños de los líderes mundiales políticos y religiosos: "¿Serían vistos como un equivalente de los clérigos y aristócratas de Londres del siglo diecisiete que huyeron de la ciudad, dejando a los pobres que sufrieran la peste bubónica, o sería la historia más compasiva, hallándolos simplemente incapaces de percibir la tormenta hasta que ésta arrasara sus hogares?"

El SIDA es sólo un ejemplo de un mundo que corre enceguecido destruyendo todo lo que encuentra ante la plaga potencial? Un documental del 30 de agosto de 1999 pasado por el Canal Aprender (Learning Channel) sobre enfermedades y su manejo humano introdujo el tema en muchos hogares. Incluido en este agudo y escalofriante informe está la amenaza de opciones de guerra con armas biológicas y químicas que podrían destruirnos a todos. Aparte de eso, en cualquier momento podríamos enfrentarnos con otra pandemia de gripe o con cepas tipo Ebola que podrían surgir de un bosque lluvioso diezmado, de un río contaminado, de un mosquito arrastrado por el aire o de un accidente en un laboratorio. Sin embargo, de algún modo toleramos prácticas existentes mientras esperamos el Grande que se propague por el mundo, como siempre ha ocurrido en la historia. Excepto que las condiciones para que robustos microbios se apoderen del planeta son más favorables que nunca.

"En última instancia", concluye Garrett, "la humanidad deberá cambiar la perspectiva sobre el lugar que le corresponde en la ecología de la Tierra, si la especie espera superar la próxima plaga o sobrevivir a ella. La rápida globalización de los nichos humanos requiere que las personas comiencen en todo el planeta a dejar de considerar a sus vecindarios, provincias, países o hemisferios como la suma total de sus ecoesferas personales. Los microbios y sus vectores no reconocen ninguno de los límites artificiales erigidos por los seres humanos... En el mundo microbial la guerra mundial es una constante." Garrett sugiere que no necesariamente estamos en la cima de la cadena alimenticia, y que ya podemos haber asegurado la victoria de los microbios.

## Revirtiendo Nuestro Medio Ambiente Enfermo y Tóxico

No sólo los microbios nos están esperando. La descarga indiscriminada de toxinas químicas y materiales radioactivos ha producido un número creciente de muertes por cáncer en el mundo. "El cáncer puede ser una lotería", escribe Sandra Steingraber, "pero no todos tenemos las mismas probabilidades de 'ganar'. Sólo en los EEUU más de 10.000 personas por año son asesinadas por cánceres producidos por problemas ambientales. Simplemente por el lugar donde estaban –el terreno sobre el que vivían, el aire que respiraban, la comida que ingerían- se murieron. Lo que es crucial ahora es un planteo de derechos humanos respecto al medio ambiente. Sólo entonces podemos pensar en un tiempo en el que el descarte deliberado y rutinario de sustancias sospechadas de ser cancerígenas –y en primer lugar su producción- sea tan impensable como la práctica de la esclavitud. En resumen, tenemos que convertirnos en abolicionistas de los cancerígenos." [14]

[14] Sandra Steingraber, *Living Downstream*, Addison-Wesley Publishing Co., Inc., New York, 1997 and Virago Press, London, 1998

Siguiendo la tradición de "Silenciosa Primavera" de Rachel Carson, Steingraber documenta muy bien el silenciamiento de científicos ambientalistas y de la salud que dependen de fondos gubernamentales. "Silenciosa Primavera", dice Steingraber, "puede leerse como una exploración de cómo una clase de silencio lleva a otro, cómo los secretos del gobierno engendran un mundo extrañamente silencioso y sin vida".

Steingraber va tras las soluciones proponiendo tres principios para limpiar el medio ambiente tóxico. El primero es el principio de tomar precauciones, que establece que "un indicador de daño, más bien que una prueba del daño, debe ser el detonante de la acción – especialmente si una demora puede causar daños irreparables." Nuestro sistema actual, expresa, es "equivalente a efectuar un experimento descontrolado usando sujetos humanos".

El segundo es el principio de prueba invertida, en el que lo que se necesita demostrar es la seguridad en vez del daño, trasladando "la carga de la prueba del público hacia aquellos que producen, importan o usan la sustancia en cuestión..." Steingraber argumenta que esas normas se imponen a los productos farmacéuticos pero aún no a los químicos industriales. (Aún así las muchas promociones de medicamentos no seguros tienen sus propios problemas de abuso). El tercero es el principio de la alternativa menos tóxica. Esta especie de "declaración de impacto ambiental" necesitaría buscar alternativas con vistas a lograr el objetivo.

Vimos en el Capítulo 1 que el progreso más efectivo en el movimiento ambientalista hoy en día en los EE UU son las confrontaciones judiciales relacionadas con peligros para la salud provenientes de desechos tóxicos. Esta clase de acción no es posible llevarla a cabo con temas globales, como cambios climáticos producidos por la acción humana. Pero, eventualmente, tendremos que movernos más allá de los procesos contenciosos y unirnos en responsabilidad cívica por el medio ambiente bajo una república verde y global.

Rachel Carson, Laurie Garrett y Sandra Steingraber son todas mujeres apasionadas, inteligentes y cultas que respaldan no tan sólo medidas mejoradas sobre salud pública para prevenir la marea. Ellas creen que si sólo tratamos los síntomas en vez d las causas, inevitablemente se producirá una mala salud y la auto-extinción. De modo que debemos volver a las fuentes: en primer lugar lo que está haciendo el homo sapiens al medio ambiente para provocar esta condición. Una vez más, necesitaremos mirar lo que hemos hecho y cómo lo podemos revertir para crear un futuro sustentable. No es una tarea fácil.

Sin embargo, hay que hacer el trabajo. El tema de la salud pública es el efecto más inmediato del declinante medio ambiente en sí, y necesita ser apoyado por la agenda verde. Los científicos de todas partes nos están diciendo que estamos en peligro de muerte y enfermedades forjadas por el hombre que haría palidecer a cualquier guerra que hayamos peleado. Esto debería servir de suficiente advertencia como para seguir los principios de la Parte I sobre restauración de la biosfera, y apresurar los planes que como comunidad global deberemos seguir pronto.

En vívido contraste con los desafíos en el área de la salud pública inducidos por el medio ambiente, también querremos considerar la medicina de concientización, cuyo potencial milagroso podría acelerar las perspectivas de concedernos poder como seres humanos y custodios de una Tierra restaurable. Debemos cambiar nuestros propios paradigmas interiores a medida que comenzamos a verlo en lo externo. Nuestra tarea comienza con un más profundo entendimiento del cuerpo, mente y espíritu humanos como fue revelado por una plétora de prácticas médicas nuevas y tradicionales que trascienden el modelo occidental, basado en materialismo y economía.

## La Revolución de la Medicina de Conciencia

En una parte anterior de este Capítulo exploramos los cambios en el estilo de vida que debemos adoptar como ecologistas profundos. Este paso se hará necesario para nuestra propia supervivencia. Los seis mil millones que somos, especialmente aquellos de nosotros que consumimos más que nuestra justa proporción debemos aprender a ser personalmente sustentables, a simplificar y re-examinar lo que es realmente importante en términos de nuestra propia responsabilidad individual. Junto con nuestro comportamiento externo verde, necesitaremos desarrollar una ecología interior verde, una que se comprometa con una actitud de salud positiva en contraste con la andanada de palabras que aparecen en las propagandas comerciales de la industria farmacéutica y las organizaciones de mantenimiento de la salud. Debemos aprender que somos en esencia más que una máquina con piezas que las arreglan como si actuara un mecánico de taller. Afortunadamente, tenemos muchos más opciones para profundizar y mejorar nuestras ecologías personales que las que nos dicen los médicos y los medios de comunicación. Porque nosotros mismos somos vehículos de conciencia esperando auto-descubrirnos.

Esta tendencia que viene en la medicina tiene muchos nombres diferentes, muchas diferentes modalidades. Tomadas en conjunto, abarcan una revolución cuya comprensión apenas ha rozado las pantallas de radar el Sistema. Al igual que el movimiento creativo cultural, el movimiento de medicina de la conciencia no está aún suficientemente organizado como para presentar un frente unificado que fuera comprendido por la Asociación Médica o por el cartel de las drogas "legal". He aquí algunas de las muchas propuestas: medicina mente-cuerpo, medicina energética, medicina vibracional, homeopatía, medicina alternativa, medicina integrante, sanación holística, medicina oriente – occidente, medicina ayurvédica, medicina china, acupuntura, acupresión, medicina de hierbas, kiropraxis y sanación espiritual. Muchos pioneros que promueven estas prácticas incluyen a Deepak Chopra, Larry Dossey, Bernard Siegel, Andrew Weil, Elmer Green, Norman Sheely y otros demasiado numerosos para mencionarlos aquí.

Como veremos en el próximo Capítulo, el común denominador de la mayoría de estos enfoques es la apertura de la conciencia, que representa nuestra capacidad de sanar por medio de una actitud mental positiva. Esta nueva industria multimillonaria muestra que estos enfoques funcionan y son populares, especialmente para prevenir serios problemas que podrían surgir más adelante. Tal vez lo más importante es que la medicina de concientización abre las puertas a la ciencia de conciencia, que, como veremos en el siguiente capítulo, transformará nuestro paradigma en formas refinadas para restaurar el equilibrio de la condición humana con el mundo natural. La caja de la medicina y la ciencia occidentales se está abriendo ahora y es una Caja de Pandora para los materialistas que aún se aferran a los viejos usos. A la larga, la realidad científica no puede ser legislada o dictada por gobiernos economistas, ciencia materialista o religiones.

Pero también necesitamos proveer oportunidades alternativas a aquellos que no pueden costear la clase de cuidado de la salud que todos merecemos. Necesitamos preservar y proveer medicinas naturales y dietas sanas vegetarianas, aunque sean parciales, a todos los que estén listos para ellas. Ambas pueden provenir solamente de un ambiente biodiverso, principalmente de nuestros bosques lluviosos en declinación. Este es un fuerte argumento a favor de la preservación de nuestra herencia natural hasta tanto podamos hacer algo con ella. Desafortunadamente, la medicina holística, los medicamentos naturales y productos orgánicos están más allá de las posibilidades económicas de la mayoría de nosotros, y este hecho habla a favor del seguro médico universal, en que el individuo pueda elegir su modalidad, su alimentación y su medicina. Abrir estas opciones sería tarea para la república global verde.

Mi extensiva investigación científica en las dos últimas décadas me hace apoyar la credibilidad de la medicina de conciencia, la sanación por la plegaria, y los experimentos de mente – sobre – materia que han sido ignorados por la corriente principal. Algunos sistemas de creencias religiosas y científicas también han sido sacudidos por otras dos significativas tendencias en la comprensión de quiénes somos y por qué estamos aquí: evidencia en aumento de la supervivencia a la muerte y la presencia de otras vidas inteligentes en el universo. Ambos estudios están abiertos a la investigación científica utilizando métodos científicos, pero son culturalmente inaceptables porque no encajan en la ciencia ortodoxa, aún cuando la mayoría de las religiones creen en una vida en el más allá. El Sistema quiere detener esta curiosa dualidad, lo cual es otro ejemplo de su tiranía. Sus tentativas de encasillar el conocimiento por medio de la prohibición de indagar en cuestiones tan fundamentales pueden haber tenido éxito culturalmente dentro de las universidades, instituciones gubernamentales, corporaciones, salas de noticias y fundaciones. Pero esto es una gran mentira: la evidencia científica es apremiante respecto a que sí tenemos almas, que continuamos después de lo que llamamos muerte y que no estamos solos en el universo.

## Investigaciones Muestran que Sobrevivimos a la Muerte

Los resultados positivos en curas a distancia y experimentos de visión a distancia, los millones de informes sobre experiencias extracorporales asociadas con la muerte, la casi-muerte, la ketamina y encuentros místicos, recuerdos verificables en niños de una vida pasada, y la comunicación con seres queridos que han muerto, todo señala hacia una realidad inmaterial, no local y perdurable accesible a todos nosotros sin importar nuestras creencias. A pesar de la línea cultural materialista tendida por nuestros científicos y filósofos por igual, con cubiertas de las religiones organizadas, llegué a descubrir la riqueza de evidencias empíricas y mi propia experiencia en el sentido que tenemos almas que perduran al fallecimiento del cuerpo físico, al que llamamos muerte. [4, 15] Esas fueron buenas noticias para mí y deberían ser buenas noticias para la mayoría de nosotros, porque la probabilidad de que nuestra conciencia sobreviva a la muerte da un significado más profundo a nuestra existencia y a nuestras responsabilidades durante nuestra estadía en la Tierra.

Esto me recuerda la historia del rico mercader que reunió a todos sus hijos alrededor de su lecho de muerte. Sus últimas palabras fueron: "¿Quién está cuidando el negocio?" A menudo me pregunto qué le podría haber sucedido a ese hombre justo cuando estaba haciendo su transición. Él probablemente se hubiera sorprendido de que los asuntos mundanos se desvanecían rápidamente de su conciencia, si nos basamos en casos estudiados de experiencias de casi – muerte. La mayoría de nosotros tenemos un sentimiento de unidad y compasión hacia toda la creación –un grito distante de la tiranía económica.

Antes de empezar a investigar estos temas, me sumergí personalmente en varias ocasiones en esta agua inexplorada. En 1982, estuve en un accidente automovilístico de alta velocidad al que tuve la suerte de sobrevivir. No había sentido nada de la violencia del accidente, sino que sentí que mi conciencia se elevaba de mi cuerpo hacia una luz brillante e intemporal de la cual no quería separarme. Sólo después me enteré que millones han reportado experiencias similares ante sus encuentros con la muerte. Años más tarde, participé de un experimento clínico en el que tomé la droga alteradora de la mente llamada ketamina. Una vez más, mi conciencia abandonó mi cuerpo, viajé por realidades místicas ricamente visuales en las que me di cuenta dolorosamente que mis preocupaciones terrenas personales empalidecían ante mi conciencia

[15] Charles Tart, edit. *Body, Mind and Spirit*, Hampton Roads, Charlottesville, Virginia, 1997

recién ampliada. Nuevamente, más tarde me enteré que no estaba solo, que miles de otras personas han tenido viajes similares. [16]

La ciencia misma y mi propia experiencia se combinaron para darme la evidencia que necesitaba –y que necesitaremos- para abrir a la humanidad a este nuevo paradigma de la realidad. La creciente evidencia de vida después de la muerte y de experiencias trascendentales contradice las presunciones de nuestro paradigma cultural, religioso, científico. Estos científicos auto-titulados "escépticos" del siglo veinte no han experimentado y por lo tanto niegan la existencia de una realidad no materialista y no local. Se han limitado innecesariamente. Para que se conozca la verdad, debemos por tanto cuestionar esta visión, igual que cuestionamos las prácticas contaminantes de las corporaciones dominantes. Lentamente, aprendí que la naturaleza humana no es lo que la cultura occidental moderna nos contaba: en esencia, no somos nuestros cuerpos, y nuestra conciencia se extiende más allá del tiempo y el espacio. La propia ciencia estaba revelando lo que algunas tradiciones religiosas y místicas nos estuvieron diciendo todo el tiempo, no lo que nuestras influyentes academias materialistas continúan afirmando a través de sus voceros mediáticos.

Estas experiencias están disponibles para todos nosotros. En sus últimos años, el gran psicólogo Carl Jung lamentaba la prohibición filosófica occidental de creer en nuestra propia inmortalidad, porque ése era un asunto para los religiosos. El llamó a la existencia del alma humano "el tesoro enterrado en el campo" de la investigación científica. [4] Luego de años de hacer estudios sobre experiencias de casi-muerte, reencarnación y "médium-idad", estoy convencido de que la historia humana es de mayor alcance que la presumida por la cultura principal –tanto la secular como la religiosa. La arbitraria separación de iglesia y estado podría ser políticamente sabia, pero todos sufren cuando el conocimiento que ambos grupos promulgan representa una especie de estrechez mental y deshonestidad intelectual, porque los hechos podrían amenazar el poder de que ambos están investidos. De ningún modo estos prejuicios deberían impedirnos contar la historia mayor de nuestro ser, basada en evidencias científicas irrefutables.

En este sentido, vivimos en un tiempo similar al del Renacimiento italiano. El paradigma de la todopoderosa Iglesia

---

[16] Brian O'Leary, *Miracle in the Void*, Kamapua'a Press, Kihei, Hawaii, 1996

Católica que prevalecía entonces era el geocentrismo (la creencia de que la Tierra y toda la humanidad eran el centro del universo). Ahora es el materialismo antropocéntrico (la creencia de que los humanos dominan la Tierra y tienen derecho a explotar todo lo que quieran, siguiendo algunas reglas arbitrarias de lo que llamamos la economía). Durante el Renacimiento, hicieron falta las observaciones científicas de Galileo, Bruno, Copérnico y otros para derrotar el paradigma egocéntrico. Ahora hará falta la evidencia de realidades no locales, el sobrevivir a la muerte y la presencia de visitantes no-humanos para bajarnos de nuestro antropocentrismo materialista. Creo que para que nuestra cultura sobreviva, tendremos que trascender esta visión mundial imperante. Necesitamos reemplazarla por una ecología profunda universal, en la que los humanos asuman su rol en una jerarquía compleja de seres; no somos ni más ni menos importantes que los demás.

Las apuestas suben aún más cuando contemplamos la evidencia proveniente de las arquetípicas experiencias de casi-muerte, muerte y después de la muerte. En el umbral de la muerte, muchos experimentadores cuentan de una revisión de la vida en la que sus acciones son valoradas moralmente. Las comunicaciones con "el otro lado" revelan una nueva vida después de la muerte que es más perfecta que la vida en la Tierra. La historia de nuestra existencia aquí adquiere entonces un nuevo significad ético consistente también con tradiciones religiosas y científicas del Oriente. Según esta visión, nosotros los humanos encarnamos en la Tierra para ganar experiencia y crecer. Al momento de la muerte física, nuestras vidas son revisadas. Nuestras almas pueden entonces adquirir un mayor contexto para el conocimiento sobre nosotros mismos y el universo. Más adelante nuestras almas podrían reencarnar en otro cuerpo humano para mayor aprendizaje. Algunos filósofos llaman a este proceso karma, una ley universal de causa y efecto, en la que nuestras acciones humanas individuales, buenas y malas, se reflejarán sobre nosotros por hechos futuros, ya sea en esta vida o en una posterior.

Extensa evidencia científica y experiencia personal respaldan esta hipótesis de realidad [4, 8, 16] Si todo esto es así, podemos atribuir más importancia a los efectos de nuestras acciones. Bajo esta visión, nuestro antropocentrismo materialista puede crear un embrollo no sólo "allí afuera" en el medio ambiente, también puede crearlo dentro de nuestras propias psiquis perdurables. Lo que sembremos deberemos cosechar. Otro hilo adicional de evidencia parece confirmar esta visión: nuestros encuentros con inteligencia no-humana.

## Probablemente no Estemos Solos en el Universo

No debería ser una sorpresa que la hipótesis de que visitantes no-humanos están aquí cuenta con fuerte apoyo científico por parte de investigadores, y negativas de parte de la corriente cultural principal. Una vez más, nuestro antropocentrismo saca este tema de nuestros casilleros académicos porque sus implicancias contradicen nuestro deseo de ser "rey de la montaña" aquí en la Tierra, alentando así un culto penetrante de secretismo gubernamental. Los poderes investidos que tienen el control están demasiado amenazados por el conocimiento de que nuestra existencia humana puede ser muy humilde en este pequeño rincón del universo.

Sin embargo, la evidencia de visitantes cósmicos es abrumadora. Años de investigaciones que otros y yo hemos hecho sobre encuentros con OVNIS, alienígenas, ángeles, espíritus de la naturaleza y tal vez Gaia misma revelan no sólo una realidad trascendente [6, 16], sino una cualidad de profunda preocupación por lo que estamos haciendo a nuestro precioso medio ambiente [17]. En estudios clínicos de pacientes que aseguran haber sido secuestrados por no-humanos, John Mack, profesor de psiquiatría de la Universidad de Harvard, ha encontrado un denominador común ecológico en sus experiencias. Escribe Mack: "Quedé atónito al descubrir que, en caso tras caso, poderosos mensajes sobre la amenaza humana a la ecología de la Tierra eran comunicados a los transportados en vívidas e inconfundibles palabras e imágenes. El impacto de estas comunicaciones es a menudo profundo y puede inspirar al que lo experimenta a trabajar activamente en beneficio de la vida del planeta. Realmente, me parece bastante posible que la protección de la vida en la Tierra esté en la raíz del fenómeno de los secuestros. (pp.**87- 88**)... A los que fueron transportados se les informó repetidamente que el proyecto híbrido (crianza) está relacionado con el estado peligroso de la ecología de la Tierra y se está llevando a cabo tanto para la especie humana como para la de

[17] John E. Mack, M.D., *Passport to the Cosmos*, Crown Publishers, New York, 1999

alienígenas (p.**123**)... (la Tierra) es verdaderamente una joya de la corona cósmica y nuestra creciente destrucción de su vida parece ser un crimen de proporciones cósmicas". (Ref. **17,** p.**275**)

Los secuestradores muestran imágenes gráficas y "llevan" a los experimentadores a ambientes terrenales que "demuestran uno u otro aspecto de la belleza de la Tierra y la ecología amenazada. Escenas de destrucción apocalíptica pueden estar yuxtapuestas con imágenes de belleza tan exquisita que por momentos parece como si un maestro cósmico estuviera tratando de llegar a la profundidad de las almas de los experimentadores." (Ref.**17**, p.**15**) Podemos aprender una lección no solamente sobre revertir el impacto extraordinario de nuestra destrucción, sino sobre el método por el cual debemos despertarnos al peligro. Mi propia experiencia en ambientes hermosos y tóxicos descritos en este Capítulo tuvo un profundo impacto en mí, y sugiere que todo lo que necesitamos es crear más conciencia de nuestro entorno y de que podría desaparecer algún día debido a nuestro descuido. Citar lúgubres estadísticas del "Estado del Mundo" es una cosa, pero los que se conviertan a la ecología profunda también pueden necesitar experimentar directamente la pérdida que inevitablemente sufriríamos si no cambiamos nuestras costumbres.

La evidencia de la presencia de visitantes extra-terrestres e inter-dimensionales apoya la idea de un universo viviente, interconectado y consciente. Los estudios clínicos de Mack muestran claramente que podemos no tener elección, salvo convertirnos en ecologistas cósmicos profundos. Cuando consideramos a todas las criaturas y a Gaia como amigos que merecen su parte en el esquema general de las cosas, inevitablemente debemos cambiar nuestra visión del mundo. Todo parece indicar que debemos co-crear con Gaia un futuro combinado –si ella así lo permite después de nuestro record abismal. Es ecocida dominarla y destruirla arrogantemente.

## El Culto Oficial del Secreto

La cuestión de los OVNIs y alienígenas abre una Caja de Pandora de nuevos conocimientos que parece reflejarse más en los continuos esfuerzos del Gobierno de EE UU y otros por suprimir la verdad, que en la alta calidad de investigaciones externas que muestran que el fenómeno es muy real. Las tentativas de sacar los hechos de esos encuentros a la luz pública con continuamente frustrados hasta el punto en que a menudo nos sentimos forzados a apartarnos de la verdad y a comprender que no deberíamos esperar nada más de nuestros gobernantes electos. [18] Así que en vez de hacerlos rendir cuentas, nos hemos hundido en un cajón de conocimientos aceptados que es incompleto y/o no verdadero. Hemos llegado a creer que abrir la Caja de Pandora alteraría de tal modo nuestra visión cultual del mundo que esto seguramente destruiría nuestro sentido existente de seguridad social. Digo que necesitaremos abrir ese cajón, sin importar las consecuencias. La verdad nos hará libres.

Lamentablemente, las tendencias en EE UU parecen ir en dirección opuesta. Con la última aprobación del Acta Oficial de Secretos, y sin ningún debate público, el Congreso de EE UU ha conferido al Ejecutivo aún mayores poderes para procesar a cualquiera que revele cualquier información que se considere merece ser clasificada, bajo un sistema que es, en primer lugar, sumamente arbitrario. Ahora, la administración de cualquier Presidente estadounidense podría tener un día de maniobras suprimiendo cualquier información que desee, mientras se miente y se procesa a cualquier informador. Este acta virtualmente asegura una política continuada de no revelación de OVNIs y otras formas de secreto, como en el Acta Patriota del 2001-2002. La represión en EE UU va en aumento, lamento informar.

También creo que el que permitamos que estos secretos prevalezcan es sólo una parte de permitir un penetrante culto al secreto, que hace que nos gobiernen de una manera insidiosamente totalitaria. Esto representa nada menos que nos hemos traicionado a nosotros mismos. Damos a individuos sin rostro el poder de ocultarnos verdades embarazosas, a cambio de que mantengan erguida nuestra economía, que se nos dice es esencial para que continuemos con nuestros estilos de vida consumistas, pero que en realidad nos están matando. En el mejor de los casos, éste es un trato tambaleante, y en el peor, el fin de la civilización humana. Este secreto impone una pregunta, ¿quién está detrás de nuestras costumbres codiciosas, de la necesidad de dominio que los humanos parecemos tener sobre el mundo natural? ¿Existe un nefasto plan maestro que desconocemos? El Proyecto de Revelación descrito en

---

[18] Steven M. Greer, M.D., *Extraterrestrial Contact: The Evidence and Implications*, Crossing Points, Inc., Afton, Virginia, 1999

la Introducción está avanzando bastante para revelar la agenda secreta de los OVNIs y el ocultamiento de la energía libre.

Nunca he sido un teórico de las conspiraciones, pero he estado deseoso de conocer evidencias consistentes con una conspiración consciente de una hipotética elite que controlaría los secretos para dominar al mundo. La evidencia está allí. Por ejemplo, Jon Rappoport cree que el mundo está dirigido por siete carteles internacionales: _ gobiernos, militares, agencias de inteligencia, energía, dinero, medicina y medios de comunicación. David Icker, un periodista y autor británico da evidencia de que la elite gobernante puede incluso estar dominada por grupos extra-terrestres junto con un séquito de humanos, con planes secretos para dirigir el mundo. [19]

La evidencia para corroborar estas ideas no es tan clara como, digamos, la evidencia de que la acumulación de capital promovida por la codicia lleva a decisiones equivocadas, o la evidencia de que el culto del secreto bloquea nuestro camino hacia la comprensión de la verdad de nuestro ser superior, o la evidencia de la relevancia cósmica de la actividad humana destructora en la Tierra. Pero no puedo eliminar la posibilidad de una conspiración premeditada, porque los hechos encajan en la teoría. Sea o no que la conspiración esté cuidadosamente planeada, una cosa está clara: existe, y se alimenta de nuestro silencio y de no hacer nada al respecto. Al aceptar nuestro status-quo cultural, en un sentido nos hemos convertido en co-conspiradores. Oponiéndonos a nuestras costumbres destructivas y a nuestros secretos podemos desbaratar la conspiración. Armados con la verdad podemos entonces traducir nuestras protestas en acciones efectivas. Abraham Lincoln hizo referencia muy claramente a ese punto, como figura en el comienzo del Capítulo 4. Debemos tornarnos activistas espirituales.

El tema de lo que está ocurriendo a niveles más profundos puede tornarse muy complejo. No sólo vemos fuerzas que parecen querer dominar y destruir la ecología natural de la Tierra, sino también aquellas que podrían querer estar protegiéndonos. A menudo me pregunto cómo pudimos llegar tan lejos sin guerras nucleares o químicas-biológicas. Tal vez tenemos guardianes que no permitirán que eso ocurra y que sabotean cualquier esfuerzo en el sentido de tal destrucción masiva. Ha habido algunas tratativas

---

[19] David Icke, *The Truth Shall Set You Free*, Bridge of Love Press, Isle of Wight, 1997.

cercanas en nuestra historia nuclear. Tampoco debería sorprendernos que visitas de E.T. se produzcan a menudo en instalaciones nucleares y militares. Por supuesto, todo esto es especulación, pero vale la pena tenerlo en cuenta. Necesitamos toda la ayuda que podamos conseguir para crear un futuro sustentable y no parecemos tener la disciplina para librarnos de las armas de destrucción masiva. La Defensa de Misiles Nucleares de la administración Bush y sus programas de armas espaciales simplemente hacen crecer la carrera de armas hasta nuevos niveles desestabilizadores.

Me temo haber dejado atrás a algunos de Uds. en este Capítulo. He presentado por lo menos algunos puntos de controversia: 1) antes o después, necesitaremos rechazar la tiranía económica y hacernos ecologistas profundos, simplificando nuestros estilos de vida y convirtiéndonos en miembros de una sociedad sustentable; 2) nuestro medio ambiente tóxico podría matarnos a todos, sin medidas sanitarias públicas adecuadas y prácticas de curación alternativas que van más allá de la medicina occidental materialista; 3) nuestro estado de conciencia probablemente trasciende a la muerte física, y eventualmente podríamos tener que enfrentar nuestro deber moral de pisar con suavidad sobre la Tierra y el universo; 4) visitantes no-humanos están diciéndole dramáticamente a muchos de nosotros que cambiemos nuestras costumbres o deberemos enfrentar cierto desastre ecológico; 5) un culto oficial al secreto desvía esa información del conocimiento público, para perpetuar el status quo; y 6) eventualmente despertaremos a esas verdades. Es concebible que algunas personas podrían enfrentar represalias kármicas por excesos que han cometido. Tal vez ellos (¿nosotros?) están/estamos repitiendo errores similares a los cometidos hace tiempo por los visitantes en sus propios medio ambientes. Nos advierten que estamos condenados al fracaso por repetir estos errores, a menos que cambiemos de rumbo.

No les estoy pidiendo que crean en todas estas cosas. Pero la evidencia señala claramente su realidad y serviría de cobertura al pastel de nuestra necesidad de cambiar radicalmente nuestra visión del mundo. No bien podamos abrirnos al nuevo conocimiento relacionado con las más amplias preguntas de la historia humana, podremos ingresar a un nuevo paradigma de la ciencia que abraza estos estudios. Como veremos en el próximo Capítulo, la visión del mundo de la conciencia de nuestra interconexión, va mucho más allá de nuestro antropocentrismo en bancarrota, y ofrece una base para una nueva ecología universal profunda –una que pudiera ser duradera y trajera de regreso el Edén a la Tierra. Estas son algunas de las razones por las cuales debemos oponernos apasionadamente a la visión reinante en cada tema y reemplazarlo por algo nuevo. Creo que para que sobrevivamos debemos convertirnos todos en ecólogos profundos con cada aliento, antes de que sea demasiado tarde.

## El Niño y Nuestros Hijos

Nuestros hijos y nietos estarán representando a la humanidad en la cuestión de re-heredar la Tierra. En estos momentos, les estamos legando un embrollo. ¿Con qué rapidez podemos revertirlo? Esto me recuerda la historia de otra criatura: El Niño. Este es un fenómeno climático conocido por los latinoamericanos una Navidad (El Niño fue nombrado así por el Niño Jesús). El Niño es un punto caliente en el Pacífico Sur que ocasionalmente se desplaza hacia el este, creando destructivos patrones de clima en todo el mundo, que dura meses cada vez. Durante El Niño se vuelven comunes intensas tormentas y los climas locales pueden trastornarse completamente. Lugares fríos pueden calentarse y lugares cálidos enfriarse. Lugares húmedos pueden tornarse secos y los secos hacerse húmedos. Por ejemplo, uno de los lugares más secos de la Tierra, el Desierto de Atacama en Chile, puede recibir lluvias torrenciales de El Niño.

Los climatólogos creen que lo fenómenos El Niño inusualmente fuertes de los 80 y los 90 fueron causados por un calentamiento global provocado por las emisiones de dióxido de carbono. [10] Los Niño son poderosos motores de calor que conducen el clima de la Tierra. Como el calentamiento de las regiones polares, estos fenómenos son los barómetros, los termómetros, los canarios en la jaula, para medir la fiebre de la Tierra. Son los hijos de Gaia, irrumpiendo en relámpagos migratorios calientes y fríos con creciente frecuencia, robustez y destructividad. ¿Podrían estos sucesos ser la conciencia de la Tierra que nos está respondiendo?

Las fiebres pueden limpiar y purificar una enfermedad. ¿Podríamos quitar la fiebre de Gaia, nutrirla y sanar su dolor? ¿Podríamos reunirnos a nivel conciencia para crear una mágica transformación hacia una mayor sabiduría y una mejor existencia? ¿Podríamos darles este regalo a nuestros hijos? Creo que la respuesta es sí, pero las herramientas sólo pueden provenir de un esfuerzo conjunto entre los humanos y no-humanos. Estas ideas serán ampliadas en el próximo Capítulo.

# 6

# Crear y apoyar la nueva ciencia del conocimiento

*"Ningún problema puede ser resuelto por la misma conciencia que le dio vida."*
**Albert Einstein**

ESTOY ESCRIBIENDO ESTO en Hana, Maui, Hawaii. Se avecina otra ráfaga en el océano y se inicia la formación de nubes tropicales en el filo del huracán que pasa por el sur. Las frecuentes ráfagas son maná de la naturaleza en su máximo esplendor. El aire puro sopla desde miles de océanos, con vientos alisios que arrojan limpios chubascos de nubes oscuras que suben a las empinadas junglas, en la ladera detrás de nosotros. La resistencia de los nativos al desarrollo ha preservado esta joya paradisíaca y el clima global se ha restablecido lo suficiente para que se renueven las lluvias.

Vivíamos en Hana a principios de 1998, durante la sequía del Niño que en forma inusual parchó la tierra. Conforme caminábamos a lo largo de los evaporados ríos y pozas, las cataratas se habían secado. En ese momento tenia que escribir este libro, pero de alguna manera nunca encontré la inspiración; además, eventos globales como El Niño parece que siempre me quitan mi expresión. Tal vez también había quedado parchado, reemplazando la productividad por una intensa curiosidad sobre el mismo fenómeno del Niño, que estaba hilando tormentas muy al norte de nosotros, una cada semana, a través del Pacifico, desde Japón hasta California, golpeando inexorablemente la costa oeste de los Estados Unidos, luego arrojando tornados asesinos en América del Sur y tormentas de hielo en Quebec, causando daños en proporción histórica. Fue durante este período de sequía ambiental y personal cuando mis estudios alcanzaron el punto, cuando la intervención humana, acelerada y global, abrumaba cualquier discusión pública sobre soluciones sensibles, como el desarrollo de energía renovable y limpia.

Ahora las cosas están más húmedas en Hana. La lluvia crepuscular de anoche nos sorprendió mientras nadábamos en una poza natural cercana. Este tesoro, en un lugar aún no descubierto por los turistas, es una poza profunda, rodeada de lava y casi del tamaño de una cancha de football. Se encuentra ubicada junto al océano, protegida de éste por una barra de roca de lava suelta. Nadar parecía algo mágico. Aunque habíamos tenido abundantes lluvias en Hana, el otro lado del Volcán Haleakala estaba en sequía. Los residentes y los agricultores del interior de Kula, los cuales abastecen a la isla con una enorme cantidad de vegetales orgánicos, se han visto en la necesidad de racionar el agua, mientras que el gran negocio de la caña de azúcar, las canchas de golf, la cría de ganado, los condominios y los hoteles permanecen verdes sin ningún racionamiento de agua.

Gran cantidad de esa agua surge de la vertiente Este de Maui, arriba de nosotros, la cual se eleva dos millas verticales a través de un exótico bosque lluvioso. Antes de que desembocara en el océano, una hermosa catarata caía en la poza. Ahora la catarata, y la quebrada en la parte alta de ésta, se encuentran fantasmalmente secas, excepto por los pocos baches que crían zancudos. El nivel de agua de la poza está casi tan bajo como en 1998 y solo los chapoteos ocasionales del oleaje marino la abastecen, durante las mareas altas y fuertes como las que hay ahora. Se ha tornado salada, quieta y cálida.

El río arriba abastece el otro lado, parchado para los turistas y para los que trabajan en la agricultura. Tenemos la esperanza de que la corriente regrese el próximo invierno. Reflexiono sobre el enorme tamaño de nuestra tarea de restauración, sobre cuántas instituciones humanas tendremos que modificar, acerca de cuán asombrosos (pero aún solucionables) son los problemas que hemos creado, como lo manifiesto en este libro. Nuestro tratamiento de la biosfera, por sí y en sí mismo, puede causar depresión profunda debido a nuestra aparente falta de voluntad para movernos hacia la sostenibilidad.

Pero un tipo de magia se esconde a la vuelta de la esquina—algo radicalmente nuevo. Creo que algunos de los resultados inesperados de los experimentos que surgen de todas las ramas tradicionales de la ciencia, cambiarán las cosas enormemente. Estas anomalías hacen que la visión de un mundo materialista se sienta como algo tonta y anticuada. Surgen modelos que alterarán dramáticamente nuestra forma de pensar acerca de nosotros mismos, acerca de nuestra relación con el espacio y el tiempo, el poder de nuestra intención sobre el universo físico, nuestra capacidad de interconectarnos y nuestro ser eterno. También parece obvio que si somos capaces de utilizar esa consciencia para curarnos nosotros mismos, la podremos utilizar para sanar la Tierra. Este capítulo describe experimentos que apuntan hacia oportunidades extraordinarias que ahora tenemos para limpiar nuestro hábitat y expandir nuestra consciencia más allá del paradigma materialista.

A continuación presento algún material que es optimista y más sencillo para mí de tratar. El trabajo de mi vida ha sido abordar la pregunta, ¿cómo pueden los métodos de la ciencia ayudarnos a salir del desorden que hemos creado y redirigirnos a nuestro propósito más alto que estar aquí? A pesar de los obstáculos veo mucha esperanza.

## La frontera de la ciencia de hoy se convierte en la realidad del mañana, a pesar de las apariencias

Ya sea que nos guste o no, la ciencia y la tecnología aún guían la ruta hacia el cambio cultural. Creo que mucho de lo que percibimos en este precioso ecosistema en el Este de Maui surge del siglo veinte. El poder de los polos, los cables, los automóviles, los helicópteros, los trituradores de madera, las sierras poderosas y los cauces secos de ríos, todos son señales de la extraña violencia de la humanidad durante el siglo pasado. La mayoría de otros sitios inhabitados en el planeta, están todos saturados por la ciencia y la tecnología y se aíslan de la naturaleza. Casi todas estas alteraciones del paisaje surgieron de las mentes de científicos visionarios, a finales del siglo diecinueve y principios del siglo veinte. Sin embargo, poco ha cambiado de nuestro pensamiento básico acerca de la forma en que utilizamos la energía, el alimento, el agua y el refugio.

No solo estamos viviendo con tecnologías desarrolladas más de un siglo atrás, sino que estamos elevándonos en un debate científico del siglo veinte, de la evolución darwiniana versus la creación de la Biblia. Aun en 1999, algunas escuelas en Kansas ni siquiera impartían cursos relacionados con la evolución. Pero, aunque suene extraño, el debate está abriendo nuevas posibilidades. Recientemente, algunos científicos están desafiando aquellos aspectos de la teoría de la evolución que dictaban que se tiene que aplicar una "selección aleatoria" competitiva y "la sobrevivencia de los más fuertes". El neo darwinismo es demasiado materialista y simplista para ajustarse al cuadro real. Más que invocar la creación bíblica literal, estos científicos, críticos de la teoría ortodoxa de la evolución, postulan que tiene que haber un "diseño inteligente" dentro de sistemas biológicos evolutivos. Para mí, esta teoría representa una alternativa sensible, que reconoce la maravilla absoluta de un sistema natural en evolución y la inteligencia detrás de su disciplina. Los intentos de los seres humanos de manipular los ecosistemas no ofrecen nada igual a un diseño inteligente. De hecho, el diseño inteligente mismo podría ser el acto de una consciencia superior. Más sobre este tema después.

Mientras tanto, la mayoría de nosotros aún utilizamos la antigua ciencia y la religión en nuestra educación y para muchas de nuestras creaciones materiales más densas: motores de combustión interna, camiones, automóviles, trenes, plataformas de perforación, refinerías, crecimiento urbano desordenado, autopistas, edificios en forma de cajones, fabricas, calderas, enrejados, minas de cinta, vertederos y máquinas voladoras. En 1900, nadie podía imaginarse la forma en que nuestros estilos de vida cambiarían en cincuenta y en cien años, debido a la producción masiva de tecnologías diseñadas entonces. Se sigue que la investigación actual en las ciencias de frontera ahora podría establecer el ritmo para el nuevo siglo, para su bien, espero.

Tengo esperanza, en parte, porque nuestra ciencia es mi fuerte y conozco muchos desarrollos que se avecinan, que no solo nos ayudarán a limpiar nuestra Tierra, sino que nos suministrarán las herramientas para el crecimiento personal y la concientización, nuestros orígenes, nuestro lugar en el universo, nuestra esencia mayor y la naturaleza inmortal. Desde la separación de la iglesia y el estado, hace aproximadamente 300 años, hemos estados cada vez más fragmentados en cuanto a comprender quiénes somos y qué llegaremos a ser. Afortunadamente, la ciencia misma nos está diciendo claramente que ni un ateísmo materialista ni una religión ortodoxa son todo lo que hay en la realidad.

Por más de veinte años, mi principal propósito ha sido investigar las ciencias de frontera. Estas incluyen experimentos y demostraciones que confirman anomalías que no pueden ser fácilmente explicadas por teorías científicas tradicionales y otras suposiciones acerca de nuestra realidad. Esta línea de investigación me ha enviado hacia direcciones que nunca habría soñado como físico tradicional de la Universidad de Princeton, a finales de los 70s. Es una aventura continua que ha probado ser gratificante y algunas veces verdaderamente frustrante.

Tres experiencias personales me enviaron en esa dirección. La primera fue la habilidad de "sintonizar" o visualizar a distancia a una persona. La segunda fue una curación inusual de "artritis severa avanzada" en mi rodilla, esencialmente colocando mis manos sobre mis rodillas y visualizando una luz interna en ellas. La tercera fue una experiencia cercana a la muerte, durante un accidente automovilístico en el cual llegué a "ser parte" de una luz brillante de donde no quería regresar. Estaba sorprendido no solo de haber sobrevivido al choque, sino de haber salido ileso.[1]

En mi búsqueda de explicaciones sobre esos eventos, descubrí que no solo existen fenómenos fuera de la caja de la ciencia, abiertos a nuestra experiencia—con frecuencia también están abiertos a interrogantes científicos que utilizan métodos científicos rigurosos. Aunque me doy cuenta de que mientras existen muchos charlatanes que pueden hacer afirmaciones exageradas, detrás de la escena muchos científicos serios están obteniendo anomalías verdaderas que exigen perspectivas nuevas de nuestra realidad. Recorrí el mundo muchas veces, mientras me reunía con algunos de los mejores y más brillantes investigadores, haciendo experimentos con ellos y estudiando sus publicaciones (con frecuencia revisadas en pares), en una variedad de campos. También visité y confirmé evidencias de muchos "milagros" de materializaciones por parte del swami hindú Sai Baba y el psíquico brasileño Thomaz Green Morton. Sus travesuras bien documentadas son difíciles si no imposibles de explicar como prestidigitación. El resultado de mi ruta inusual está contenido en tres libros recientes que conforman mi Trilogía de la Nueva Ciencia. [1, 2, 3]

---

1 Brian O'Leary, *Exploring Inner and Outer Space*, North Atlantic Books, Berkeley, 1989
2 Brian O'Leary, *The Second Coming of Science*, North Atlantic Books, Berkeley, 1993
3 Brian O'Leary, *Miracle in the Void*, Kamapua's Press, Kihei, HI, 1996

Observaciones tales como el efecto del observador en la mecánica cuántica, la psicokinesis, la visión remota, la sanación anómala, los OVNIs, los secuestros, los círculos de los cultivos, la precognición, las experiencias cercanas a la muerte, la reencarnación, el psíquico, los efectos de la energía libre, todos han sido investigados y verificados en forma científica como anómalos. Solo es asunto de tiempo integrar estos datos ampliamente esparcidos, pero una vez que se haga, algunos patrones empezarán a emerger. Por todo esto, propuse que necesitamos una caja más grande de investigación científica, para darle la bienvenida a los fenómenos anómalos—una nueva ciencia. Entre muchos de estos experimentos, he encontrado un denominador común al cual algunos de nosotros llamamos consciencia. Pronto volveremos a este tema.

Lo que no había anticipado al intentar lograr mi propósito fue la enorme hostilidad que se ha levantado hacia muchos de mis nuevos colegas y hacia mí mismo. Caso tras caso me fui enterando, debido a la represión irracional de la nueva ciencia en casi cada giro. Al igual que la Iglesia Católica en tiempos de Galileo, ahora la ciencia principal, el gobierno, los intereses de las corporaciones y los medios de comunicación masiva están atrincherados para mantener el statu quo. La nueva ciencia ha llegado a ser herejía, creando las fuerzas de la ignorancia, la complacencia, la fragmentación y la polarización, comparables con aquellas en los tiempos de Galileo. Los científicos modernos han llegado a ser tan especialistas y auto-limitados dentro del Sistema, que la mayoría no puede ver el bosque por ver los árboles.

En el Capítulo 2 vimos el ejemplo de la fusión en frío, en la cual un descubrimiento muy significativo se ha repetido con frecuencia en el curso de una década, pero aun continúa siendo reprimido y ridiculizado por los principales físicos nucleares, la Oficina de Patentes de Estados Unidos, el Departamento de Energía de Estados Unidos, el mundo corporativo y la prensa. A los individuos se les ha advertido que no hagan investigaciones de este tipo so pena de que se les recorten sus fondos y que sus carreras finalicen. Lentamente descubrí que toda la ciencia afuera de la caja se moviliza en un transporte difícil en esta cultura. [1-4] En este capítulo presentaré varios ejemplos prometedores, pero reprimidos, de la nueva ciencia.

Los mismos científicos pueden actuar irracionalmente cuando de nuevos paradigmas se trata. Niegan datos recientes, rechazan las hipótesis nuevas que contradicen las teorías existentes y castigan a sus propios colegas que se atreven a explorar. Uno no necesita una conspiración masiva de la CIA o una coartada para reprimir a la ciencia, porque los mismos científicos institucionalizados son muy buenos en eso. La presión de los colegas y los fondos los mantienen dentro del Sistema. Cuando se trata de ciencia que se sale de la caja, los científicos son tan no científicos como se pueda llegar a ser. [2]

La biofísica Beverly Rubik cita un estudio en el cual una hipótesis evaluable, pero inesperadamente falsa, fue presentada a un grupo de científicos y a un grupo de clérigos. Ninguno sabía que la hipótesis (que es básicamente una conjetura científicamente educada acerca de la realidad) era falsa. "Los resultados", escribe Rubik, "mostraron que la mayoría de los científicos se negaron a declarar falsa la hipótesis, aferrándose más a ésta a pesar de la carencia de evidencia. Los clérigos, sin embargo, con mayor frecuencia reconocieron que la hipótesis era falsa. Este y otros estudios muestran que los científicos son al menos tan dogmáticos, autoritarios e irracionales como los que no son científicos, al resistirse a descubrimientos inesperados...La mayoría de los científicos prefiere trabajar en lo que ellos piensan que saben, en vez de enfocarse en lo que no saben." [4] (p.30).

Rubik y yo hemos aprendido a través de décadas de experiencia directa cómo la corriente principal de la ciencia ha llegado a convertirse en un apostolado. Un estudio realizado indica que es once veces más probable que el público en general acepte la posibilidad de que los fenómenos psíquicos son reales, que los miembros de prestigiosas Academias Científicas en Estados Unidos. En este caso, la mayor parte de la élite de científicos rechazó una hipótesis que había probado ser cierta, basada en evidencia abrumadora.

El Sistema ha decretado cuáles deben ser los límites de la caja y evita la investigación fuera de ésta en instituciones que reciben financiamiento. Aquellos que se atreven a salirse de la caja, sienten que tienen que ser muy precavidos y tienen, por lo tanto, que enfocar su atención en solo un área de atención, por temor a que su credibilidad se erosione aun más. Por ejemplo, un investigador de OVNIs podría ser bastante escéptico acerca de la existencia de anomalías en Marte, un científico que trabaja con fusión en frío

[4] Beverly Rubik, *Life at the Edge of Science*, The Institute for Frontier Science, Philadelphia, 1996

podría dudar de la existencia de los OVNIs, un parapsicólogo podría cuestionar la realidad de la fusión en frío y un físico cuántico podría dudar de la energía de punto cero y los fenómenos paranormales. Mis intentos para darle la bienvenida a estos y otros temas, con frecuencia, me ha quitado el favor de algunos especialistas en la nueva ciencia. Aunque es cierto que los científicos del viejo paradigma me consideran una causa perdida, muchos científicos nuevos también cuestionan mi credibilidad, porque estoy anuente a investigar sobre muchos temas extraños. Con frecuencia me siento aislado, siendo invitado a hablar en universidades solo en raras ocasiones y en muchos de esos casos las invitaciones son revocadas o lamentadas.

Pero tengo muchos colegas nuevos, distribuidos alrededor del globo. Una parte de mí todavía quisiera estar en la universidad, debido a sus estructuras de apoyo para investigar y el placer de interactuar diariamente con personas jóvenes brillantes y colegas. No obstante, si hago un balance, invierto mejor mi vida trabajando con espíritus semejantes, en organizaciones como la Asociación Internacional para la Nueva Ciencia, el Instituto de Ciencias Noéticas, la Organización Científica y Médica y la Sociedad para la Exploración Científica (SSE, por sus siglas en inglés), la Universidad de Investigación Filosófica y los Sivananda Yoga Ashrams. Aunque también las organizaciones de la nueva ciencia algunas veces pueden actuar como elitistas. Por ejemplo en una charla a la que fui invitado y que impartí en junio de 1999, en la reunión anual de SSE sobre la represión de la ciencia. Irónicamente, debido a los prejuicios de algunos miembros del concejo, no fui invitado por un tiempo; una conferencia sobre la supresión fue casi suprimida. Como un miembro de larga permanencia en SSE, protesté y volvieron a reestablecerme la invitación. Hace poco, me degradaron de miembro a asociado.

Sinceramente, los científicos—aun los nuevos científicos—pueden ser muy críticos acerca de otras fronteras, sin saber realmente lo qué está ocurriendo. Parece que no existe ninguna diferencia en cuanto a cuán competente es un científico en su propio campo. Lo que hace las cosas aún más confusas es que la mayoría de personas que no son científicos y que aceptan la nueva información, también pueden aceptar conceptos esotéricos, con frecuencia presentados como ciencia. Científicos nuevos como yo con frecuencia son confundidos con grupos que también tratan con proveedores de material pseudo científico, sustrayéndolos aún más de la credibilidad de las verdaderas investigaciones científicas fuera de la caja. Existen excepciones como David Lorimer en la Sociedad Científica y Médica en Gran Bretaña. Él utiliza la frase "apertura con rigor", para describir cómo el método científico puede ser aplicado a muchas preguntas básicas. El proceso de la ciencia exige un grupo formal de experimentos, cuyos resultados resistan las pruebas de repetibilidad y replicación por parte de otros.

Por lo tanto no es sorprendente que las aguas estén fangosas, que las visiones de la nueva ciencia estén disponibles para unos pocos, conforme luchamos para construir nuevos modelos de nuestra realidad que se ajusten a los datos. La fragmentación y la polarización de grupos especializados hacen muy difícil compartir una visión más amplia, aun con colegas conocidos en un campo dado. Tendremos que cruzar fronteras disciplinarias, si queremos progresar al definir el paradigma emergente. Líderes políticos y empresariales, los medios de comunicación y el público, parece que tienen poco conocimiento sobre estas dinámicas. No obstante, a pesar de nuestra fuerte censura en la nueva ciencia, en los límites del milenio, el tiempo está de nuestro lado, debido a la fortaleza creciente de los datos y la necesidad de soluciones para nuestro dilema ambiental, tales como la energía libre y una república verde global.

Hace alrededor de cien años, la electricidad, los teléfonos, los automóviles, los aeroplanos, las comunicaciones por radio y la extracción de petróleo se comprendían muy poco. Si la historia es una lección, el trabajo no reconocido del presente establecerá el ritmo del nuevo siglo. Los dispositivos modernos de energía del mañana inevitablemente reemplazarán los motores de combustión moderna y los sistemas de energía de hoy. Los aviones y los automóviles modernos llegarán a ser obsoletos ante la presencia de los platillos voladores del mañana, que ahora solo llamamos OVNIs. Los ambientes químico, nuclear y tóxico de hoy se transformarán en formas más saludables y sostenibles de abastecimiento de alimentos, energía, recursos y medicinas. La magia de la ciencia de hoy llegará a ser la factibilidad de la tecnología del mañana. La investigación y el desarrollo forman el filo delgado de una cuña de lo que está por venir. Los anteproyectos de hoy llegarán a ser los proyectos multitrillonarios en dólares del mañana.

## La consciencia como el común denominador de una nueva ciencia.

Así como el televisor podría ser algo mágico para un aborigen, los efectos de la consciencia que están observando hoy los científicos son indistinguibles de la magia. Resistir esto como podríamos, estamos sembrando semillas para un nuevo milenio que no se parecerá al anterior. Por ejemplo, imagine construir dispositivos electrónicos que respondan a la voluntad humana. Imagine el uso de la mente para producir energía, purificar el agua, sanarnos a nosotros mismos y a otros, viajar y comunicarnos a través del universo, materializar y desmaterializar objetos y predecir o modificar el futuro. Imagine la posibilidad de crear nuestras propias realidades, como la holocámara de Star Treck. Imagine restaurar nuestros ambientes internos y externos, con el poder de nuestras mentes—una forma elegante de traer de nuevo belleza y vitalidad a la Tierra.

Esta es la magia de la consciencia. Una vez que empecemos a ensamblar los datos, para nosotros debería ser fácil comprender el poder de nuestra propia consciencia, nuestra habilidad de sanar, la existencia de un alma eterna y los prospectos de comunicarse con otras inteligencias. En el último capítulo vimos cómo curar, estudios de sobrevivencia a la muerte y la investigación de alienígenas/OVNIs, son modelos a seguir de la ciencia de la consciencia. En secciones futuras observaremos cómo la ciencia de la consciencia puede suministrar una base para una nueva toma de consciencia de nuestro ser mayor y como co-creadores con Gaia de un futuro positivo.

Los experimentos muestran que la intención humana puede alterar misteriosamente el mundo material—exigiendo una visión completamente nueva de la física. La investigación surge de científicos competentes, que representan una amplia clasificación de disciplinas. En esta época de apresuramiento, se están formando y están creciendo campos nuevos tan rápido que pronto el presente parecerá un pasado distante.

Mi definición dualista de la consciencia involucra un proceso de dos etapas. La primera es nuestra intención de crear algo nuevo en el universo. La segunda es cuánto se alinea el universo con esa intención. El grado en que hay alineación es el grado en el cual los milagros de la consciencia pueden operar. La consciencia representa el caso más general de la danza cósmica de causa y efecto. Puede trascender o estimular las cuatro fuerzas conocidas por los antiguos físicos—electromagnética, gravedad, nuclear débil y nuclear fuerte. Puede alcanzar dimensiones más allá del tiempo y del espacio. La consciencia puede unir al universo o sus piezas instantáneamente y aun a través del tiempo. Parece que su medio de acción surge de un campo potencial invisible, inmerso en la fábrica del tiempo y del espacio.

En el último capítulo analizamos la investigación de la inmortalidad y la comunicación con inteligencias no humanas, como aspectos de una nueva ciencia de la consciencia. Las siguientes cinco secciones describen diferentes tipos de experimentos en la investigación del campo de punto cero, la física cuántica, la parapsicología, la ciencia de materiales y la cosmología. Cuando se combina con la curación y con la gran visión de nuestra naturaleza mayor, estos podrían guiarnos hacia un futuro totalmente nuevo para la humanidad. Muchos de los éxitos repetidos que surgen de estas teorías disparatadas nos aseguran que la nueva ciencia de la consciencia no es solo prometedora; es inevitable.

Explicar estos conceptos inexorablemente involucra principios de la física que podrían ser extraños para algunos de ustedes. Si encuentra dificultad para comprender el material, recomiendo que solamente le eche una ojeada mientras pondera la esencia de la consciencia en acción que ya he descrito. Luego puede caer en las implicaciones sociales descritas posteriormente en el capítulo.

## Experimentos en el campo de punto cero: extrayendo energía del vacío

En el Capítulo 2 reporto experimentos que muestran que la energía surge del espacio vacío. La condición requerida es que aceleremos una carga electromagnética en la presencia del campo de punto cero (ZPF, por sus siglas en inglés), llamado así porque aún existe a una temperatura de cero absoluto, cuando cesa el movimiento molecular. También podríamos describir el ZPF como el "orden implicado" del físico David Bohm, que es el estado no manifiesto de la materia y la energía antes de que llegue a ser visible. El ZPF podría ser una versión actualizada del éter dinámico de los físicos del siglo diecinueve — ese medio inefable e invisible a través del cual se puede crear y destruir la materia y la energía.

Como ejemplos de cargas aceleradoras en el ZPF, los físicos Bruce DePalma, Shiuji Inomata, Paramahamsa Tewari, Troy Reed y otros investigadores, han medido excesos de energías de salida (*output*) de discos que rotan rápidamente y que contienen magnetos permanentes.[3] Estos científicos descubrieron que el poder de estas máquinas sube conforme incrementamos la velocidad de rotación, la fuerza del campo magnético y el diámetro. En principio, podríamos ser capaces de acelerar un motor hasta que se obtenga poder sobre - unitario. En ese momento podemos desenchufar la máquina de manera que llegue a ser un generador de electricidad que corre libre. Estaremos aprovechando el campo de punto cero de la misma forma en que la rueda se zambulle velozmente en agua en movimiento, produciendo energía utilizable.

Evidentemente el exceso de energía surge de una corriente de electrones que saltan fuera del vacío. Cuando pensamos en el espacio vacío como un plenario de energía y carga potencial, observamos que la energía se conserva en un sentido mayor. Esto responde a las acusaciones de los escépticos en cuanto a que "no existe tal cosa como ese elemento llamado movimiento perpetuo".

La explicación ofrecida por los físicos Bernhard Haisch, Alfonso Rueda y Harold Puthoff, conforme se reportó en la literatura revisada en pares, ha causado un tipo de movimiento en la comunidad científica. "El universo físico," escribieron, "está compuesto de cargas eléctricas sin masa, inmersas en un vasto campo electromagnético, penetrante y energético. Es la interacción de esas cargas con el campo electromagnético lo que crea la apariencia de masa."[5] En otras palabras, la materia podría no ser lo que creemos es.

Ellos continuaron hasta describir la naturaleza de este ZPF, el cual hemos visto que es la fuente de la energía libre. En sus presentaciones anteriores, Puthoff se había referido frecuentemente a la existencia de este campo desde las perspectivas experimental y teórica. "La cantidad de energía que conforma el ZPF es enorme", dijeron los tres autores. "Esa energía, desde una visión convencional, es simplemente forzada a existir por las leyes de la mecánica

---

[5] Bernhar Haisch, Alfonso Rueda y Harold E. Puthoff, "Beyond $E=mc^2$", *The Sciences*, (Noviembre/Diciembre, 1994) y *Physical Review A* (Febrero de 1994)

cuántica...La existencia de un ZPF real es tan fundamental como la existencia del universo mismo."

"La idea de que el espacio podría ser llenado con un vasto océano de energía realmente parece contradecir la experiencia diaria. La respuesta a la pregunta yace en la completa uniformidad (la misma que hay en todos lados) y en la isotropía (lo mismo en todas direcciones) del campo. No hay forma de sentir algo que es absolutamente lo mismo en todo lugar, afuera y adentro de todas las cosas. Para explicarlo en términos sencillos, si usted se tiende perfectamente inmóvil en una tina de agua, a temperatura del cuerpo, no puede sentir el calor del agua."[5] ¿Qué puede medir o detectar a partir de qué?

Ahora presento una cita textual de *Miracle in the Void* (Ref. 3, p.179): "El campo llega a ser detectadle solo cuando se acelera una carga a través del espacio. Cuando eso ocurre, la carga experimenta una fuerza electromagnética como una resistencia a la aceleración. En vez del concepto newtoniano de la masa como una propiedad fundamental de la naturaleza, ésta se disuelve al ser una fuerza ejercida en una carga con aceleración. Colectivamente, esas fuerzas comprenden fluctuaciones energéticas que pueden ser detectadas experimentalmente, por ejemplo a través del ampliamente reportado efecto Casimir. Las fuerzas son como una superposición sobre el vacío, aparentemente sin rasgos distintivos, del ZPF."

"¿Qué significa esto? Primero, podemos utilizar la energía del punto cero por medio de cargas aceleradoras—por ejemplo con un disco magnético que rota o con una magneto o cristal especialmente condicionado o tal vez un dispositivo de fusión en frío o una célula de gas hidrogeno. Segundo, debido a que la masa es real y solamente una fuerza electromagnética, entonces la gravedad misma también tiene que ser una fuerza electromagnética que actúa en ésta; de otra forma los objetos no caerían. Por lo tanto, la propulsión antigravedad llega a ser posible. "Para reinterpretar la ecuación de Einstein $E=mc^2$", Haisch et al escriben, "podríamos decir que la masa no es el equivalente a la energía. La masa es energía."

Esto también significa que verdaderamente podemos empezar a unificar las fuerzas de la naturaleza, sin tener que recurrir a esas fórmulas matemáticamente complicadas como la teoría de cuerdas y la teoría del calibrador. Escribí: "¿Significa esto que el conocimiento mismo también es una fuerza electromagnética, para ser capaz de interactuar con el ZPF? Creo que podría ser eso." (Ref.3, p.180).

Si buscamos energía libre desde el punto de vista de un viejo paradigma y seguimos viviendo aislados y en supresión, podríamos continuar obteniendo resultados esporádicos en experimentos con energía nueva. Si adoptamos la hipótesis de que la energía libre es la consciencia, entonces los dispositivos podrían llegar a ser una herramienta para sintonizar correctamente y aumentar las intenciones de esa consciencia. He sabido de varios casos de investigadores de la energía libre quienes aparentemente están influenciando sus resultados a través de sus intenciones.[3]

Esas ideas herejes, pero bien fundamentadas, que surgen de los físicos, suministran una estructura teórica más elegante para comprender la energía libre, la gravedad y, tal vez, la consciencia misma. Para entender aun más esta relación entre ZPF y la consciencia, seguidamente observaremos detenidamente experimentos y fenómenos dentro de los campos de la física cuántica, la parapsicología, la ciencia material y la cosmología. También exploro aspectos cuantitativos de la relación consciencia-ZPF.

## La física cuántica inevitablemente conduce a la consciencia

A principios de 1900 una gran cantidad de físicos llegaron a frustrarse cuando trataron de subdividir el átomo en partículas más elementales. Primero descubrieron que los estados de la energía de un tipo de partícula, los electrones, eran un continuum discreto, más que un continuum liso, y que los cambios en la energía, de un nivel al otro, eran repentinos. Luego descubrieron que era imposible determinar hacia dónde se dirigía una partícula si sabían dónde estaba, igual que era imposible de determinar dónde estaba, si ellos sabían hacia dónde se dirigía (llamado por Werner Heisenberg el principio de incertidumbre). Las partículas subatómicas parecían "vacilantes dentro y fuera de la existencia", como Haisch, Puthoff y Rueda recientemente lo describieron."[6]

---

[6] Bernhar Haisch, Alfonso Rueda y Harold E. Puthoff, "Advances in the Proposed Electromagnetic Zero-Point Field Theory of Inertia", presentation to the 34[th] AIAA /ASME / SAE / ASEE Joint Propulsion Conference and Exhibit Julio 13 – 15, 1998, Cleveland, Ohio

La confusión de los físicos creció aún más cuando descubrieron que las características de la "partícula" misma parecían cambiar, simplemente por el acto de la observación. Y experimentos más recientes mostraron que la partícula es solo una partícula cuando es observada; de otra forma existe solo como una posibilidad, expresada como una probabilidad matemática en la forma de una onda.

La explicación más sensible y tal vez la única para esta conducta inesperada, es el efecto del observador o nuestra consciencia. En otras palabras, podemos cambiar las propiedades físicas de lo observado, como en la danza misteriosa de la interacción. De pronto el modelo cartesiano/newtoniano del materialismo objetivo, en el cual el universo se comporta como un reloj mecánico gigante, cuyas propiedades pueden ser comprendidas por un experimentador desapasionado, separado del resto de la naturaleza, pierde validez. Se fue la noción de que este reloj esta determinísticamente desarrollándose a partir de un evento casual inicial, ocurrido aproximadamente quince billones de años, llamado el Big Bang, como la base completa para nuestra realidad física, contemporánea y futura. Se fue la idea de que toda la materia puede ser reducida a partículas diminutas como bolas de billar inertes, que zumban alrededor del tiempo y el espacio (algunas veces llamado reduccionismo) Y también podría haberse ido la "ley" que dice que el universo está gradualmente decayendo en energía, debido al requerimiento termodinámico de la entropía. En vez de eso visualizamos un nuevo tipo de fuerza creativa y unificadora entre el observador y lo observado. Algunas veces se le llama monismo idealista, la filosofía perenne, la tradición primordial, la capacidad de unidad, el alfa y omega, la ciencia de la totalidad, la teoría post-cuántica, la consciencia, la mente y, para algunos de nosotros, Dios.

El profesor y físico de la Universidad de Oregon Amit Goswami recientemente describió la dinámica de la mecánica cuántica, que parece que vuela en el rostro del materialismo objetivo.[7] La evidencia experimental apunta hacia tres elementos endémicos del monismo idealista: la no-localidad, los saltos cuánticos *(quantum leaps)* y la causalidad descendente.

No - localmente significa que las partículas que una vez estuvieron juntas pueden monitorear la conducta de cada una de las

---

[7] Amit Goswani, The Self – Aware Universe: How Consciousness Creates the Material World, Tarcher/Putnam, 1995

otras aún a grandes distancias. Los saltos cuánticos constituyen la habilidad de las partículas de transformar información y energía a velocidades virtualmente infinitas—más rápido que la velocidad de la luz. La causalidad descendente sugiere que el "la consciencia es la base de todo el ser", en palabras de Goswami. La consciencia llega a ser mucho más que una partida anómala de una creencia básica en un materialismo, reduccionismo y determinismo puramente objetivo. "Los dogmas fundamentales del realismo materialista simplemente no se sostienen", manifiesta Goswami. "En lugar de determinismo causal, localidad, objetividad fuerte y epifenomenalismo, la mecánica cuántica ofrece probabilidad e incertidumbre, complementariedad onda - partícula, no localidad y la mezcla de sujetos y objetos." Goswami concluye que todo esto se suma a la influencia de la consciencia.

Si la ciencia misma puede aceptar la consciencia como el caso más general de realidad, en vez de tratar de comprender el universo en términos de sus partes componentes en un universo preciso, entonces se avecinan grandes cambios. De esta manera, el reduccionismo y el materialismo llegarán a ser casos limitados de la realidad, en aquellos momentos cuando la consciencia no aplique en ningún grado significativo. A pesar de los prejuicios conservadores de muchos físicos, el panorama general está llegando a ser más favorable hacia una realidad basada en la consciencia. "En una reunión reciente de la Sociedad (Americana) de Físicos", escribió Goswami, "se escuchó que un físico le dijo a otro: Cualquiera que no se siente incómodo con el teorema de Bell (un principio bien establecido de la física, basado en experimentos que muestran la no-localidad) tiene que tener piedras en su cabeza.' Aún más positivo, en una conferencia un estudio de físicos reveló que todo un 39 por ciento de los físicos en la reunión, ciertamente estaban incómodos con el teorema de Bell. Si ese porcentaje de físicos están molestos, bien podríamos esperar que el paradigma idealista de los físicos obtenga una escucha justa."

La causalidad ascendente significa que la esencia del universo físico puede entenderse al estudiar las partículas más fundamentales que conforman los átomos, que conforman las moléculas, que a su vez conforman las células que conforman los cuerpos, etc. La mayoría de los físicos cree que cada parte más pequeña representa un nivel más básico de causalidad. Esta posición aún domina el paradigma científico occidental y puede ser conveniente algunas veces, pero parece que ha alcanzado una altiplanicie de utilidad. Por el otro lado, la causación que se difunde en forma descendente de la consciencia ha dominado el pensamiento oriental. La nueva ciencia que parece que está emergiendo es una ciencia de la consciencia, más en línea con las principales prácticas espirituales y pensamientos religiosos del mundo.

"El realismo materialista no puede ser salvado", aseveró Goswami."...Con una ciencia idealista, hemos llegado a una ciencia que no tiene requerimiento de entrada, que no excluye a lo subjetivo ni a lo objetivo, ni al espíritu ni a la materia y de esta forma es capaz de integrar las profundas dicotomías de nuestro pensamiento."

Irónicamente, ha sido el conductor para encontrar la partícula aparentemente inmutable y fundamental que ha guiado la teoría occidental de abrazar al Oriente. Más que el todo como un ser, un ensamblaje mecánico de partes con la dicotomía objeto-sujeto, el todo *son* las partes. Las partículas ya no son más los bloques de construcción irreductibles por naturaleza, sino que misteriosamente están destellando adentro y afuera de nuestra realidad, danzando con el observador, constituyendo un todo creativo que llamamos consciencia.

Muchos físicos no se han dado cuenta de la importancia de esos resultados y más bien se dirigen hacia las tecnologías convenientes que emanan al adoptar una teoría cuántica. Sin embargo, aún existen discrepancias continuas: la dualidad onda/partícula, el efecto del observador, la capacidad de no-localidad y los saltos cuánticos (*quantum leaps).* Las paradojas cuánticas empiezan a desaparecer cuando tomamos en cuenta la consciencia como la causa primaria del mundo material. Ciertamente, Goswami y algunos otros de nosotros nos hemos capacitado en la creencia física de que la consciencia literalmente crea el mundo material.

Nuestra existencia cotidiana podría ser solo otro sueño, el colapso de una onda de posibilidad dentro de lo que se ve y se siente como realidad concreta "ahí afuera". Parece que esa realidad se sigue repitiendo debido a nuestras expectativas de su manifestación. Las discrepancias continúan. Parece que esos patrones habituales surgen de una creencia muy arraigada, pero errónea, en la primacía de un universo material que no podemos cambiar, excepto por las fuerzas brutas de la gravedad, el electromagnetismo tradicional, la repulsión nuclear y el deterioro atómico.

Durante sus últimos años, Einstein intentó en vano encontrar una teoría de campo unificado que pudiera combinar las cuatro fuerzas. También enfrentó complicaciones con las paradojas de la mecánica cuántica, pero nunca pudo llegar a una reconciliación. Si la física pudiera abordar honestamente todas las observaciones válidas, hubiera podido llegar a ser más inclusiva. En otras palabras, las teorías actualmente aceptadas de la física se quedan cortas en cuanto a explicar las crecientes anomalías experimentales.

Goswami no es el único físico teórico que está convencido de que la consciencia tiene que ser incorporada a una física vacilante. El ciberfísico Dr. Jack Sarfatti, un contemporáneo mío realmente único, proclama teorías nuevas en grandes fragmentos diarios en Internet.[8] Está proponiendo una teoría postcuántica, basada en su intento de fusionar las contradicciones aparentes de los modelos cuánticos actuales. También trabaja en los resultados del Dr. Thomas Phipps, quien modificó la teoría de la relatividad para que se ajuste a la mecánica cuántica. Sarfatti presenta un modelo de consciencia en el que no solo la mente actúa en la materia, sino que la materia reacciona de regreso en la mente. El doctor utiliza esto para explicar el efecto del observador en la física cuántica y también los efectos físicos. De una manera más formal, él enfatiza mi definición de consciencia, cual es el resultado del grado de alineamiento entre nuestra intención y la intención de aquello sobre lo cual se actúa.

Existen muchas más teorías físicas de la consciencia, demasiado numerosas para mencionarlas aquí. Es una lástima que la física actual no solo esté acribillada con contradicciones, sino que los mismos conceptos, los antiguos y los nuevos, con frecuencia son difíciles de entender para los legos, debido a que la terminología, las matemáticas y los modelos, son complejos. Aun con todos mis antecedentes en física, necesito tomar gran cantidad de tiempo para empezar a comprender las sutilezas de las teorías. Es sencillo para algunos de nosotros querer rendirnos, alejarnos de todo este rigor intelectual.

Aun así la física sigue siendo una herramienta muy poderosa, no hay duda de eso. Ciertamente las teorías existentes explican una variedad de fenómenos y predicen eventos futuros. Nos brindan confianza para entender cómo se comporta la naturaleza, cómo podemos interactuar con ella y cómo podemos crear todas las cosas,

---

[8] Jack Sarfatti, ciberfísico, www.stardrive.com

que se clasifican desde la microelectrónica al láser, a las computadoras, a las comunicaciones, a los aeroplanos y a los vehículos espaciales. Sin embargo, las teorías emergentes que buscan explicar las anomalías de la consciencia, agregadas a los resultados aceptados, sin duda deletrearán un futuro que podría hacer que hasta los postulados de Einstein, Planck, Heisenberg, Bohr, Fermi, Dirac, Bohm o Schrödinger parezcan mundanos. Esa es la naturaleza inquisitiva de la ciencia.

Muchos otros científicos que están fuera del campo de la física también están descubriendo evidencia adicional de la influencia del observador en el mundo material, más allá de ZPF y de los experimentos cuánticos. Una tercera área que está creciendo rápidamente en credibilidad, está compuesta de las observaciones de parapsicólogos y otros investigadores académicos de lo paranormal. Estos sucesos anómalos violan las leyes de la física, según las conocemos. Ellos abren aún más la caja de Pandora, guiándonos inevitablemente hacia la primacía de la consciencia en la comprensión del universo físico.

## Los experimentos y las experiencias parapsicológicas también validan la consciencia

Mientras que la mecánica cuántica y la extracción de energía de punto cero revelan una conducta bizarra de la "materia" a un nivel microscópico, el efecto del observador también aplica en el mundo macroscópico (visible). Estos resultados surgen de una serie de investigaciones alarmantes de la mente sobre la materia (psicokinesis), la visión remota, la precognición, las experiencias cercanas a la muerte y otros fenómenos claramente extraños para el materialista pero aún muy reales. Operadores humanos que interactúan con máquinas a través de su intención con frecuencia pueden crear, destruir o mover electrones en experimentos repetibles, tal y como prueban las observaciones de los físicos cuánticos y los investigadores del campo de punto cero.

En mi libro *The Second Coming of Science* describo los importantes experimentos llevados a cabo por los científicos de la

Universidad de Princeton Robert Jahn y Brenda Dunne.[2,9] Ellos diseñaron un protocolo experimental que puede medir los efectos psicokinéticos de los operadores humanos en generadores de eventos aleatorios (REGs, por sus siglas en inglés) de números binarios. Estos son las cajas negras que, en ausencia de alguna intención del operador, producen una corriente aleatoria de ceros y unos, a una tasa de doscientos números por segundo. Al integrar resultados de varias horas, han descubierto lo que para la mayoría de operadores es un efecto "físico", moderadamente repetible y estadísticamente significativo, tanto en la dirección como en la dirección opuesta de la intención, con una preponderancia de resultados en el sentido de la intención. Típicamente, operadores han producido efectos no aleatorios de unas pocas partes por mil. Uno no necesita ser un psíquico superdotado para producir resultados. Estadísticamente todos somos psíquicos.

En una ocasión puede haber creado en mi propia mente resultados positivos erróneos, en un experimento que había ejecutado.[2] Como un entusiasta estudiante graduado en astronomía en la Universidad de California en Berkeley, había buscado un efecto óptico que se origina en el planeta Venus, que podría revelar la presencia de cristales hexagonales de agua de hielo en la parte alta de sus nubes. Ciertamente, encontré algo. Pero tres años después, cuando fui profesor asistente de astronomía en la Universidad de Cornell, un estudiante graduado y yo no lo encontramos. Como científico cauteloso afortunadamente no había llegado a ninguna conclusión positiva acerca de la presencia de hielo la primera vez y esperaba poderlo verificar. De los dos grupos de observaciones, establecimos un límite superior del contenido de los cristales de hielo hexagonales en la parte alta de las nieves de Venus. Poco después, otro científico más bien descubrió gotitas de ácido sulfúrico en lugar de hielo. En casos como este, la cautela es sabia en la ciencia; hago objeciones fuertes sólo cuando los científicos aparentan conocer todas las cosas y desacreditan nuevos campos desconocidos para ellos.

¿Qué pasó con el hielo en las nubes de Venus? Creo que influencié a la electrónica de mi fotómetro en el telescopio para que respondiera a mi intención. Estas anomalías se presentaron en muchos otros experimentos, como lo veremos. Todo esto obliga la

---

[9] Robert Jahn y Brenda Dunne, *Margins of Reality*, Harcourt Brace Jovanovich, San Diego, CA, 1987

pregunta ¿cuántos resultados deseados surgen de nuestra propia consciencia, más que de la realidad física "de ahí afuera"? La falta de objetividad requerida por un científico puede convertirse en harina para el molino de otro.

Experimentos subsecuentes en el Laboratorio de Anomalías de Ingeniería de la Universidad de Princeton han mostrado formas de amplificar la acción psicokinética. Brenda Dunne ha reportado algunos resultados preeliminares, que indican efectos físicos psicokinéticos aproximadamente seis veces mayores para parejas vinculadas. Más recientemente, Roger Nelson, también de Princeton, y Dean Radin de la Universidad de Nevada, Las Vegas, han confirmado que aún puede producirse un orden mayor al enfocar energía grupal en la presencia de un REG. [10, 11]

Estos nuevos resultados surgen de dos equipos de experimentadores, con experiencia en escenarios académicos cuidadosos, con revisión dual. Al ubicar REGs "de campo" en diferentes escenarios académicos, ambos equipos experimentales descubrieron patrones repetibles de coherencia grupal extrasensorial, particularmente durante momentos de gran espíritu o enlazamiento. La coherencia fue mayor cuando el humor, el ritual, la inspiración o grandes audiencias televisivas estaban involucrados. Por otro lado, una reunión rutinaria (¿aburrida?) de la junta de científicos produjo aleatoriedad continuada. De manera interesante, los grupos no tenían que enfocarse en REG mismo, sino que el objetivo del enfoque podría ser algo más. El prospecto de utilizar REGs de campo como aparatos de retroalimentación para monitoreo de grupos sugiere que podemos encontrar las mejores condiciones para "bombear" energía grupal en un estado altamente coherente, tal vez hasta en un dominio de "energía libre". Si quisiera conocer más acerca de de las posibles relaciones cuantitativas entre una consciencia amplificada y la extracción de energía de punto cero, lo refiero a un pequeño tratado técnico.

A algunos de nosotros nos cuesta comprender esos complejos resultados científicos que se originan en las cajas negras y podríamos preferir ver o experimentar demostraciones dramáticas de acción psíquica. Ambas teorías verifican la realidad de la consciencia. Además de observar psíquicos privilegiados, también me he

---

[10] Roger Nelson, G. Bradish, Y. Dobryns, B. Dunne y R. Jahn, "Field REG Anomalies in Group Situations", *Journal of Scientific Exploration*, volumen 10, pp.111-42, 1996

[11] Dean Radin, *The Conscious Universe*, Harper San Francisco, 1997

interesado en el doblamiento de cucharas. A través de diferentes ejercicios de respiración y *aikido*, lo he enseñado durante la culminación de talleres en el Instituto Esalen en California, la Fundación Findhorn en Escocia y en otros lugares. En una sesión de dos o tres horas, aproximadamente de un ochenta a un noventa por ciento de mis estudiantes fueron capaces de doblar una cuchara, cuando están claramente convencidos de que se hizo primariamente con el poder de sus mentes, más que con la fuerza física. Es interesante que intelectuales de mediana edad trabajaron en forma más deficiente, una reversión del rol credencial.[2] Caminar sobre el fuego representa otra confrontación válida y personalmente más desafiante para la consciencia.

No obstante, los materialistas conservadores cuestionaron todo esto. El libro reciente de Dean Radin *The conscious Universe* debería disponerse para relajar esas dudas de una sola vez.[11] Realmente recomiendo este libro brillante y sencillo de entender. En él Radin sintetiza miles de experimentos dispares en parapsicología, que no solo prueban la realidad de la consciencia, que existe más allá del tiempo y el espacio, sino que también lleva hacia ciertos atributos que impactaran cualquier teoría emergente de la consciencia.

La confianza de Radin puede ser apoyada por estadísticas de grandes cifras, en cientos y miles de experimentos, como se reflejó en un "meta-análisis". "En un experimento dado", escribe, "los puntos de los datos sin elaborar son típicamente las respuestas individuales de los participantes. En meta-análisis, los puntos de los datos sin elaborar son el resultado de experimentos separados... Hoy los meta-análisis han florecido en popularidad, debido a que las ciencias de la conducta, las sociales y las médicas están todas en el mismo bote: Necesitaban un método para determinar formalmente si los efectos altamente variables, medidos en los experimentos, eran repetibles." (p.53)

Por ejemplo el análisis de Radin de miles de estudios en telepatía y percepción a distancia, muestra "tasas de éxito" significativos. Los estudios también revelan que aproximadamente un uno por ciento de la población tienen un talento psíquico innato y ninguna cantidad de capacitación parece ayudar mucho a los otros. A pesar de la habilidad psíquica, los análisis indican que existe mayor ejecución cuando los operadores visualizan en forma remota objetos y eventos por libre elección, más que por elección obligada, como las cartas ocultas. La hipnosis puede mejorar los efectos. Estos descubrimientos son consistentes con mi propia experiencia y con los experimentos que ejecuté con el científico Cleve Backster.[1] En un grupo de experimentos de prueba, la actividad eléctrica de mis células sanguíneas blancas, a distancia, se correlacionaron bien en el tiempo con mis emociones experimentadas y registradas.

Aún más intimidantes son los resultados de Radin de la percepción sobre el tiempo. Varios experimentos independientes muestran en forma clara las habilidades de muchas personas de predecir y tal vez de influenciar eventos en el futuro. Midiendo su actividad electrodérmica, el Dr. Dick Bierman descubrió que muchos sujetos eran capaces de anticipar una imagen emocionalmente cargada segundos antes de que se presentara realmente.[11]

Un ejemplo extremo de precognición viene de Ted Owens, el fallecido psíquico norteamericano. Fue capaz de predecir—y algunas veces aseguró que producía—tormentas eléctricas extrañas, relámpagos, huracanes y resultados de eventos deportivos.[12] Aunque Owen generalmente consideraba a los otros, hubo momentos en que se investigaron a fondo represalias en contra de aquellos a quien a él no le gustaban. Esto condujo a un punto muy serio. Nuestro potencial para jugar de Dios nos recuerda una espada de doble filo en relación con la ética en el siglo veintiuno. Para volver a heredar la Tierra, tendremos que seguir la auténtica Regla de Oro en todas las investigaciones científicas: No le hagas a los demás lo que no quieres para ti.

Estos resultados altamente significativos, que se originan en la parapsicología, tienen que ser incluidos en una teoría de la consciencia, cuyas acciones pueden difundirse sobre el tiempo y el espacio siguiendo las leyes naturales que van más allá de lo que conocemos en la ciencia. "A la vuelta del siglo veinte", Radin escribe, "científicos imaginativos, poco a poco estaban llegando a ser concientes de las nuevas teorías radicales, que aparecían en el horizonte, acerca del espacio, el tiempo, la materia y la energía. Algunos han sentido correctamente que los desarrollos como la relatividad y la teoría cuántica podrían alterar radicalmente nuestro entendimiento de la realidad misma. Casi un siglo después, el impacto de estos descubrimientos aun es reverberante en toda la ciencia, la tecnología y la sociedad. Conforme despierta el siglo

---

[12] Jeffrey Mishlove, *The PK Man*, Hampton Roads, Virginia, 2000

veintiuno, aparecen visiones nuevas y sorprendentes de la realidad." (Ref. 11, p.303)

## La influencia de la intención humana sobre el agua y la materia viva: la síntesis sorprendente de un hombre

Uno de los teóricos más brillante y el más articulado experimentador en la consciencia es el profesor emérito William Tiller de la Universidad de Stanford. Este caballero, a quien recientemente tuve el placer de conocer, ha suministrado datos convincentes de la influencia de la intención humana sobre las propiedades físicas y químicas del agua y la materia viviente. Lo que es aún más sorprendente, Tiller y sus colegas fueron capaces de retardar la transmisión de una intención, a través de la mediación de un simple dispositivo electrónico.[13] Utilizaron mediadores experimentados para implantar su señal conciente en el dispositivo, el cual registró su intención. Posteriormente ellos transmitieron esa señal en el agua, por ejemplo, para alterar su grado de acidez o su contenido alcalino. Algunas pruebas repetidas produjeron una unidad 1.0 de pH, o un cambio de diez veces en la acidez del agua que venía de la intención trasmitida de los mediadores.

Tiller ha presentado un modelo para la consciencia que encuentro que es brillante y útil.[14] Con frecuencia prefiero los modelos a las teorías formales, especialmente en esta etapa temprana del desarrollo de la ciencia de la consciencia. Aunque ambas tienen cualidades predictivas poderosas, las teorías físicas generalmente se construyen sobre teorías existentes y con frecuencia exigen un entendimiento riguroso de la física-matemática. Por el otro lado, los modelos son intentos de construir una generalización que sea consistente con todos los datos relevantes. Los modelos son la simulación de un universo que comparte todas sus propiedades observadas, no su teoría favorita. Es cierto, los físicos teóricos

---

[13] William A. Tiller, Walter E. Dibble, Jr. y Michael J. Kohane, "Exploring Robust Interactions between Human Intention and Inanimate/Animate Systems", presentado en "Toward a Science of Consciousness – Fundamental Approaches", mayo 25-28, 1999, United Nations University, Tokio, Japón

[14] William Tiller et. al., Science and Human Transformation, Pavior Publication, Walnut Creek, CA, 1997; Conscious Acts of Creation: The Emergence of a New Physics, ibid, 2001

pueden tener introspectivas importantes que los conducen a desarrollos posteriores, pero los ingenieros en sistemas pueden a menudo construir modelos más allá del ámbito del físico, antes que la física se desarrolle más. Los ingenieros en sistemas nos llevaron a la Luna, basados principalmente en teorías físicas avanzadas de Isaac Newton de hace 300 años.

Con frecuencia los ingenieros en sistemas son los primeros en señalar las tendencias del futuro. Este tipo de pensamiento surge del libro profético del Club de Roma *The Limits to Growth.* Este estudio analizaba cinco parámetros al modelar el futuro de la humanidad, con respecto a los recursos de la Tierra: alimento, materia prima, energía, contaminación y población. Predijeron en forma correcta un colapso* ambiental que obviamente está sobre nosotros ahora. Este importante trabajo también ayudó a crear el movimiento ambiental de los 70s. La ingeniería de sistemas, sin duda alguna, nos ayudará a diseñar un futuro positivo y sostenible.

En un sentido, el nuevo programa Apolo ya ha empezado. Thomas Bearden y Moray King son ingenieros en sistemas que han brindado una introspectiva fresca de las características de la energía de punto cero.[2,3] Los visionarios Werner von Braun, Sir Arthur C. Clarke, Gerard O'Neill, Buckminster Fuller, Barbara Hubbard y Willis Harman han publicado trabajos sobre la tradición más fina de ingeniería de sistemas. Sus ideas merecen una nueva mirada. Los mismos antecedentes de Tiller son una mezcla ecléctica de ingeniería, ciencia de materiales y medicina holística, de manera que es un candidato natural para abordar la amplia pregunta del modelado de los sistemas de la consciencia.

En su modelo Tiller empieza con el reino físico conocido, que incluye tres dimensiones del espacio y una dimensión del tiempo. Sin embargo, para explicar las acciones de la mente en la materia, él propone un segundo dominio invisible que tiene ciertas propiedades generales que pueden deducirse de los datos de muchos tipos de interacciones: experimentos cuánticos, parapsicología, investigación de la energía de punto cero, holografía, química, biología y las ciencias de la salud, para mencionar algunas.[14] Los otros dos reinos que él sugiere tienen una naturaleza más espiritual.

Tiller llama nuestro dominio conocido del espacio-tiempo directo o espacio-D y el dominio inverso, no visible, del espacio-

---

* *Crunch* en inglés, en el original. *Nota del Traductor*

tiempo (frecuencia) como recíproco o espacio-R. El espacio recíproco reflejado no solo involucra espacio inverso y frecuencia. Algunos otros elementos del espacio-R son la masa negativa, la energía, la entropía y la temperatura; las velocidades mayores que la velocidad de la luz; la levitación como lo opuesto a la gravitación; medicina homeopática como lo opuesto a la medicina alopática; y el cerebro derecho versus el izquierdo.

El modelo utiliza la conocida transformación de Fourier de la información matemática y acción de ida y regreso entre los dos dominios. El espacio-tiempo se convierte en espacio-frecuencia inversa, y viceversa. Esto también sigue el modelo holográfico del universo propuesto primero por el fallecido físico David Bohm y ampliado por el fallecido Michel Talbot [15] y el astronauta Edgar Mitchell, fundador del Instituto de Ciencias Noéticas.[16] Esta teoría general también puede explicar cómo muchos de los fenómenos que parece que actúan fuera del espacio y el tiempo pueden influenciar el momento. El reino no visible está resonando con el visible para crear la realidad observada en este momento, en este lugar.

El modelo de Tiller también es consistente con un modelo propuesto por el fallecido ingeniero japonés Dr. Shiuji Inomata, presidente del Instituto Psicotrónico de Japón y durante treinta y cinco años empleado del gobierno japonés, en los Laboratorios Electrotécnicos, cerca de la planta de la ciudad espacial Tsukuba. Fue el anfitrión de dos conferencias en Tokio sobre Consciencia, Nueva Energía y Nueva Medicina en 1996 y 1998. El Dr. Inomata ha presentado una tríada entre masa, energía y consciencia, como una interacción en tres sentidos.[3] Sugirió que la ciencia existente, solo se ha preocupado por la relación entre masa y energía. Pero si agregamos la consciencia como un tercer factor, encontramos equivalencias físicas entre consciencia y masa y energía análogas a la famosa ecuación masa-energía de Einstein, $E=mc^2$.

Tiller explica una amplia gama de datos observados con alguna comprensión al lego informado. También presenta algunas descripciones poéticas de muchas demostraciones de fenómenos paranormales. En relación con la materialización, escribe, "Imagine la superficie de una poza en donde unos pocos "hemípteros" se están desplazando sobre la superficie. Tienen un cuerpo pequeño y muchas piernas largas y se parecen los Aplanados de Abbot en el

---

[15] Michael Talbot, *The Holographic Universe*, Harper Collins, New York, 1991

[16] Edgar Mitchell, *The Way of the Explorer*, Institute of Noetic Sciences, 1998

sentido de que perciben solo en dos dimensiones. Suponga que tiene un hemíptero haciendo un recorrido rápido a través de la poza, cerca de usted y usted coloca su pierna en la poza. Para el hemíptero, eso es un evento de materialización. Luego usted saca su pierna de la poza y, para el hemíptero, esto es un evento de desmaterialización. Si usted piensa en la gran cantidad de formas en que su fenómeno tridimensional puede penetrar su marco de percepción bidimensional, puede empezar a apreciar cuán difícil podría ser para la ciencia del reino de los hemípteros ser capaz de producir una explicación científica adecuada de este fenómeno. Observamos aquí que una proeza científica está limitada principalmente por el nivel de percepción operacional de la sociedad."[14]

Realmente recomiendo el modelo de Tiller a estudiantes serios de la ciencia de la consciencia. "La ruptura con el pasado llegará", expresa Tiller, "en parte al aceptar que, al igual que la luz y el sonido, nuestra banda presente de cognición nos brinda una ventana de solo una pequeña porción de los modos de expresión totales de la naturaleza... Llegar a estar concientes de esos aspectos mayores de naturaleza general de nosotros mismos, es un paso importante hacia un auto-empoderamiento completo, en donde hemos crecido en conciencia lo suficiente como para influenciar en forma significativa las propiedades de la materia alrededor de nosotros. Para entonces, sabremos lo que realmente significa el verdadero balance y podemos establecernos para restaurarlo en el mundo."

Le agradecemos a William Tiller por sus importantes contribuciones, las cuales suministran una excelente formulación para una nueva ciencia de la consciencia. Tal vez los resultados más poderosos se seguirán al combinar nuevos modelos de ingeniería con las teorías de físicos abiertos como Amit Goswami.

## La cosmología de la consciencia

Algunos de estos experimentos asombrosos sobre la consciencia pueden llevarnos a reexaminar el universo en formas profundamente nuevas. Por ejemplo, tenemos la teoría de la Relatividad Especial de Einstein. Una predicción de esta teoría, que ha sido experimentalmente verificada, es que el paso del tiempo converge en cero cuando uno se aproxima a la velocidad de la luz. Este fenómeno de dilatación del tiempo da cabida a la famosa "paradoja del reloj" según la cual viajeros hipotéticos, en un viaje de ida y vuelta de la Tierra al espacio a una velocidad cercana a la de la luz, podrían regresar más jóvenes que sus propios hijos. En la Tierra podrían haber transcurrido décadas mientras que tal vez solo transcurrieron meses a bordo de la nave espacial.

Basado en este principio, Peter Russell, autor y científico, presentó el siguiente ejercicio de pensamiento en su reciente libro *A White Hole in Time.*[17] Todos sabemos, expresa, que se necesitan nueve minutos para que podamos recibir la luz desde el Sol, debido a la velocidad de la luz, finita y medible (c=300 millones de kilómetros por segundo). Pero Russell plantea una consecuencia intrigante e inevitable de la relatividad, cuando cambiamos nuestra perspectiva por aquella de la luz misma.

"En cuanto a lo que se refiere a la luz," escribe, "el momento que ésta deja el Sol es el mismo momento que la luz llegó a mi ojo. Desde su perspectiva no existe intervalo de tiempo. Esto coincide exactamente con mi experiencia. El reino de la consciencia y el reino de la luz parecería que comparten la misma experiencia del ahora."

En otras palabras, si eres luz, estás en todas partes al mismo tiempo. Como una partícula de luz usted puede viajar desde el Sol e instantáneamente moverse a través de un universo einsteniano curvo a todos los lugares, como un ovillo. Cualquier significado de la idea tiempo y espacio, desaparece, debido a que la luz del sol fluye hacia cada punto del universo al mismo tiempo (desde su punto de vista). Lo mismo es cierto para toda la luz en el universo. Como luz, hemos entrado en un nuevo dominio de la realidad.

¿Podría la luz colectiva del Sol y de otras fuentes energéticas en nuestro universo estar en cada punto en el espacio en todo momento? ¿Se podría relacionar esto posiblemente con el campo de punto cero? ¿Podría ser que el campo mismo es aquella luz que está en todo lugar al mismo tiempo? ¿Estamos habitando dos reinos simultáneamente—el dominio conocido del tiempo-espacio y el menos conocido de la consciencia y la luz? O ¿deberíamos llamarlo una nueva dimensión? El modelo de Tiller ayuda a hacer toda esta magia más comprensible.

Mi propia corazonada acerca de las nuevas direcciones de la física incluirá una buena mirada al escurridizo campo de punto cero y su interacción con la consciencia. También necesitaremos

---

[17] Peter Russell, *A White Hole in Time*, Harper San Francisco, 1992

desarrollar más la teoría post-cuántica, que trata sobre la posibilidad de reconciliar el efecto del observador, la mente sobre la materia y la relatividad. Conforme los conceptos se empiezan a fusionar, podrían llegar a ser el criadero para las nuevas tecnologías, que podrían resolver los problemas del medio ambiente que más nos presionan.

## La Consciencia penetra a la Junta en las Disciplinas Académicas

En años recientes los filósofos académicos y los teólogos, estimulados por los resultados sorprendentes de la física cuántica, también le han dado una nueva mirada a la consciencia. En el libro introductor *The Conscious Mind*, David Chalmers, un profesor de filosofía de la Universidad de California, Santa Cruz, discutió de manera convincente que el misterio de la auto consciencia subjetiva no puede ser explicado en su totalidad por el materialismo objetivo. La consciencia, manifiesta, necesita ser reinsertada en la práctica de la ciencia y la filosofía. "Me parece a mi", escribió, "que ignorar los problemas de la consciencia podría ser anticientífico... El materialismo es una visión hermosa y convincente del mundo, pero para explicar el conocimiento, tenemos que ir más allá de los recursos que éste provee."[18]

Chalmers inició su libro con las siguientes percepciones claves: "La consciencia es el mayor misterio. Podría ser el obstáculo más sobresaliente en nuestro trayecto hacia la comprensión científica del universo. La ciencia de la física aun no está completa...". Agregaría a sus observaciones que el obstáculo de la consciencia, percibido por los materialistas, puede llegar a ser una oportunidad, cuando observamos los datos impresionantes que surgen de las ciencias del conocimiento que he mencionado en este capítulo. Algunas veces los principales científicos y filósofos pueden aceptar que sólo los principios bien establecidos de la física cuántica pueden guiar hacia la consciencia. Esto porque la física cuántica lentamente se ha ganado el respeto general en círculos académicos, mientras que la parapsicología, el campo de punto cero, los resultados de Tiller y otros experimentos anómalos aun son muy jóvenes en la mente

[18] David J. Chalmers, *The Conscious Mind*, Oxford University Press, Oxford y New York, 1992

occidental. Sin embargo estoy convencido de que veremos cambios muy pronto, según el paradigma se despliegue.

Chalmers no está solo en esta convicción de que la consciencia merece una mirada más cercana. Cientos de científicos, teólogos y filósofos se reúnen cada año en Tucson, Arizona, para discutir y debatir sobre la consciencia. Han formado un equipo interdisciplinario para establecer la Revista de los Estudios del Conocimiento: Controversias en la Ciencia y las Humanidades. Entre los contribuyentes están el laureado premio Nobel Francis Crick, el astrofísico Roger Penrose, el filósofo Ivan Illich y el fallecido Willis Harman, antiguo presidente del Instituto de Ciencias Noéticas. Muchos de los artículos y documentos reflejan un sesgo materialista, pero podemos ver que el progreso llega de diferentes frentes.

Recientemente impartí una charla en la Conferencia Internacional sobre la Ciencia y el Conocimiento, en Albuquerque, Nuevo México, en abril de 1999 y abril del 2000. Otros conferencistas fueron Peter Russell, Dean Radin, Jahn Hagelin, Brian Swimme, Edgar Mitchell, William Tiller, Stanley Krippner, Jeffrey Mishlove, Elisabet Sahtouris, Larry Dossey y muchos otros. Más de 500 personas asistieron a cada conferencia.

También tenemos el campo filosófico de la metafísica, con muchos pioneros apareciendo en escena fuera de los principales círculos académicos. Por más de un siglo, Alice Bailey, Manly Hall, Charles y Myrtle Filmore, Mary Baker Eddy, Ernest Holmes y muchos otros han establecido las que posteriormente llegaron a ser grandes organizaciones dedicadas al estudio y la práctica de la consciencia y el poder de la sanación de la oración. Incluidos están la Sociedad de Investigación Filosófica, la Sociedad Teosófica, las Iglesias de la Unidad, las Iglesias de la Ciencia Religiosa, el Instituto Internacional de las Ciencias Humanas Integrales, el Instituto de California de Estudios Integrales y los *ashrams* yogas de Sivananda. Varios filósofos académicos también están involucrados en las nuevas ciencias, incluyendo a Stanley McDaniel, Michael Zimmerman y Michael Grosso. Los filósofos orientales, los místicos, los yoguis y los chamanes han sabido de la consciencia por mucho tiempo. Tal vez las contribuciones más significativas surgieron a principios del siglo veinte, con el filósofo indio Sri Aurobindo.

Desde la época de Carl Jung, la consciencia también ha sido la piedra angular de muchos innovadores que vienen de las disciplinas de la psicología: J.B. Rhine, Stanley Krippner, Stanley Grof, Ram Das, Russell Targ, William Roll, Bernard Grad, Robert Morris, Erlandur Hearaldsson, Lee Pulos, Charles Tart, Jeffrey Mishlove, Brenda Dunne, Ken Ring, Dick Bierman y Dean Radin, para mencionar solo unos cuantos, cuyo trabajo se reporta ampliamente aquí y en otros lugares. La consciencia ha llegado a ser la piedra angular para los psiquiatras John Mack, Brian Weiss, Elizabeth Targ y el fallecido Timothy Leary.

## Hacia la nueva ciencia de la consciencia

Una gran cantidad de organizaciones de nuevos científicos han surgido en las dos ultimas décadas, enfocándose en la consciencia como su tema central: el Instituto de las Ciencias Noéticas, la Asociación Internacional para la Nueva Ciencia, los Institutos Psicotrónicos Japoneses, la Sociedad para la Exploración Científica, la Red Médica y Científica en Europa y muchas otras. Varias publicaciones sobresalientes han surgido de esas organizaciones. Probablemente la más prominente es el *Journal of Scientific Exploration*, revisado entre colegas, que ha publicado muchos de los resultados descritos en este capítulo.

Varios otros experimentos también han señalado la realidad de la consciencia. Hemos visto cómo la sanación con el poder de la mente, la comunicación con los muertos y otros seres, recuerdos de vidas pasadas, experiencias cercanas a la muerte y estudios OVNI brindan claras indicaciones de que los campos de energía del conocimiento son muy reales y no necesariamente respetan el tiempo y el espacio. La consciencia también es un factor importante en todos los sistemas vivientes. Por ejemplo, tenemos los sorprendentes datos de Cleve Backster sobre telepatía y las biocomunicaciones[1]; los experimentos de Rupert Sheldrake sobre varias especies que muestran comunicación intraespecies que no puede ser explicada totalmente por la herencia y el ambiente[19]; y las sanaciones milagrosas que muchos individuos han reportado ampliamente en la literatura. Parece que toda la vida posee campos de energía de la consciencia que trascienden el tiempo y el espacio.

---

[19] Rupert Sheldrake, *Seven Experiments that could Change the World*, Riverhead Books, New York, 1995

Los recientes desarrollos desconcertantes en la definición del genoma humano revelan la misteriosa complejidad de la estructura molecular de todas las formas de vida. El código genético que construye el cuerpo humano representa solo aproximadamente un uno por ciento del total. En el ámbito molecular, parece que no hay nada especial acerca del ser humano: aun los cromosomas para los cerdos, las plantas y el fermento son casi tan complejos como nosotros. Este resultado es muy humilde para nuestros seres antropocéntricos y es consistente con los experimentos de Backster según los cuales tanto las plantas, como el fermento y los seres humanos, muestran actividad eléctrica en respuesta a la intención humana.

La misma molécula de ADN podría actuar como un transductor para la consciencia [3,20], tal vez explicando alguna función desconocida del código genético. También parte de los filamentos del ADN incluyen señales de mutaciones entre ancestros. Muchas porciones del genoma tienen orígenes desconocidos, los cuales podrían incluir mutaciones históricas de manipulaciones genéticas por seres extraterrestres. Podríamos ser capaces de evaluar la hipótesis de que visitantes alienígenos ocasionalmente se han estado reproduciendo con los humanos. Tal vez hemos descendido de otros seres más que de los simios, un pensamiento irritante para los genetistas más actualizados, ya de por sí confundidos con los resultados del genoma.

El cambio de paradigma hacia una era de consciencia no termina con la física y la biología. La química también se está sometiendo a una evaluación, con la revisión del antiguo arte de la alquimia. En el Capítulo 2 observamos que la tecnología de la fusión en frío puede ser utilizada para trasmutar elementos a temperatura ambiente. Esto nos permitirá remediar los desperdicios radioactivos y otros desperdicios tóxicos. Nueve patentes norteamericanas ya han sido conferidas al inventor James Patterson para iniciar la tarea de desintoxicar nuestro ambiente químico.

La ciencia de la Tierra también podría estar lista para un gran cambio. Estamos empezando a comprender que la Tierra podría comportarse como un superorganismo, cuya complejidad unificada, inteligencia y nivel de cooperación auto organizada rivalizan con el

---

[20] David A. Ash, Science in the Vortex, *The Light University*, 4 Western House, Station Road, Totnes, Devon, TQ9 5LF, United Kingdom, 1993

cuerpo humano mismo.[1, 21] Este nuevo paradigma de un planeta consciente y viviente podría ayudarnos a descifrar el enigma del calentamiento global y el cambio de clima, diagnosticados tal vez como una fiebre mundial. Las herramientas de la consciencia podrían estar a la vanguardia de nuestra propia meta de movilizarnos hacia un ambiente sostenible. "La idea del mundo como un organismo ha sido llamada la hipótesis Gaia", escribe Radin, "llamada así en honor a la mítica diosa griega de la tierra. ¿Sugieren los efectos de campo-consciencia que podría existir una mente de Gaia?"

"...bajo circunstancias excepcionales — durante las trasmisiones mundiales de televisión en vivo, por ejemplo — cuando muchas mentes se enfocan en el mismo objeto, ocurre un alineamiento impresionante, desconocido para nosotros. Durante estos breves y esplendorosos momentos, los billones de mentes individualmente relucientes se reensamblan en un todo y la unidad de la mente de Gaia se manifiesta de manera brillante. En esos tiempos poco comunes (pero que llegan a ser más comunes cada día), Gaia en efecto se despierta y visualizamos esto reflejado en nuestros sistemas aleatorios, porque ellos de pronto empiezan a comportarse en formas estadísticamente inesperadas."[11] Juntarnos como seres recientemente iluminados podría guiarnos a la sanación planetaria. Después de todo, nuestra consciencia conectada nos hace uno y lo mismo.

## La llegada de la revolución de la consciencia

Estoy convencido de que la ciencia del conocimiento nos permitirá resolver nuestros desafíos ambientales más profundos en formas nuevas y elegantes. Por ejemplo, podríamos ser capaces de limpiar nuestros acueductos por medio de nuestra intención. Nuestro trabajo apenas empieza, pero existe una dirección. Pronto seríamos capaces de examinar la relación simbiótica entre la energía que surge del campo de punto cero, la consciencia y la intención de grupo. Le invito a usted y a colegas interesados a contribuir con sus reflexiones sobre estos importantes experimentos, conforme se despliega la visión de una nueva ciencia de la consciencia. Una gran ventaja de proceder en esta forma es que no necesitamos construir aceleradores

[21] James E. Lovelock, *Gaia, a New Look at Life on Earth*, Oxford University Press, 1979

de partículas de miles de millones de dólares, pruebas espaciales, misiles dirigidos, cabezas explosivas y plantas de energía atómica, telescopios en órbita o reactores de fusión, para hacer ciencia de la consciencia. Muchos de los experimentos y los conceptos son suficientemente simples como para ser del acceso de un lego informado.

Reconocer y estudiar las interacciones psíquicas y cuánticas del campo de punto cero — que podría ser la fuente para entender la génesis de la energía libre, la gravedad y la consciencia — es una acción semejante a ubicar el Sol en el centro del sistema solar. Los epiciclos (lo análogo al materialismo) empiezan a desaparecer. Se extinguieron completamente cuando se introdujeron los últimos refinamientos como las Leyes de Kepler y de Newton.

Igualmente los descubrimientos recientes inevitablemente conducen a una revolución en las ciencias que se difundirá rápidamente. Combinar estas ideas frescas junto con otras ahora prometedoras, puede llevarnos a un nuevo paradigma científico de la consciencia y de ZPF. Tal vez esto *es* la Revolución del Conocimiento. Por tanto esta es la siguiente etapa para volver a heredar la Tierra: Crear y apoyar una nueva ciencia de la consciencia.

Los milagros de hoy llegarán a ser la ciencia común del mañana. Tal vez todos nosotros podamos llegar a empoderarnos para extraer energía y materia del vacío. Estas actividades podrían llevarnos hacia una dimensión mayor, que solo espera nuestro reconocimiento y exploración. Podríamos ser capaces de aprender a resucitarnos a nosotros mismos de una existencia finita y mortal. Entonces llegaremos a estar más plenamente conscientes de nuestro lugar en un universo hecho vivo y conectado con quienes somos y, en el proceso, aprender cuán especial es toda forma de vida sobre la Tierra. De esto es de lo que trata el nuevo paradigma — de trascender nuestro encarcelamiento auto-impuesto por el materialismo, el determinismo y el reduccionismo. Necesitamos observar todo esto bajo la luz de los desafíos del siglo veintiuno.

Manifesté en la conclusión de mi ultimo libro, "los descubrimientos actuales inevitablemente nos llevan a una revolución de las ciencias, que se difundirá rápidamente. Combinar estas ideas nuevas junto con algunas otras que ahora están brotando, nos lleva al nuevo paradigma, a refinar nuestro entendimiento de la consciencia y del ZPF. Tal vez esto *es* la Revolución del Conocimiento..."

"El milagro en el vacío es que nosotros mismos podemos empoderarnos para crear mundos nuevos y hermosos, universos nuevos, magníficos. Cuando empezamos a resonar con la reserva majestuosa y omnipresente de la pre-energía y la pre-materia en el campo de punto cero, todos llegaremos a ser sanadores, clarividentes y magos. Al menos podremos tener paz, armonía, amor y alegría. La ciencia nos está diciendo eso claramente, basada en evidencia personal, teórica y experimental irrefutable. Lo invito a creer en el proceso y a caminar conmigo de lo visible hacia lo invisible."[3]

Tal vez ahora podremos visualizar un futuro sostenible, en el cual una mezcla de consciencia y sentido común están creando tecnologías nuevas, benignas y poderosas cuyo momento ha llegado. Pero tendremos que apoyar la ciencia del conocimiento, idealmente a través de la participación pública. Este campo está ahora en su infancia, pero podemos esperar que crecerá rápidamente una vez que la investigación avance. No solo necesitamos un Los Álamos para la nueva energía; necesitaremos crear un nuevo programa Apolo para la ciencia de la consciencia.

En el último capítulo analizamos los éxitos de la medicina del conocimiento, los cuales establecen un ejemplo como la primera industria multibillonaria en dólares que utiliza las herramientas de la consciencia. Se han dado grandes pasos en la sanación a distancia que no solo están pagando sino que suministran el modelo del rol perfecto para sanar la Tierra. No sería una insensatez pensar que podríamos acabar con la contaminación y asegurar un futuro sostenible simplemente a través de las intenciones enfocadas de grupos de personas.

Estamos en una crisis espiritual y global que exige que nos quitemos nuestros velos de negación y entremos en la nueva ciencia de la consciencia, explorando nuestro potencial para sanar, nuestra naturaleza eterna y nuestra membresía en una comunidad cósmica de seres sensibles.

# 7

# Adoptar un manifiesto para la sostenibilidad: Una declaración de interdependencia

*"Al destruir el ambiente global, nuestra generación actual está traicionando a las generaciones futuras."*
**Norman Cousins**

*"La ciencia ha creado una soberanía nacional sin límites, incompatible con la supervivencia humana. En este momento las únicas posibilidades son un nuevo gobierno global o morir."*
**Bertrand Russell**

NO PUEDO DEJAR DE sentirme pretensioso al redactar un documento vinculante para todo el mundo, declarando lo que tiene que hacerse. Agregar mi propia y pequeña contribución a lo que eventualmente podría colocarse en lo colectivo, ya sea en la forma de una declaración de derechos fundamentales, creativos y culturales, un manifiesto, una resolución, acuerdos, una declaración, la constitución de un anteproyecto o lo que sea, se puede sentir como reinventar el agua caliente. Muchos de esos documentos ya existen. Probablemente existen muchos que ni siquiera conozco. En este pequeño capítulo, trataré de extraer lo mejor de esas ideas, para proponer una declaración sucinta sobre nuestro propósito común, con la esperanza de estimular el pensamiento y la acción.

Borradores posteriores a este documento incorporarán aun más el espíritu de lo que se ha expresado muchas veces y en muchas formas. Entre los filósofos que tienen un mayor sentido están aquellos como Ervin Laszlo del Club de Budapest y Benjamin

Ferencz y Keyes en su libro *PlanetHood*. Recientemente, Laszlo escribió un *Manifesto on the Spirit of Planetary Consciousness*. En él captura muchas ideas básicas detrás de la formación de una democracia mundial. Después de reconocer el fracaso de la condición humana y de un ambiente globalmente natural, Laszlo expresa un llamado a la responsabilidad de crear una comunidad global, basada en un espíritu de sostenibilidad. "La capacidad de conciencia planetaria," escribe, "es el saber, además del sentimiento vital de interdependencia, la unidad esencial de la humanidad y la adopción consciente de la ética y el carácter distintivo que ésta conlleva."[1]

En otro lugar Laszlo manifiesta: "Desarrollar el espíritu humano y la capacidad de conciencia es la primera causa vital, compartida por toda la familia humana. Responder al desafío de la sostenibilidad llama a otra misión Apolo, en el plano de la cultura. Las personas creativas, en todas las esferas relevantes de la cultura, tienen que juntarse y tienen que ser estimuladas para que trabajen sus introspectivas, por el interés humano conjunto." [2]

Cuando combinamos esos principios básicos, con aquellos en *PlanetHood*, en donde todos tenemos el derecho a "vivir con dignidad en un ambiente sano, libre de la amenaza de la guerra" [3], creo que tenemos la base de un documento práctico, funcional, para que sea considerado como un manifiesto que podría ser firmado hasta por 120 millones de creativos culturales, a nivel mundial y seguimos creciendo.

Un mayor desafío es constituir una república global totalmente nueva, cuyos poderes para crear leyes, hacerlas cumplir y adjudicar disputas sobre asuntos relacionados con la sostenibilidad, la paz y los derechos humanos, puedan exceder los poderes de los estados-naciones y corporaciones existentes. Al mismo tiempo, el nuevo gobierno necesitará brindar una amplia discreción a los gobiernos locales para que alcancen sus metas. Este proceso podría ser largo, arduo y conflictivo, como lo demostró la formación de la democracia americana.[3] Los creadores de la Constitución de Estados Unidos, después de declarar la independencia, deliberaron por más de una

---

[1] Ervin Laszlo, *"Manifesto on the Spirit of Planetary Consciousness"*, The Club of Budapest, Budapest, Hungría y Londres, 1996

[2] Ervin Laszlo, "On the need of a New Spirit of Sustainability", ibid

[3] Benjamin B. Ferencz y Ken Keyes, Jr., *PlanetHood*, Love Line Press, Coos Bay, Oregon, 1991

década. Para los en ese momento estados soberanos no fue fácil renunciar a sus intereses y, por lo tanto, hubo amargas controversias, que necesitaron décadas para resolverse. Aun así, fallaron los intentos previos para formar la unión como confederación de estados. Fue solo cuando los padres fundadores redactaron una constitución vinculante que se pudo formar una unión, ligada en su propósito.

Tenemos la misma oportunidad ahora de salvar nuestro planeta de una destrucción casi inminente. La experiencia americana es apropiada: ahora tenemos que formar una nueva unión, basada no solo en el principio de independencia o soberanía personal, sino en el principio de interdependencia global. Queremos recrear soberanía entre los individuos y las comunidades y de manera diferente, formar una nueva soberanía global, una soberanía cósmica. Cuando los estados americanos acuerden renunciar a su poder militar y abandonar muchos otros poderes soberanos, un gobierno democrático nacional, con sus controles y balances, podría empezar a representar una federación, que efectivamente se levante en contra de la tiranía de la monarquía inglesa. Tendremos que hacer algo similar con los estados-naciones y las corporaciones: también tendrán que renunciar a gran parte de su soberanía. Pueden elegir unirse también al nuevo equipo, lo que podría empoderarnos incluso más. En esto no hay perdedores, excepto para los intereses concedidos por los derechos principalmente financieros. Hemos visto en este libro que la tiranía de los estados-naciones y las grandes corporaciones tienen que ser vencida, pero muchas cosas positivas pueden ocurrir en una república completamente nueva, cuya popularidad abrumará el viejo paradigma.

La transición será desordenada, como siempre, pero nuestro temor no puede detenernos. Me opongo a las revoluciones violentas y creo que son innecesarias. Mientras la nueva democracia crece, de igual manera los estados-naciones y las grandes corporaciones perderán poder. Al principio, tendremos que ofrecerles una rama de olivo a nuestros adversarios, como individuos en el movimiento actual. Si no quisieran participar, podríamos aplicar la nueva Regla de Oro en forma de paracaídas dorados, que podrían mitigar su renuncia al poder.

Ferencz y Keyes creen que en este momento podremos formar un nuevo gobierno. Su libro intuitivo e inspirador incluye citas textuales de diferentes individuos, todos creen que para sobrevivir se necesitará una especie de gobierno mundial: Robert Muller, Norman Cousins, Mikhail Gorbachev, Elliot Richardson, Emery Reve, Peter Ustinov, Albert Einstein, John Kennedy, Theodore Rooselvelt, Woodrow Wilson, Winston Churchill y por supuesto George Bush, padre. La propuesta de *PlanetHood* es empoderar a las Naciones Unidas y/o crear una convención constitucional internacional, para la nueva democracia global, cuya jurisdicción podría incluir una cláusula para un futuro sostenible, justo y pacifico. En el Capítulo 4, expresé mi propia preferencia para iniciar algo completamente nuevo y para utilizar los recursos de las Naciones Unidas como un medio, no como un fin para un gobierno mundial. La situación llama a dejar atrás todos los intereses concedidos y actuar como iguales.

Visualizo una convención constitucional y global que promulgue un cuerpo gubernamental que siga los principios de un manifiesto similar al que presento a continuación. Como en el caso americano, la convención podría analizar detalladamente los principales problemas que sin duda amenazarán algunos aspectos de las soberanías corporativas y nacionales. Pero que así sea. Porque no deberíamos perder de vista la razón por la cual nos unimos en primer lugar. Al final, lo que tiene que mantenerse es la soberanía de los individuos y nuestro ambiente, no los privilegios especiales ahora conferidos por un gobierno económico.

**Un manifiesto para la sostenibilidad:**

## Declaración de interdependencia

***Considerando que*** *los estragos de la humanidad en el ambiente natural y sobre uno y otro no son aceptables para nuestro futuro, el del planeta y el de otros seres vivos,*
***Por lo tanto*** *se acuerda que nosotros los ciudadanos de la Tierra declaremos nuestro derecho a vivir con dignidad, en un ambiente saludable, libre de amenazas de guerra y de la supresión del conocimiento.*

***Para esos fines****, ahora formaremos una república global cuyo poder garantizará los siguiente resultados: 1) un ambiente sostenible; 2) el final de la guerra; 3) el derecho de cada persona a alimento, abrigo, un trabajo digno; cuidado de la salud, justicia y el libre acceso al* *conocimiento y 4) una ética que asegure que esos principios perduren.*

## ¿Es eso todo?

En esencia, el escrito anterior apoya lo que tenemos que hacer. Será decisión de los ilustrados, eruditos constitucionales y otros que vienen adelante, hacer sus contribuciones. Los títulos de los capítulos de este libro, como aparecen en la tabla de contenido, establecen algunas de las acciones básicas que necesitaremos llevar a cabo, bajo el nuevo gobierno. No pretendo que este proceso sea fácil. Al igual que en el caso de la formación de la democracia americana, se invertirán muchas horas, días y años debatiendo, deliberando y finalmente trascendiendo la resistencia de grupos soberanos, cuyo poder será inevitablemente subsumido bajo la nueva democracia. En forma realista podemos esperar que los intereses concedidos por el gobierno económico exigirán combatirnos hasta el final. Por ejemplo, podemos imaginar que los que están en el poder pondrán obstáculos en el camino, si se aprueba una ley global, exigiendo una reducción de un 80% en los gases invernadero a nivel mundial, para el 2015. Sin embargo, si estamos unidos en ese propósito, al final triunfaremos, eso es parte del diseño. La única forma en que fracasaríamos es no hacerlo del todo y eso es equivalente a una traición por negligencia.

En resumen, nunca conferir una ética económica fuera de control. Tenemos que creer que podemos y tenemos que sobrevivir sin un crecimiento inexcusable. Aunque se nos condicione a creer que el consumismo y una fuerza armada poderosa son la esencia de nuestra cultura, nada podría estar más lejos de la verdad. Nuestro nuevo éxito será medible, al implementar los principios del manifiesto, no se puede esperar nada menos.

En cuanto a la estructura de la república global, tengo poco que agregar a las ideas positivas expresadas por Ferencz, Keyes, Lazlo y otros. El modelo americano de los poderes legislativo, ejecutivo y judicial, con sus controles y balances, es un buen sitio para empezar. Pero me preocupa el poder ejecutivo, excesivo y reciente en Estados Unidos hoy, por ejemplo, el derecho del Presidente a declarar la guerra, a influenciar la autoridad judicial y legislativa, a ignorar las regulaciones ambientales, a mantener secretos y a compartir la generosidad de los profundos bolsillos corporativos. Este tipo de poder no puede ser legitimado en un gobierno global. Propongo que el poder ejecutivo global sea gobernado por un consejo electo y rotativo de ancianos.

Las democracias pueden ser ineficientes, ciertamente más que las corporaciones lucrativas, autoritarias, que se las están tragando. Puede tomar tiempo que la voluntad de las personas se infiltre hacia afuera, conforme se conviertan en las leyes de la tierra. Pero que así sea. Necesitaremos tolerar esas ineficiencias. No hay otra opción, pero ciertamente podríamos ser innovadores en cuanto a encontrar formas más rápidas de hacer que la voluntad de las personas sea conocida, como estudios frecuentes, reuniones y comunicaciones en Internet.

Mientras la masacre humana de la naturaleza crece aun más, no hay mucho tiempo que esperar. Aun así, al principio, no podemos ser muy concluyentes, demasiado eficientes, en ese proceso pluralista. Tendremos que hallar un psíquico positivo que pudiera asegurarnos el éxito, mientras le da a la comunidad mundial muchas oportunidades para hablar claro. Anteriormente sugerí que podríamos tener una nueva constitución global, enmarcada, en unos pocos años según sus principios, que podría ser ahora. Qué tipo de contrato podría ser éste, para una transición política, agravante, como la que los americanos experimentamos durante el 01-2000 ¿Estamos decididos a hacerlo? Si, tenemos que hacerlo. No tenemos otra opción.

Gaia está en la sala de emergencias. "A corto plazo, la Tierra necesitará la medicina alopática", manifestó mi amigo y colega Swami Swaroopananda en el *Sivanada Yoga Ashram.* A largo plazo, podremos movernos hacia una medicina espiritual, duradera, basada en nuestro despertar, en la capacidad de conciencia y de unidad. Mientras tanto, recemos para que Gaia responda y nos ayude en ésta, la hora décimo primera. Meredith expresó: "Al menos podríamos apreciar Gaia mientras dure y ella podrá saber que es amada y que no se le da por un hecho." Disfrutemos la Tierra mientras la preservamos.

# 8

# Supere lo insuperable con compasión

*"En la naturaleza está la preservación del mundo"*
**Henry David Thoreau**

MI INTENCIÓN AL escribir este libro ha sido presentar un proyecto práctico para trascender nuestras prácticas destructivas, una tarea lógica, aunque políticamente incorrecta, para lograr sostenibilidad y verdades superiores. Quería crear un texto conveniente para aquellos que escogen conocer lo que podríamos hacer para evitar la catástrofe planetaria. Al menos podría ser un vistazo a los albores del milenio sobre dónde estamos y hacia dónde podríamos ir, como una crónica para las generaciones futuras sobre cómo perdimos la ruta o cómo regresamos a ella en esta hora once. ¿Estoy siendo candorosamente idealista en este intento? Muchos de ustedes pensarán que sí. Pero no tenemos otro camino que continuar cavando, que continuar intentando.

Al compartir algunos de los conceptos básicos sobre ciudadanía global en esta parte del libro, he aprendido que la democracia es una palabra con grandes cargas emocionales. Cuando se la combina con capitalismo a ultranza en un sistema bipartidista, la mezcla resultante crea una nueva élite de líderes ricos y ambiciosos, insensibles a las necesidades de las personas comunes y de la vida en nuestro precioso planeta. La declinación de la democracia norteamericana vinculada con la hegemonía corporativa se hace eco de la falla del comunismo soviético y de la caída de Roma.

Algunos han criticado mis intentos de proponer una democracia a pesar de todo. Citando la tiranía de la mayoría en nuestro defectuoso sistema, mi colega y amigo Obadiah Harris, presidente de la Sociedad de Investigación Filosófica, ha sugerido la formación de una república basada en la ley natural. Siguiendo el ideal platónico, se seleccionarían y se elegirían líderes de una pizarra de candidatos culturalmente sensibles dedicados a los principios fundacionales establecidos por la constitución de la república.

Incluso podríamos necesitar encontrar una nueva palabra que describa lo que intentamos hacer, porque es fácil ahora desechar nociones como democracia, república, socialismo, comunismo o movimiento verde, dado que han llegado a ser consumidas de tal manera por el mercantilismo y por el gobierno económico que los ejemplos pasados y presentes no guardan ninguna relación con el ideal. Por tal razón nos hemos vuelto un poco cínicos sobre la posibilidad de discutir *cualquier* forma de gobierno mundial y podemos haber tirado al bebé con el agua de la bañera.

## Superando nuestro cinismo sobre moverse hacia adelante

Se sigue que debemos salir de los sistemas existentes y diseñar uno nuevo. ¿Cuáles serían algunos de los primeros pasos? En el capítulo 4 propuse algunas de las metas para un nuevo gobierno local: sostenibilidad ecológica, no violencia, justicia social, conversión ecolonómica hacia iniciativas verdes y respaldo público a las soluciones de investigación y desarrollo. También sugerí algunos pasos estructurales tales como expandir las ciencias de cambio social, sostenibilidad y conciencia, adoptar políticas simultáneas, formar alianzas, desplazar el poder hacia los gobiernos locales y elegir ancianos para un gobierno interino.

Entonces, ¿qué nos detiene? ¿Qué estrategias podemos desarrollar para sortear la codicia, la ignorancia y la supresión que se oponen a las soluciones? Este es el mayor misterio cuando lo analizamos desde un punto de vista lógico. La historia y la psicología nos pueden proveer con algunos insumos. En un nivel más fundamental, el problema es uno muy humano, que ignora la gravedad de la situación.

En primer lugar, necesitaremos exigir a nuestros políticos una mejor rendición de cuentas. En vista de que ellos harán cualquier cosa para recoger votos, tengo optimismo en que el concepto de "política simultánea" que esbozó John Bunzl pueda ser una solución primera[1]. Este es un ejemplo de cómo esta idea podría trabajar: cuarenta millones de norteamericanos, incluido yo mismo, no tenemos seguro de salud. Digamos que algunos de nosotros nos organizamos y hacemos una promesa de no votar por ningún político que no le diera respaldo a un plan nacional de aseguramiento en salud. La elección presidencial del año 2000 en Estados Unidos, por ejemplo, se decidió solamente por unos pocos miles de votos. Si el señor Gore le hubiera dado su respaldo al seguro nacional en salud y el señor Bush no, el resultado de la elección hubiera favorecido sin duda al señor Gore. Si ambos lo hubieran hecho, ambos se hubieran visto favorecidos con más votos. Si ninguno lo hubiera hecho, tal vez Ralph Nader, el candidato del Partido Verde, hubiera irrumpido como un candidato viable de un tercer partido.

Otras políticas simultáneas pudieron haber sido impuestas a los candidatos. Un grupo ambientalista, por ejemplo, podría respaldar solo a aquellos candidatos que desplazaran los subsidios públicos de los combustibles fósiles y de las industrias nucleares hacia la industria de la energía limpia y renovable. De nuevo, las elecciones del 2000 podrían haber sido decididas por aquellos "votos columpio" que respaldaran las más verdes de las políticas simultáneas (PS). Sin haber tenido que tomar el tiempo para crear nuevos candidatos viables o para formar terceros partidos con credibilidad, podríamos volver a garantizar el derecho de voto de los 50 millones de creativos culturales en Estados Unidos y de otros 75 millones en Europa. Por supuesto, los candidatos tendrían que cumplir sus promesas, por miedo de perder sus votos en políticas simultáneas futuras, lo cual los mantendría con una transparente rendición de cuentas. En las elecciones se cambiaría de votar por personalidades a votar por políticas. En este momento estamos atrapados por el tráfico de influencias de los grupos de presión, los ricos y los bombardeos de los medios de comunicación masiva que distorsionan la realidad.

Adoptando PS podríamos empezar a hacer los cambios estructurales necesarios, tales como hacer viable la posibilidad de terceros o cuartos candidatos a las elecciones en Estados Unidos. Las

---

[1] John M. Bunzl, *La política simultánea*, New European Publications, Londres, 2001

democracias parlamentarias europeas proveen un buen prototipo acerca de lo que se puede hacer. Como primer paso, nosotros los norteamericanos necesitaremos llevar a cabo una reforma electoral con sentido. A veces olvidamos que Abraham Lincoln, considerado por muchos historiadores como nuestro más grande y honesto presidente, fue electo por una pluralidad de votos en una elección entre cuatro partidos.

No podemos subestimar el poder de los individuos en los movimientos políticos y sociales. Tenemos unos cuantos líderes reales, pero históricamente algunos han hecho una gran diferencia, como Lincoln, Confucio, Platón, Gandhi, King y otros librepensadores de los años ´60. El problema en el mundo de hoy es que los líderes potencialmente mejores son empujados un poco más allá de la exposición del público por la centralización del poder a través del dinero y de los medios de publicidad. El Sistema, en su lugar, pone de relieve candidatos bien financiados en una matriz confinada a solo dos partidos, Aquí tenemos una paradoja. Mientras necesitamos un gobierno mundial que tenga nuevos líderes con gran capacidad, no podemos darnos el lujo de tener gobiernos económicos nunca más. Este es un problema delicado: debemos, con seguridad, crear algo nuevo, pero no podemos crear más burocracias infladas. En última instancia, los viejos sistemas deberán ser abandonados para abrirle camino a los nuevos.

¿Dónde encontramos a nuestros nuevos líderes? Pienso que ellos deben venir de *fuera* del Sistema y no ser susceptibles de influencia por el dinero o las corporaciones. Los intereses personales, la riqueza y el acoso arrogante sobre la ignorancia de las masas son las tiranías de las cuales nos debemos escapar, o el fascismo será el resultado seguro. Nuestros nuevos líderes deben, por lo tanto, ser extraídos de entre un pool de personas mayores de gran cultura, sabios con un fuerte sentido de la intuición, ética sobre el santuario de la vida, preocupación por el todo, motivación espiritual, habilidad de escuchar y capacidad para liderar y organizar. Ellos y sus asesores no querrían buscar estas posiciones y podrían jugar sus roles por un período de algunos años, y no más, en servicio para un bien mayor. ¡Ampliemos la selección de candidatos más allá de los políticos profesionales, por favor! Los nuevos líderes deben haber probado sus habilidades en sus relaciones con la familia y la comunidad, y tener visión.

Muchos de estos individuos pueden haber escapado o tener gran tenacidad a ser el centro de la atención pública. En su libro seminal, *The Twilight of American Culture (El crepúsculo de la cultura norteamericana)*[2], el sociólogo Morris Berman describe una nueva clase, a la cual él llama Nuevo Individuo Monástico (NIM), que "no pertenece a ninguna clase ni tiene membresía en la jerarquía. Ellos forman un tipo de aristocracia no monetaria, libre de jefes, supervisión y lo que típicamente se llama "trabajo". Ellos trabajan muy duro, en realidad, pero, dado que aman su trabajo y lo hacen por intereses intrínsecos, este trabajo no es muy diferente del juego. En el contesto de la cultura norteamericana contemporánea, tales individuos son una anomalía, porque no tienen interés en el mundo del éxito en los negocios ni en el consumismo masivo" (pp. 135-6)

Estos individuos, escribe, "son norteamericanos no influenciables que se sienten incrementalmente incapaces de calzar en esta sociedad y que también sienten que la cultura debe cambiar si quiere sobrevivir" (p.132)

"Se alcanzan los puntos solo para dejarlos atrás. El camino a la verdad siempre está en construcción; la meta es mantenerse caminando... Un NIM no participa en nada que se pueda catalogar como un "ismo". Ella puede ser una mujer independiente, pero nunca una feminista; él puede hacer trabajo ambiental, pero mantiene su distancia de Greenpeace. Porque un NMI conoce la ironía histórica de cómo empiezan los movimientos con energía crítica vibrante y terminan como ortodoxias nuevas (y opresivas), completas, con textos, héroes y lemas... el NMI es la más pura representación del espíritu humano" (p.138)

Berman piensa que estos "nómadas", si fueran a entrar en una oficina política, renunciarían a su autonomía. "Aquellos genuinamente comprometidos con la opción monástica", escribe, "necesitan mantenerse fuera de los ojos públicos; hacen su trabajo en silencio y deliberadamente evitan la atención de la prensa. De hecho, una regla general taoísta debe ser que si la cultura mayor conoce sobre ello, entonces eso no es un asunto real" (p.131). Berman arguye que los NMI dejarán su marca histórica al preservar una sabiduría en nuestra época obscura, como hicieron los monjes en la edad media.

---

[2] Morris Berman, *The Twilight of American Culture*, W.W. Norton, New York, 2000

Por otro lado, pienso que nuestro gobierno global debe ser designado de tal manera que se incluya a esta gente. Al menos, ellos podrían aconsejar suavemente a los líderes en el sentido de hacer una sabia transición de los gobiernos económicos hacia sistemas verdaderamente humanos, libres de intereses personales y con apertura a las soluciones. Estos son los verdaderos visionarios, los que mantienen la llama encendida. Hasta que la prensa los expuso, forzándolos a un final prematuro de su relación, la antropóloga mística Jean Houston le dio consejo a Hillary Clinton en la más fina tradición de dar consejo a los líderes desde una perspectiva desinteresada y filosófica.

Admito que doy mi apoyo a estas contraculturas monásticas, tal vez porque rápidamente me estoy convirtiendo en uno de ellos, aunque sea por inercia. Esta nueva identidad de ha desarrollado en mí a lo largo de décadas y todavía se está desarrollando.

Para algunos lectores, mis credenciales dentro de la cultura dominante parecen ubicarme en la más alta estima en esos círculos académicos, gubernamentales y de negocios. En realidad, he dejado atrás muchas de estas instituciones y ellas también me han dejado ir. De manera impensada me he ido moviendo hacia el tipo de expresión creativa que a menudo no tiene mercado ni reconocimiento. El glamour y la ostentación de los contextos y los barnices culturales están desapareciendo de mi vida. Mis intentos de mantener mi status como entrepreneur a menudo han terminado en numerosos fallos de negocios y cancelaciones de contratos, a pesar de los repetidos intentos de penetrar la sociedad con mis trabajos y a pesar de esfuerzos de conducir los negocios abiertamente, con compasión y honestidad. Y así continúo haciendo presentaciones a los que tengan voluntad de dialogar conmigo y de escucharme. Algunos me han llamado "científico nómada" (lo cual es preferible a "científico loco"), viajando alrededor del mundo y moviéndome a través de las instituciones en lugar de establecerme dentro de ellas. La cultura hindú nos anima, a aquellos de nosotros que ya pasamos los sesenta años de edad, a ser maestros ambulantes y estudiantes vitalicios.

He ganado humildad en el proceso. Entre más cerca me encuentro de abrazar mi verdad interna – externa, más alejado me siento de ser manejado por la cultura masiva y más llenas de alegría se tornan mi creatividad y mi práctica espiritual. Alimentarse en un Imperio Romano decadente no es tan satisfactorio como el camino del yogi o el de aquel que expresa una verdad que tiene muy poco en común con las costumbres económicas de la mayoría.

Nunca esperé que nada de esto sucediera. Estoy en esta cultura pero no formo parte de ella desde hace tiempo, no sea que pierda mi camino. Este proceso gradual de liberación ha sido a menudo doloroso. Mi silencioso refugio en la amistad personal, el yoga, la apreciación de la naturaleza, la expresión creativa y al activismo, me liberan de los grilletes del mercado, el reconocimiento público y el avance en mi carrera. Un descubrimiento que he hecho sobre mi separación de la sociedad me llegó durante los años de retiro en los bosques de Oregon mientras escribía mi libro anterior, *Miracle in the Void* (Milagro en el Vacío). Me encontré lamentando la pérdida de la naturaleza mientras estaba inmerso en medio de ella. Mi ingreso se clavó en picada y mis auditorios se encogieron. Debí admitir que, en muchos momentos, fui infeliz y necesitaba hacer un trabajo más profundo, pero no sabía cómo hacerlo. Hasta que aprendí de una nueva disciplina llamada Ecopsicología.

## Ecopsicología

Mis primeros años como ecólogo profundo resultaron en un gran sufrimiento personal y no fue sino hasta muy recientemente que me di cuenta de que no estaba solo en ese sentimiento. El filósofo e historiador Theodore Roszac describió su propio descubrimiento de este fenómeno de la siguiente manera:

"En algún momento a mediados de los años ochenta empecé a darme cuenta de que me estaba quemando como escritor y conferencista en asuntos ambientales, porque mucho de lo que presentaba era implacablemente negativo. Los temas eran legítimos, pero me estaban cobrando un alto peaje porque hacía una gran cantidad de inculpaciones. Uno se quema cuando hace un asunto tan imposiblemente grande que es difícil ver cómo la mayoría de la gente podría hacer todos los cambios que se les están pidiendo lo suficientemente rápido como para hacer una diferencia"[3]

"También me empecé a dar cuenta de que cada vez tenía más dificultad conectándome con la gente a la cual me dirigía. Ellos se

---

[3] Theodore Rosca, *The Voice of the Earth*, Touchstone, 1995, y entrevistas con D. Patrick Miller de The Sun y con Suzi Gablik en *Common Boundary*, marzo/abril de 1995; también *Discussion Course on Deep Ecology*, Northwest Earth Institute, Portland, OR.

iban volviendo insensibles a lo que yo decía o se tornaban hostiles. Esto no lo vi solamente en mi experiencia sino en las reacciones al movimiento ambiental." Al fin empecé a comprender la fuente de mi propio dolor por la Madre Tierra y por qué se me ha hecho tan difícil compartir los hechos básicos y las soluciones. El reto no es solo social sino también psicológico.

Roszac continúa: "La Ecopsicología busca encontrar las motivaciones fundamentales de nuestro malos hábitos ambientales, basada en los supuestos de que, debido a que tenemos un lazo emocional con el planeta – al cual llamo inconsciente ecológico – los seres humanos queremos ser buenos ciudadanos ambientales. Si no lo somos, debe haber razones. Si podemos encontrar esas razones, podemos tratarlas y cambiar nuestro comportamiento. Esto es un acercamiento mucho más optimista que el simple ver a la gente como malvada, codiciosa o sin esperanza y buscando castigarse por lo que hace."

"Hay una dimensión psicológica para cada asunto ambiental. Estos temas no son simplemente realidades o cifras; tampoco fuerzas económicas impersonales. Son profundamente personales en carácter y, si no ha incluido esta dimensión personal, no ha incluido suficiente información como para resolver el asunto. Estas dos comunidades deben aprender una de la otra. La psicología necesita a la ecología; la ecología necesita a la psicología."

Otro descubrimiento que hice fue mi propio comportamiento disfuncional a la luz de la desesperanza sobre la situación. "La adicción", dijo Roszac, "es algo que he llegado a enfocar más y más en el trabajo que estoy haciendo con los eco psicólogos. Es enteramente posible que un gran número de problemas ambientales que podemos analizar con hechos y cifras sean mucho más que simples problemas morales. Usualmente pensamos que los problemas morales son una escogencia directa entre hacer lo correcto y hacer lo incorrecto. Cuando la adicción está involucrada, está tratando con gente que claramente sabe qué es lo correcto, pero no lo pueden hacer; y ellos saben lo que es incorrecto, pero no pueden dejar de hacerlo."[3]

La experiencia y el análisis de Roszac proveen un lúcido recuento de por qué se ha hecho tan difícil para los ecologistas evitar el sufrimiento y penetrar la cultura, cómo el movimiento ambientalista se ha convertido en una provincia prácticamente exclusiva para abogados, políticos, hombres de negocio, periodistas y artistas, en lugar de incluir científicos, visionarios y ecólogos profundos conocedores del tema. También puede explicar por qué los libros tales como este son prácticamente imposibles de mercadear. ¡La gente no quiere oír de estos asuntos a pesar de que son ciertos! Aún algunos de los más sensibles de nosotros aparentemente preferimos dar fin a la civilización que responder lógicamente a las malas noticias y movernos hacia el campo de las soluciones. Por lo tanto ellos (nosotros) tapan la verdad con adicciones auto-destructivas y destructivas de la Tierra, tales como el consumismo galopante, el cual solo puede profundizar la desesperanza.

En vívido contraste, aquellos que están en la corriente dominante cultural, a los cuales parece no importarles, no están al tanto de que exista problema alguno. Ellos parecen estar liberados de la vergüenza que nosotros los sensitivos sentimos. "El analfabetismo ecológico disperso", dijo Roszac, "es una de las raíces de nuestra crisis ambiental. Mucha gente simplemente no comprende los fundamentos biológicos de su propia supervivencia."[3]

La psicóloga Sarah Conn elocuentemente expresa nuestro dilema: "La Tierra sufre; necesita curación; está hablando a través de nosotros; y habla más fuerte a través de los más sensitivos de nosotros. Creo que ese dolor quiere hablar a través de muchos más de nosotros. Cuando la gente no es capaz de llorar abiertamente y con otros por las pérdidas personales, se insensibiliza... Muchos de nosotros hemos aprendido a caminar, respirar, mirar y escuchar menos para insensibilizar nuestros sentidos tanto al dolor como a la belleza del mundo natural, viviendo las llamadas vidas personales, sufriendo en lo que sentimos que son formas "simplemente personales", alejando nuestro penar hasta de nosotros mismos. Sintiéndonos vacíos, proyectamos nuestros sentimientos en otros, o nos embarcamos en actividades compulsivas, insatisfactorias que ni nos nutren ni contribuyen a la curación de los contextos mayores. Tal vez la alta tasa de depresión que hay actualmente sea en parte una señal de nuestro sangrar en las raíces, siendo arrancados del mundo natural, incapaces de llorar por su dolor o de estremecernos con su belleza."[4]

---

[4] Sarah A. Conn en *Ecopsychology*, por Theodore Roszac, Mary E. Gomes y Allan D. Kanner, 1995; también en *Discussion Course on Deep Ecology*

## Combinando Soluciones con Compasión para todos los Actores

La Ecopsicología, entonces, es la pieza que falta para comprender y actuar sobre nuestro asalto a Gaia. No podemos reprendernos a nosotros mismos y a los demás con un viaje de culpa a menos que nuestra parálisis se haga más profunda. En lugar de eso necesitamos movernos sobre la culpa y la vergüenza y convertirnos en co-creadores unos con otros y con la Tierra. El primer paso es hablar acerca de ello y entrarle a las soluciones con coraje y con convicción. Necesitamos dejar que nuestros éxitos sean la medida de lo que podamos hacer, aun cuando sean pequeños en el principio.

Sobre todas las cosas, necesitamos ser compasivos sobre lo que está sucediendo, sobre cuánto esencialmente humano es nuestro dilema global; sobre el hecho de que nuestro antropocentrismo puede tener causas mayores anhelando una solución. *Todos* estamos actuando papeles como en una tragedia griega o Shakesperiana. Por un lado, aquellos de nosotros que somos ecólogos profundos sensibles, necesitaremos curar nuestro propio dolor. De otro modo, estaremos paralizados por la vergüenza que bloquea nuestro camino hacia una transformación personal y planetaria.

Por otro lado, necesitamos comprender a aquellos que propugnan una competencia capitalista que no solo nos puede llevar a negar las verdades ecológicas y sus fundamentos biológicos. El Sistema también dicta que las grandes corporaciones deben crecer para sobrevivir, por lo que buscan fusiones y van a cualquier lugar en que la mano de obra es más barata y las imposiciones ambientales menos rigurosas. Ningún ejecutivo corporativo en el mundo de hoy querría respaldar los programas ambientales y sociales requeridos, a riesgo de perder su negocio a favor de otras compañías o quedar en bancarrota o ser adquiridos de manera no amistosa. Ningún político quiere promulgar reformas porque su país puede perder negocios ante otros países, lo que lo haría incurrir en deuda para crecer y combatir la pobreza. A menudo ellos son sobornados para que se opongan a las reformas. El movimiento obrero también necesita conocer que los mejores y más duraderos trabajos se encuentran en la restauración del ambiente, no en perforar más pozos en el Ártico o en talar más árboles. El resultado de todo esto es un pánico que se autoalimenta en el corto plazo entre los ricos y poderosos a expensas de la humanidad y la Tierra misma.

La otra amenaza a nuestra supervivencia es la violencia y la guerra y trataré de contestar la pregunta contemporánea más difícil de todas: ¿Cómo manejamos el terrorismo? Mi respuesta es un poco diferente de la respuesta que da la administración de Estados Unidos en el presente. Es sumamente desconcertante ver que las declaratorias de guerra, el despliegue de armas espaciales y el posible uso de armas nucleares son opciones que están siendo consideradas en una época en que deberían estar prohibidas para siempre. De todas maneras, ninguna de estas anticuadas y obsoletas reliquias del pensamiento de la Guerra Fría podrían ayudar a eliminar el terrorismo; más bien lo refuerzan y aíslan a Estados Unidos del resto del mundo.

El fascismo y el Holocausto están acechando alrededor de la esquina; y todo esto es innecesario. En lugar de ello necesitamos dar un paso atrás y preguntarnos por qué han sucedido las acciones de los terroristas. ¿Qué hemos hecho para ayudar a crear la peligrosa polarización? También debemos conocer quiénes son sus enemigos y negociar las diferencias, o la Tercera Guerra Mundial podría venir a poner fin a todo esto.

También debemos examinar las brechas en la inteligencia y en la protección de nuestras ciudades y despedir a todos los que son responsables de abandonar sus obligaciones. Podemos escoger ofrecer ayuda humanitaria a las víctimas inocentes de la guerra. También podríamos transformar la máquina de guerra en un esfuerzo concertado para terminar con la contaminación y para aplicar presión internacional intensa para encontrar y llevar a los terroristas ante la justicia. *Podríamos terminar con nuestra dependencia del petróleo del oriente medio a través de un programa Apolo de conversión hacia energía limpia y renovable.* Hay signos halagüeños en la fusión en frío que vienen del Laboratorio Nacional Oak Ridge, con resultados revisados por pares que fueron publicados en el número de 8 de marzo de 2002 de la prestigiosa revista *Science* – a pesar de las estridentes objeciones hechas por la comunidad de físicos de la corriente principal de la fusión en caliente que están pendientes de alcanzar el punto de equilibrio en energía y han gastado miles de millones de dólares de fondos públicos tratando de lograrlo. Este aparente gran descubrimiento de la fusión en frío podría producir energía "libre" abundante, barata y limpia a partir de cavitación* acústica y sonoluminiscencia.

Para terminar, no puedo menos que expresar un profundo interés en un asunto con el cual tenemos que entendernos. He hecho todo lo que está a mi alcance para ser objetivo al establecer en este libro la política violenta de Estados Unidos, para dar el beneficio de la duda para aquellos que están en posiciones de liderazgo, aún cuando no esté de acuerdo con ellos. No puedo seguir haciendo esto.

Recientemente mi corazón se hundió con las noticias de que el más progresista de nuestros congresistas, el senador Paul Wellstone de Minnesota, y siete personas más, murieron en un accidente de aviación el 25 de octubre de 2002, solo unos cuantos días antes de su re-elección en una reñida contienda electoral (Wellstone venía aumentando su liderazgo en las encuestas). Su oponente republicano había sido seleccionado a dedo por la administración Bush, la cual le había puesto el ojo a Wellstone sobre los demás competidores en la campaña de medio período de noviembre de 2002. Wellstone había sido el único senador en una cerrada carrera que votó NO a la resolución para dar a Bush carta blanca en el ataque a Iraq. El tambaleante balance de poder en el senado es crucial para el deseo de la administración de hacer la guerra, violar el ambiente, ostentar leyes y tratados, proteger a los poderosos e ignorar al resto de los ciudadanos de Estados Unidos y del mundo. Por supuesto, las elecciones terminaron dando al Presidente las mayorías que necesitaba, incluyendo la de Minnesota, de tal manera que podemos observar la realidad desenvolverse en un enorme alivio de lo que pudo ser, con montañas de dinero y posible asesinato (¡shhhhhhh...!) como factores contribuyentes. Los medios de comunicación masiva llaman a esto la "popularidad de Bush" y se jactaban de cuánto dinero debieron gastar los republicanos para conseguir el control del Congreso.

Habiendo sido piloto, tengo serias sospechas sobre la causa del accidente, como las tuve sobre el destino asombrosamente parecido de Mel Carnahan, candidato demócrata al senado por Missouri, justo antes de las elecciones del año 2000 y de los ataques impunes de ántrax en otoño de 2001 que tuvieron como blancos a los senadores demócratas Tom Daschle y Patrick Leahy. Sea cual sea la causa del "accidente" de Wellstone, lo mismo que de los otros, cualquiera que

* Cavitation en inglés, en el original (N. del T.)

sea la interpretación que tengamos sobre las acciones abiertas y encubiertas de la administración, la tragedia de Wellstone es para mí un patético disparador para despertar aún más antes de que sea demasiado tarde – una reminiscencia de los asesinatos de los hermanos Kennedy.

Nunca en mis 62 años había visto en una administración un alejamiento tan radical de nuestros ideales – ni siquiera durante nuestro desastroso involucramiento en Vietnam, el cual me llevó a la Casa Blanca de Nixon, en mayo de 1970, en un acto de protesta y, más tarde, a una aparición en el programa CBS Evening News con Walter Cronkite como presentador. (Las más recientes protestas contra la guerra en Washington y otros lugares apenas si fueron reportadas por la prensa). En un reciente discurso, Cronkite advirtió que la administración Bush estaba invitando, con sus acciones beligerantes, a la Tercera Guerra Mundial. Esta vendetta pre-electoral sobre la guerra ha sido llamada por Michael Moore "armas de distracción masiva". Desafortunadamente la estrategia funcionó y los demócratas rodaron de nuevo.

En el 2004 tendremos que remover a nuestros actuales líderes usando cualquier medio no violento y democrático posible. Ellos están tan corruptamente controlados por las grandes corporaciones como cualquier otro régimen en Estados Unidos, advertidos por tantos presidentes que tienen un sentido más profundo del propósito de nuestra democracia a los cuales he hecho referencia en este libro. Este es un llamado a la acción, a protestas masivas y a la desobediencia civil. Al protestar por la agresión norteamericana a México de 1848, y pasar una noche en prisión por ello, Henry David Thoreau escribió un ensayo *Sobre el Deber de la Desobediencia Civil*: "Emita su voto de manera integral, no simplemente un pedazo de papel sino su influencia total. Una minoría no tiene poder cuando se pliega a la mayoría; en esa condición, no es ni siquiera una minoría; pero es irresistible cuando presiona con su propio peso"

El reto y la aventura están delante de nosotros. Mantengo la visión de que podemos unir fuerzas de no violencia, sostenibilidad, derechos humanos y mayor conocimiento para forjar un nuevo mundo. Necesitamos encontrar las maneras que se extiendan más allá de la competencia y el lucro para hacer nuestra tarea. Y nosotros, los que queremos curarnos de nuestras negativas y culpas, tenemos una oportunidad como nunca antes para salirnos del Sistema y re-heredar la Tierra.

La divergencia entre la realidad espiritual y el mundo en peligro nunca ha sido tan grande. La oportunidad de trascender este dilema nunca ha sido mayor. Combinar nuestra inteligencia enfocada y nuestra compasión con la pacífica voluntad de Dios, puede hacer la tarea. ¡Empecemos ya!

# Apertura en 2006-2007

# MONTESUEÑOS
# Un centro para la paz, la Sostenibilidad, las artes y la Nueva Ciencia
# Plan Piloto
# Por: Brian O'Leary y Meredith Miller
# Vilcabamba, Ecuador

1. **Visión**

   Estamos creando un centro de retiro cuyo propósito es transformar el actual *ethos* de guerras globales y ecocidio en un nuevo contexto de preservación, restauración y sostenimiento de la biosfera de la Tierra para las futuras generaciones. Creemos que la práctica del arte, la nueva ciencia, el espíritu, el yoga y la visualización de un mundo justo, pacífico y sostenible allanarán el camino para un futuro global, pacífico y sostenible.

2. **Marco, entorno, escenario**

   Nuestro retiro montañés está localizado en un terreno de más de una hectárea de jardines tropicales exuberantes con aire limpio, cataratas, arco iris y vistas espectaculares de los Andes y del Parque Nacional Podocarpus. Hacia abajo se divisa la villa de Vilcabamba, a un kilómetro del Valle de la

Longevidad, famoso por sus aguas curativas. A través del valle podemos ver la legendaria montaña Mandango, donde prácticamente cada día los atardeceres presentan impresionantes colores que cambian cada segundo. Algunos visitantes han llamado a nuestro sitio "el lugar más bello que he visto sobre la Tierra". Estamos localizados a mil seiscientos metros sobre el nivel del mar, bendecidos durante todo el año por un clima ideal, con temperaturas que oscilan alrededor de los veintidós grados centígrados. Los hoteles y restaurantes son buenos y tienen buenos precios. El ambiente natural y el espíritu amistoso son contagiosos.

3. **La propiedad**
   Dos edificios principales ocupan más de quinientos metros cuadrados, la mayoría de los cuales serán usados para el Centro. También incluirán la residencia de los fundadores, el Dr. Brian O'Leary y su artista esposa Meredith Miller. El edificio nuevo, más grande, que ahora está en construcción, se abrirá para las actividades del Centro hacia finales del 2006.

4. **Nuestra Misión**
   Enfatizamos la educación, el activismo, la investigación, los centros de pensamiento, la incubación de proyectos y los diálogos informados inter-culturales sobre los nuevos paradigmas que nos elevarán de este mar de confusión global en que vivimos. Invitamos a profesores conscientes, a líderes y a estudiantes, a venir al Centro a participar en foros sobre la creación de escenarios y metas de transición sensibles a un cambio de paradigma global, todo esto en un ambiente inspirador y protector.

Nuestros variados programas, que duran un fin de semana o una semana completa, incluyen talleres sobre arte, consciencia y nueva ciencia y sesiones alrededor de la mesa sobre los futuros globales. Se podrán arreglar giras turísticas y visitas de facultad invitada, alrededor de programas especialmente diseñados. El Centro también acogerá eventos públicos sobre arte, conferencias y diálogos acerca de asuntos urgentes de largo plazo, regionales y planetarios. En los próximos años pretendemos convertirnos en una universidad, desarrollar un currículo, formar alianzas, solicitar el status de organización no - gubernamental (ONG) y buscar la acreditación internacional como una institución educativa de educación superior.

5. **Programas**

- Retiros, como los que realizas el Instituto Esalen o los ashrams yogas de Sivananda, con profesores invitados y estudiantes, ocasionalmente coordinados con grupos turísticos
- *Seminarios y Atardeceres*, nuestros programas para el crepúsculo (traer cámaras fotográficas)
- Talleres de arte con Meredith Miller, incluyendo pintura en sitios sagrados, villas pintorescas y vistas mágicas de las montañas del lugar
- Talleres sobre nueva energía y nueva ciencia con el Dr. Brian O'Leary y otros expertos
- Retiros y clases de yoga
- Conciertos
- Shows de marionetas, arte del renacimiento y humor
- Ceremonias y diálogos con indígenas y chamanes
- Cubierta de Astronomía y posibles avistamientos de OVNIs, para lo cual el Mandango es famoso

6. **Fundadores**

Brian O'Leary, Ph.D., 66 años, autor de varios libros y múltiples artículos, profesor con categoría mundial, y activista, fue astronauta de la NASA durante el programa Apolo y ha enseñado astronomía, ciencias emergentes y evaluación de políticas científicas en las facultades de Cornell, Princeton, Hampshire College y Berkeley. Sirvió como Consultor del Staff Especial sobre Energía para el Comité Interior del Gobierno de los Estados Unidos. Fue consejero y escritor de discursos para Morris Udall y otros candidatos a la presidencia de los Estados Unidos. Líder activista en asuntos de paz y de ambiente durante la guerra de Vietnam y diplomático durante el Glasnost soviético, fundó en 2002 el Movimiento para la Nueva Energía, una ONG que promueve la investigación en fuentes de energía innovativas para un futuro global sostenible. Brian toca piano, es maestro de yoga, es fotógrafo de la naturaleza y desarrolla la sátira a través de las marionetas y del dibujo de tiras cómicas. Él y su esposa, la artista Meredith Miller, recientemente establecieron su hogar en Vilcabamba, Ecuador. Ahí están dedicados a un proyecto de dimensión planetaria: Montesueños. www.brianoleary.com

Meredith Miller, 60 años, es una artista visionaria, internacionalmente aclamada, ganadora de premios y profesora de arte por más de cuarenta años, creadora de cientos de cuadros que se encuentran colgados en edificios públicos y privados alrededor del mundo. Mucho de su arte es alquímico, conteniendo esencias del suelo de lugares sagrados que ella ha visitado alrededor del planeta.

Meredith pinta sueños.

De acuerdo con testimonios de docenas de coleccionistas de sus obras, las imágenes de sus poderosas acuarelas, óleos y obras de técnica mixta han evocado sanaciones, sabiduría antigua, nuevas relaciones o el descubrimiento de puntos especiales en la naturaleza. Las contribuciones de Meredith al embellecimiento del Centro pueden sentirse a lo largo y ancho del terreno y los edificios.
www.meredithmillerart.com

7. **Logística**
Llegar al Centro toma un día completo de viaje desde la mayoría de los países de Norte, Centro y Suramérica, aunque pernoctar en Quito es, en ocasiones, necesario. Una o dos veces al día hay vuelos que conectan con Loja, nuestra ciudad local. Ese acceso frecuente, así como el barato tránsito en taxi desde el aeropuerto, de gran belleza escénica y sobre buenas carreteras, hacen un viaje muy conveniente.

Para el alojamiento local recomendamos el Hotel y Spa Madre Tierra, artístico y con muy buenos precios. Situado a unos cuantos minutos del Centro, ellos sirven desayunos frescos y cenas gourmet, cuyo precio está incluido en el costo de la habitación, el cual oscila entre doce y treinta dólares la noche por huésped. El viaje también puede incluir paquetes grupales con visitas a Machu Picchu, las Islas Galápagos, la selva del Amazonas, pintorescas villas andinas y otras atracciones.

8. **General**
Escenarios inspiradores y prácticas de respaldo nos ayudan a mejorar la comprensión y a celebrar la sabiduría de la naturaleza y el valor de la sostenibilidad.

Es cada vez más obvio, para muchos de nosotros en el mundo occidental industrializado, que la dominación de los programas de relaciones públicas (propaganda) virtualmente en cada institución y campo, no nos permite buscar las verdades mayores. En lugar de ello, las élites gobernantes hacen girar mitos de realidad basados en supuestos cada vez más falsos y cerrados. Cuando nuestra búsqueda de la verdad se distorsiona tanto a través de los filtros humanos contemporáneos, la avaricia y la supresión, debemos darnos una pausa, respirar hondo y ver a la naturaleza para *imitarla* y explorar las fronteras de la consciencia y del espacio exterior. Entonces podemos empezar a abrazar un tipo de *verdad salvaje* o de ley natural. Esto nos lleva a un contexto para la innovación y la restauración de la comunidad hacia una nueva república global y una declaración de interdependencia, cuyos valores son paz, sostenibilidad y justicia social. Entonces el águila y el cóndor se pueden unir, en tanto alcanzamos un universo de paz. De manera inexorable esta búsqueda nos hace sentir lo suficientemente seguros como para respetar a la Tierra, deponer nuestras armas y desarrollar planes de acción para el siguiente cambio. Esperamos que una combinación de nuestro ambiente idílico y tranquilo, y nuestros programas, nos ayudarán a llegar a un futuro más creativo, más consciente, basado en la comprensión y la puesta en práctica de soluciones reales a los retos de la humanidad.

## Proyectos y temas

Los siguientes son ejemplos de proyectos que acogeremos en el Centro

- **Artes Naturales, Sagradas y Visionarias**
  Un surtido ecléctico de proyectos de pintura (usando variedad de técnicas) y clases de arte vendrán del estudio de Meredith Miller. Desde la oficina de Brian vendrán las sesiones de piano, fotografía natural, yoga, sátiras en marionetas y talleres para escritores.

- **Nueva Energía Global**
  Muchos conceptos avanzados sobre generación de energía, que ahora están en investigación alrededor del mundo, han evitado ser tratados como noticia por los líderes comunicadores. Por "nueva energía" queremos decir energía que todavía no ha sido explicada por la ciencia occidental. Los ejemplos incluyen la fusión en frío (reacciones nucleares de baja energía), sonoluminiscencia, energía del vacío (o de punto cero), química innovativa del hidrógeno, celdas solares fotovoltaicas baratas y otras tecnologías de avanzada que muestran gran potencial para ofrecer al mundo energía limpia, barata, segura y descentralizada. Pero los desarrollos hasta ahora han sido suprimidos por poderosos intereses económicos, particularmente en los Estados Unidos. El Dr. O'Leary, fundador del Movimiento por una Nueva Energía, liderará los esfuerzos para la investigación y el desarrollo de las más promisorias direcciones.

- **Cáñamo para la Tierra**
  El cáñamo ha tenido muchos usos a lo largo de la historia: de él se obtienen textiles, aceite, cuerdas, proteínas, etc. Lo que es menos conocido es que

también resulta un excelente sustituto para la madera en la fabricación del papel y de materiales de construcción. Es benigno con los suelos y provee más alimento que otros árboles por unidad de área de terreno, especialmente en el trópico. La producción masiva de cáñamo podría, entonces, detener mucha de la deforestación que se hace hoy día. El cáñamo no puede introducirse libremente en los Estados Unidos, porque se lo confunde con la marihuana. Pero esas restricciones no se aplican aquí.

- **Deteniendo la deforestación del Amazonas**
  Trabajaremos con otros grupos para evitar que los ganaderos y los madereros deforesten la cuenca del Amazonas, lo cual está ocurriendo hoy día a una alarmante tasa de veinticuatro hectáreas por minuto. Esta práctica irresponsable podría llevarnos a la completa destrucción del pulmón de la Tierra para fines de este siglo. Las sequías ya comenzaron. Además, estamos intensamente al tanto del secuestro extraordinario de carbón biodiverso en los Andes, al este del Centro.

- **Agua de Vida**
  Por más de un siglo, los experimentos han demostrado que el agua tiene propiedades mágicas que la purifican a través de una intención positiva en la presencia de un ambiente limpio. Pioneros tales como Víctor Schauberger, Marcel Vogel, William Tiller y Masaru Emoto han demostrado de manera concluyente que el agua que fluye libremente puede ser purificada si se la trata con amor. Vamos a llevar a cabo experimentos en esta área, en cooperación con varias universidades y funcionarios del ambiente de Costa Rica y Ecuador, con la esperanza de que estas tecnologías puedan limpiar las vías fluviales del planeta. También vamos a

promover foros sobre las maneras de devolver a control público las aguas cuyo control está en manos privadas.

- **Nueva Ciencia, Consciencia y Yoga**
  El Dr. O'Leary es el autor de cuatro libros y de una amplia colección de artículos específicos sobre estos temas, los cuales cubren todo el espectro de la "nueva ciencia" de fuera de la caja que trasciende la ciencia materialista de Occidente. Entre los ejemplos se incluyen experimentos sobre los efectos de la intención humana (consciencia) sobre el agua, la curación, la parapsicología, los efectos cuánticos, la supervivencia, los fenómenos OVNIs y extraterrestres (incluyendo frecuentes avistamientos desde el Centro), investigaciones sobre nuestro ser superior y el matrimonio de la ciencia con las perspectivas espirituales, como el yoga.

- **República Verde Planetaria**
  Aquí estudiamos los principios de la formación de los sistemas pacíficos, sostenibles y justos para la humanidad del futuro. Examinamos lo que se ha hecho de manera incorrecta y lo que pudimos hacer de manera correcta para organizarnos en un control público de las futuras políticas sobre energía, medio ambiente, búsqueda de la paz y gobierno mundial responsable. Vemos los derechos indígenas y las iniciativas bolivarianas como yuxtapuestas a las políticas imperialistas de los Estados Unidos y de las corporaciones multinacionales que reclaman el petróleo, el agua y otros recursos naturales alrededor del mundo. Vemos un futuro positivo para la Tierra.

- **Paz en la Tierra y paz en el espacio**
  Aquí, en estrecha cooperación con el Instituto para la Cooperación en el Espacio, cuya base se encuentra en Vilcabamba, hacemos esfuerzos para evitar que los Estados Unidos desplieguen armas en el espacio. También buscamos eliminar de la Tierra las armas de destrucción masiva.

www.ingramcontent.com/pod-product-compliance
Ingram Content Group UK Ltd.
Pitfield, Milton Keynes, MK11 3LW, UK
UKHW040241300826
14791UKWH00001B/259

9 781893 157170